郭少华◎著

乡村振兴战略视域下
农民现代化问题研究

中国社会科学出版社

图书在版编目（CIP）数据

乡村振兴战略视域下农民现代化问题研究 / 郭少华著 . —北京：
中国社会科学出版社，2022.8
ISBN 978 - 7 - 5227 - 0693 - 1

Ⅰ．①乡…　Ⅱ．①郭…　Ⅲ．①农民—现代化—研究—中国
Ⅳ．① D422

中国版本图书馆 CIP 数据核字（2022）第 141783 号

出 版 人	赵剑英
责任编辑	马　明
责任校对	周晓东
责任印制	王　超

出　　版	中国社会科学出版社
社　　址	北京鼓楼西大街甲 158 号
邮　　编	100720
网　　址	http://www.csspw.cn
发 行 部	010 - 84083685
门 市 部	010 - 84029450
经　　销	新华书店及其他书店

印　　刷	北京明恒达印务有限公司
装　　订	廊坊市广阳区广增装订厂
版　　次	2022 年 8 月第 1 版
印　　次	2022 年 8 月第 1 次印刷

开　　本	710 × 1000　1/16
印　　张	15.25
字　　数	246 千字
定　　价	86.00 元

实现社会主义现代化是中国人民梦寐以求的理想，是我们实现中国梦的关键所在。在我们国家向现代化迈进的征程中，人的现代化是一个关键的因素，只有多数人的心理和行为都转变为现代的心理和人格，都获得了与现代社会发展相适应的现代性，这样才可以说是真正进入现代化国家。而我们国家，最多的人口是农民，农民的现代化与否将最终影响我们国家的现代化进程。可以说，没有农民的现代化，就没有中国真正意义上的现代化；没有农民的现代化，就没有我国整体上的现代化。只有农民实现从传统到现代的转变，才符合未来中国现代化的发展方向和发展目标。

城镇化是伴随工业化发展，非农产业在城镇集聚、农村人口向城镇集中的自然历史过程，是人类社会发展的客观趋势，是国家现代化的重要标志。新型城镇化是以科学发展观为统筹，以促进经济、社会、环境和谐与人的全面发展为核心，以大中小城市和小城镇有机结合、协调发展为方向，以工业化、信息化为主要动力，以统筹兼顾、集约发展、合理布局、各具特色为原则，以人为本、"四化"同步、优化布局、生态文明、文化传承的具有中国特色的城镇化。新型城镇化的实质是城镇的生活方式、生产方式和城市的先进文化、城市文明等不断向农村渗透的过程，带动农村地区的城镇化，实现城乡一体化发展。乡村振兴战略，是以习近平同志为核心的党中央着眼党和国家事业全局，深刻把握现代化建设规律和城乡关系变化特征，顺应亿万农民对美好生活的向往，对"三农"工作做出的重大决策部署，是决胜全面建成小康社会、全面建设社会主义现代化国家的重大历史任务，是新时代做好"三农"工作的总抓手。因此，在乡村振兴战略视域下，研究农民的现代化具有重要的理论意义和现实意义。

从理论意义上讲，研究农民的现代化是对人的全面发展思想认识的提升和深化；研究农民的现代化是对人的现代化理论的具体深入，对占中国人口最多的农民的现代化展开研究，必将为其他群体现代化的研究带来一定的借鉴意义；研究农民的现代化有助于深化对发展理论的理解。从现实意义上讲，农民现代化有利于实现农业农村现代化；农民现代化有利于新型城镇化建设，乡村振兴；农民现代化有利于实现社会主义现代化强国建设。

本书以乡村振兴战略视域下农民的现代化为研究中心，以唯物史观为指导，以马克思主义关于农民问题的理论为依据，在吸收借鉴国内外专家研究成果的基础上，对中国农民现代化的历史演进过程做简要回顾总结，并通过定量和定性分析相结合的方法对农民的现代化状况进行实证分析，研究影响农民现代化的积极和消极因素，在此基础上提出实现农民现代化的路径。

本书共分为七章进行阐述。

第一章导论，介绍了本书选题的目的和研究意义，在进行文献回顾的基础上提出了本书研究的核心概念、研究思路、总体框架、研究方法和可能创新点。

第二章农民现代化的理论阐释，主要阐释了马克思主义经典作家关于农民现代化的思想和中国共产党历代领导关于农民现代化的思想。

第三章中国农民现代化的历史演进，主要从三个历史时期——中华人民共和国成立前中国农民现代化的启蒙、改革开放前农民现代化的曲折发展和改革开放后农民现代化的快速发展，对农民现代化的演进过程进行深入的描述。

第四章乡村振兴战略视域下农民现代化现状的实证分析，内容主要包括农民现代化指标体系的建构、农民现代化问卷设计、问卷调查的样本分布、样本的基本情况，重点对农民生产方式的现代化、农民生活方式的现代化、农民思想观念的现代化进行了详尽的分析。特别是对农民生产方式现代化所包含的土地的处置方式、加入合作社的情况、现代农业技术的应用、现代机械化的应用、农产品的处理方式和应对市场变化的能力，对农民生活方式的现代化所包含的职业分化、社会流动、家庭设备及休闲生活，思想观念现代化所包含的农民的平等意识、政治参与意识、教育期望和职业期望、效能感、进取精神与风险意识、时间观念和计划性、法律意识、道德意识、环保意识等用定量分析和定性分析的方法进行了客观而详尽的分析，并对农民现代化取得的成绩和存在的问题进行总结。

第五章影响农民现代化的因素分析，从积极因素和消极因素两个方面展开。农民现代化的积极因素包括持续增长的生产力、城乡一体化发展、逐步完善的教育体系、迅速崛起的新兴媒体、社会流动与城市体验及组织严密的社会组织等；农民现代化的消极因素包括二元社会结构的困扰、落后的农村经济、保守的传统乡村文化、落后的农村教育、封闭的农村社会环境和农民偏低的综合素质等。

第六章乡村振兴战略视域下促进农民现代化实现的路径选择，包括：一是以制度创新推进农民现代化，要破解城乡分割的户籍制度，使城乡居民享有同样的权利；要完善农村基层民主制度，充分调动农民的政治参与性；要健全城乡统筹发展的社会保障制度。二是以农业现代化带动农民现代化，要加强农业基础设施建设，提升农业生产水平；要稳步推进农村土地流转，实现农业规模化经营；要创新农业生产经营体制，积极培养新型经营主体；要加快建构农业支持保障体系，促进农业的可持续发展。三是以社会主义先进文化引领农民现代化，要加快城乡文化一体化建设，促进文化发展成果共享；要建立一支致力于农村文化传播的人才队伍；要培育农民积极参与农村文化建设的自觉性、主动性；要创新农村文化体制机制，协同加强对农村文化的指导。四是以现代教育提升农民现代化，要夯实农村基础教育，要大力发展农村职业教育，要对农民工进行创业教育。五是以信息化助推农民现代化，要统筹协调，强化政府责任；要加大投入，促进农村信息化全面发展；要培养人才，保障农村信息化人才队伍建设；要强化应用，推动农村管理服务信息化。六是以农民市民化加速农民现代化，要转变观念，提升认识，为农民市民化创造环境；要以改革的决心和勇气，消除农民市民化的制度障碍；要提升农民综合素质，增强农民市民化的本领。七是以农民专业合作化助力农民现代化。八是以基层社会治理体系现代化提升农民现代化。

第七章结语，针对乡村振兴战略视域下农民现代化的问题，提出创新性结论：一是农民的现代化是新型城镇化和乡村振兴进程中研究的应有之义；二是农民正实现着从传统人到现代人的蜕变；三是在多条路径措施的引领下，农民的现代化一定能够实现。

目 录

第一章　导　论 / 1

第一节　研究目的与研究意义 / 1

第二节　相关概念界定 / 7

第三节　国内外研究现状综述 / 23

第四节　研究思路与研究方法 / 32

第五节　研究架构与内容安排 / 34

第二章　农民现代化的理论阐释 / 37

第一节　马克思主义经典作家关于农民现代化的阐释 / 37

第二节　中国共产党历代领导关于农民现代化的重要论述 / 42

第三章　中国农民现代化的历史演进 / 63

第一节　新中国成立前农民现代化的启蒙时期 / 63

第二节　改革开放前农民现代化的曲折发展时期 / 68

第三节　改革开放后农民现代化的快速发展时期 / 72

第四章　乡村振兴战略视域下农民现代化现状的实证分析 / 76

第一节　农民现代化指标体系的建构 / 76

第二节　农民现代化的研究设计 / 86

第三节　农民生产方式的现代化 / 90

第四节　农民生活方式的现代化 / 99

第五节　农民思想观念的现代化 / 106

第五章　影响农民现代化的因素分析 / 147

第一节　农民现代化的积极因素 / 147

第二节　农民现代化的消极因素 / 161

第六章　乡村振兴战略视域下促进农民现代化实现的路径选择 / 173

第一节　以制度创新推进农民现代化 / 173

第二节　以农业现代化带动农民现代化 / 179

第三节　以社会主义先进文化引领农民现代化 / 183

第四节　以现代教育提升农民现代化 / 187

第五节　以信息化助推农民现代化 / 194

第六节　以农民市民化加速农民现代化 / 198

第七节　以农民专业合作化助力农民现代化 / 202

第八节　以基层社会治理体系现代化提升农民现代化 / 204

第七章　结语 / 208

附　录 / 211

参考文献 / 222

后　记 / 234

第一章 导 论

第一节 研究目的与研究意义

一 研究目的

中国共产党第十八次全国代表大会提出：在中国共产党建党一百年时全面建成小康社会，在新中国成立一百年时建成富强、民主、文明、和谐的社会主义现代化国家。[①]党的十九大报告指出：从十九大到二十大，是"两个一百年"奋斗目标的历史交会期。我们既要全面建成小康社会，实现第一个百年奋斗目标，又要乘势而上开启全面建设社会主义现代化国家新征程，向第二个百年奋斗目标进军。从 2020 年到 2035 年，在全面建成小康社会的基础上，再奋斗 15 年，基本实现社会主义现代化。第二个阶段，从 2035 年到 21 世纪中叶，在基本实现现代化的基础上，再奋斗 15 年，把我国建成富强民主文明和谐美丽的社会主义现代化强国。[②]

实现社会主义现代化是中国人民梦寐以求的理想，是我们实现中国梦的关键所在。改革开放 40 多年来，我们坚持以经济建设为中心，一心一意谋发展，逐渐由传统的农业社会向现代工业社会过渡，城镇化率不断提升，人民生活水平显著提高。但由于我们国家是传统的农业大国，国家统

---

① 胡锦涛：《坚定不移沿着中国特色社会主义道路前进　为全面建成小康社会而奋斗——在中国共产党第十八次全国代表大会上的报告》，《人民日报》2012 年 11 月 18 日第 1 版。

② 习近平：《决胜全面建成小康社会　夺取新时代中国特色社会主义伟大胜利——在中国共产党第十九次全国代表大会上的报告》，《人民日报》2017 年 10 月 28 日第 1 版。

计局公报显示，截至 2019 年底，中国城镇化率突破 60%[①]，但是按照户籍人口计算，户籍城镇化率为 44.38%，农民依然占全国总人口的 55.62%。即使 2035 年中国的城镇化率达到 75%—80%，户籍人口的城镇化率达到65%，届时全国仍将有大约四亿人生活在农村。[②] 如何使农民实现现代化，决定着中国能否真正实现现代化。英克尔斯指出："在整个国家向现代化发展的过程中，人是一个基本因素。一个国家只有当它的人民是现代人，它的国民从心理和行为上都转变为现代的人格，它的现代政治、经济和文化管理机构中的工作人员都获得了某种与现代化发展相适应的现代性，这样的国家才可真正称之为现代化的国家。否则高速稳定的经济发展和有效的管理，都不会得以实现，即使经济开始起色，也不会持续长久。"[③] 只有物质层面的现代化，而没有精神层面的现代化，这样的现代化是不全面的，也是不可持续的，并终将影响我国的现代化进程。农民的现代化问题也是影响世界很多国家能否顺利实现现代化转型的关键问题。

目前，中国处于快速的社会转型期。在城乡二元社会结构的影响下，城乡居民的收入差距不断拉大，从事传统农业的农民收入增长缓慢，农村经济社会发展严重不平衡，农民的文化水平偏低，技术水平薄弱，农民适应生产力发展和市场竞争的能力不足，农村人才匮乏，整体素质有待提升。农民整体的现代化水平比较低，特别是农民的人文素质、科技素质、法治意识都还比较浅薄，农民的生产、生活方式和思想价值观念还带有封建旧时农民的特征，农民的现代化水平直接影响到社会现代化的实现。正如时任总理温家宝所说的："在现阶段，农民中不可避免地存在着一些旧思想和习惯，农村中还有一些愚昧落后的现象，农民在思想道德和科学文化素质方面还存在着与社会主义现代化建设不相适应的问题。"[④] 农民是我国最大的社会群体，可以说农民的现代化程度决定了我们全体国人的现代化程度，因此，必须要解决农民的现代化问题。只有农民实现了现代化，

---

① 国家统计局：《2019 年中国城镇化率突破 60%　户籍城镇化率 44.38%》，http://finance.china.com.cn/roll/20200228/5207268.shtml，2020 年 2 月 28 日。

② 郭少华：《新型城镇视域下农民现代化实现路径研究》，《中州学刊》2014 年第 4 期。

③ ［美］英克尔斯：《人的现代化》，殷陆君译，四川人民出版社 1985 年版，第 48 页。

④ 温家宝：《关于新时期的农民问题》，《求是》1995 年第 24 期。

我们国家才可以说实现了现代化。农民的现代化对中国的现代化来说具有重要的战略意义。党的十八大报告指出，解决好农业农村农民问题是全党工作的重中之重，城乡一体化是解决"三农"问题的根本途径；党的十九大报告指出，农业农村农民问题是关系国计民生的根本性问题，必须始终把解决好"三农"问题作为全党工作重中之重。要坚持农业农村优先发展，按照产业兴旺、生态宜居、乡风文明、治理有效、生活富裕的总要求，建立健全城乡融合发展体制机制和政策体系，加快推进农业农村现代化，实施乡村振兴战略。

实施乡村振兴战略，是以习近平同志为核心的党中央着眼党和国家事业全局，深刻把握现代化建设规律和城乡关系变化特征，顺应亿万农民对美好生活的向往，对"三农"工作做出的重大决策部署，是决胜全面建成小康社会、全面建设社会主义现代化国家的重大历史任务，是新时代做好"三农"工作的总抓手。实施乡村振兴战略，是解决新时代我国社会主要矛盾、实现"两个一百年"奋斗目标和中华民族伟大复兴中国梦的必然要求。[①] 因此，研究在乡村振兴战略视域下农民的现代化问题具有重要的理论意义和现实意义。

二 研究意义

罗荣渠在《现代化新论》中，从历史学的角度，把现代化视为一个统一的社会发展过程。[②] 这个过程有三个层面：经济发展的物质层面、政治发展的制度层面，而思想和行为模式则是社会的深度层面，这是一个从器物到制度再到文化的逐层深入的过程。对我们国家的现代化来说，它也是一个从物质到制度再到思想的现代化过程。人的现代化是一个国家现代化的最终标志，农民现代化的最终目标是实现农民思想和行为模式的现代化，实现人自身的全面自由发展。因此，研究乡村振兴战略视域下农民的现代化具有重要的理论意义。

---

① 《中共中央国务院关于实施乡村振兴战略的意见》，http://finance.sina.com.cn/china/2018-02-04/doc-ifyreyvz9007544.shtml，2018 年 2 月 4 日。

② 罗荣渠：《现代化新论》，华东师范大学出版社 2013 年版，第 25 页。

（一）理论意义

1. 研究农民的现代化是对人的全面发展思想认识的提升和深化

人是历史活动的主体，人的发展动因是基于人的需要，人的发展的理论依据是基于人的本质，现代化运动的最后意义应当是人向其本质的回归和人的全面发展。人的现代化是人的全面发展的必经阶段，人的全面发展则是人的现代化的最终目的和必然结果。农民在基本的物质需求得到满足后，农民自然会产生强烈的精神需求，追求高品质的闲暇生活和高层次的精神文化消费。与此同时，农民还会产生对民主权利的诉求，通过行使民主权利、参与政治生活，保障自身的利益，真正地融入社会，得到社会的认同、尊重和关怀。农民以个人的独特性格和行为为特征，通过充分发展自身的能力、素质、个性和心理品质能力等，实现个人理想和抱负。这是农民不断发展进步的过程，也是他们不断走向现代化的过程。中国农民现代化的终极价值，是与人的现代化的终极价值相一致的。它也是全人类发展的理性目标。

在乡村振兴战略背景下，农民的现代化研究是对农民的生产、生活方式、思维方式和价值理念及行为发展规律的研究，对农民开展广泛而深刻的研究，必将为理解现代社会人的活动、人的社会关系、人的需要、人的主体性、人的个性、人的能力、人的素质、人的权利、人的解放、人的发展和人的自由提供一把钥匙。这种研究必将使我们对人的全面发展的思想的认识更加深刻，促进全社会更加注重以人为本，促进人的全面健康和谐发展。

2. 研究农民的现代化是对人的现代化理论的具体深入

伴随着人类社会从传统社会走向现代社会，对人的现代化理论的研究也不断深入，其中有涉及全体国民现代化的研究，有涉及发达地区人的现代化的研究、落后地区人的现代化的研究，也有针对不同人群的研究，如有些学者对国有企业工人、外来务工人员、公务员、商业人员和学生的现代化进行研究。乡村振兴战略视域下对农民的现代化状况展开专门的研究，是对占我们国家绝大多数农民的人文关怀和必然选择，没有农民的现代化，就不可能有整个社会的现代化，也不可能实现我们国家真正的现代化。对我国农民的现代化状况展开研究，探究农民现代化的状况，农民的生产方式、生活方式、思维方式和价值观念等方面都发生了哪些变化？其促进因素和阻碍因素是什么？通过对这一主题的深入研究，必将把人的现代化理论引向深入，并对其他群体现代化的研究具有借鉴意义。

3. 研究农民的现代化有助于深化对发展理论的理解

纵观世界各国现代化发展的历史，其发展观经历了把发展看作从"工业化过程中的经济增长"到"整个社会结构的变革过程"，再到把发展理解为"以人为中心的综合发展过程"，奉行可持续发展的战略方针，从战略高度看可持续发展问题，其核心问题就是人的问题，也是现代化从物回归到人的过程。究其原因，在于人类工业化、城市化过程中，由于长期的粗放式发展，人类付出了极大的代价。今天，我们要坚持科学发展观的指导，走科学发展的道路，做到要坚持以人为本，走全面发展、协调发展、可持续发展的道路，促进我国经济社会的不断发展和人的全面进步，当然，我们所说的以人为本，就是要促进普通民众利益的不断提升，把提升普通民众的福利水平作为我国一切工作的出发点和落脚点，不断满足普通民众多方面的利益需求和促进人的综合素质的提升，以带动人的全面发展，在坚持以促进经济不断发展的根本前提下，提升广大普通民众的精神文化水平和健康素质；要保障普通民众的各项权利，包括群众的政治、经济、文化权利；要在坚持社会主义核心价值观的前提下，提升农民群众的思想道德素质、健康素质和科学文化素质；在坚持公平正义的前提下，为广大普通民众创造平等发展的机会，营造良好发展的社会环境。在这里，我们说全面发展，就是要在不断完善社会主义市场经济的前提下，保持社会主义市场经济的协调发展，同时促进社会主义政治文明、经济文明建设，在此基础上，形成社会主义政治文明、精神文明和物质文明和谐共生和相互促进的良好格局；协调发展，就是要统筹城市和农村协调发展，统筹不同地区协调发展，统筹我国经济社会协调发展，统筹国内发展和坚持对外开放；可持续发展，则是指要统筹人与自然的和谐发展。人与自然要和谐相处，要处理好经济发展、资源利用和生态环境保护的关系，推动整个社会走良性发展之路，带动普通民众生活水平的提升，保护良好的社会环境。农民的现代化就是我们在发展过程中回归以人为本的发展的具体体现，对理解发展的真正含义具有重要作用。

（二）现实意义

在全面建成小康社会和实现现代化的征程中，农民的问题始终是关乎我们目标实现的关键问题，农民占总人口的比例最大，农民的文化素质有待提高，落后的生产方式和传统的小农意识对现代化的实现起着阻碍作用。农民的现代化问题是我们国家实现现代化过程中的重要问题，也是制约的重要瓶颈。只有城市的现代化而没有农村的现代化，可以说是不平衡的现代化；只有城市居民的现代化而没有农民的现代化，这样也是不公平的。只有占人口最大多数的农民实现从传统人向现代人的转化，中国的现代化才会实现，中国农民的现代化应当被看作中国实现现代化的里程碑。因此，可以说农民的现代化对我国的现代化具有重要而现实的意义。

1. 农民现代化有利于农村社会的稳定和发展

农村、农业和农民问题始终是关系到中国建设及现代化发展的根本性问题。全面建成小康社会的实现，现代化国家的实现，要求我们必须有稳定的环境。没有稳定的社会环境，一切愿景和计划都是徒劳的。事实上，"19世纪以来发展中国家的大量事实证明，农村的兴衰治乱是一个国家稳定与否的基石和标志。国家的乱始于农村，农村的治必然带来国家的兴盛与安宁"[①]。亨廷顿说："在现代化政治中，农民扮演着关键性的钟摆角色，得农民者得天下。"[②] 在向现代化转型的过程中，任何忽视农民利益和诉求的行为，都将威胁到社会的稳定和现代化的实现。

2. 农民现代化有利于农村经济的可持续发展

大量农民的外出务工和从事农业劳动的艰辛与收入微薄，使现在的农村面临着凋敝的危险。现在的农村，面临着科技落后、知识贫乏、农业产业结构调整缓慢、农业劳动生产效率低下、农村农业收入增长缓慢等诸多问题。在农村经济社会发展中，农民是主体，要想实现农村经济社会的可持续发展，必须提高广大农民群众的知识技术素质，加大对农村人力资

---

① 张厚安、徐勇主编：《中国农村政治稳定与发展》，武汉出版社1995年版，第12页。

② ［美］亨廷顿：《变化社会中的政治秩序》，生活·读书·新知三联书店1989年版，第267页。

本的投入和开发力度，使农民依靠自己学习和掌握的技术、能力和知识致富。广大农民知识水平的提升和现代化的养成，必将促进农村的可持续发展。

3. 农民现代化有利于新型城镇化和乡村振兴战略的实现

新型城镇化的核心是人的城镇化，新型城镇化要求人口在实现从乡村到城镇空间转移的基础上，真正融入城镇，实现从农民到市民的全面转化，使生活在城镇的每个人的基本生存条件能够得到满足，基本发展条件能够得到保证，共同创造和公平分享新型城镇化的发展成果，最终实现人在城镇的全面发展。农民的现代化，不但能为新型城镇化建设提供源源不断的高素质的劳动力，而且能够培养高素质、具有契约精神的产业工人和新市民。没有农民参与的城镇化，注定是不会成功的城镇化；没有现代农民参与的城镇化，注定是难以实现的城镇化。乡村振兴，必须坚持农民的主体地位。充分尊重农民意愿，切实发挥农民在乡村振兴中的主体作用，调动亿万农民的积极性、主动性、创造性，把维护农民群众根本利益、促进农民共同富裕作为出发点和落脚点，促进农民持续增收，不断提升农民的获得感、幸福感、安全感[1]，从而调动农民的积极性，激发农民的内在潜力，助推新型城镇化和乡村振兴战略的实现。

第二节 相关概念界定

一 现代化的界定

（一）现代性

所谓现代性，是指现代社会和现代人在思想文化、科学技术及政治、经济等方面与传统社会和个体在多个方面不同的特征的概括。科学性、民

---

[1]《中共中央 国务院印发〈乡村振兴战略规划（2018—2022年）〉》，http://www.moa.gov.cn/xw/zwdt/201809/t20180926_6159028.htm，2018年9月26日。

主性、竞争性、创新性、市场意识、开放性、世俗性等这些能表现为现代社会和现代人的属性，都蕴含在现代性之中。当然，并不是说在现代社会中每一个个体和社会组织都具有现代性。在现代社会，传统与现代的冲突，在人与人之间、群体与群体之间、组织与组织之间仍然不断交织。马克思、恩格斯指出，"资本主义时代不同于奴隶时代、封建社会时代等过去一切时代的地方"，在于"资本主义社会生产的不断发展变革，资本主义社会的社会关系动荡不安，没有稳定的时代格局"。"在资本主义社会，原来的社会关系不断被打破，而新的社会关系并没有建立起来，古老的传统道德遭到破坏，而新的社会关系基本没有形成。人们的社会关系不断改变，社会地位不断改变。"① "资产阶级时代"就是我们所谓的现代社会。在这个阶段，社会不断变化，更加凸显了现代社会与传统社会的矛盾与冲突。在今天，这种现代与传统的冲突表现得更加明显和外化。现代性是对传统的突破和扬弃，对其积极因素进行肯定和发扬，对其消极因素进行抛弃。这种现代对传统的否定与继承，是历史发展的必然，潮流不可逆转。

（二）现代化

从上述现代性的分析中可以说，如果现代性是对现代人或现代社会的静态分析，那么现代化则是现代社会或现代人的动态分析或描述。对于现代化的概念，不同的专家学者从不同的视角出发，所下的定义有几十种，没有一个确切的。当然，在这些概念当中，蕴含了一个共识，那就是"现代化"指的是人类社会在现代所发生的巨大变迁。从资本主义社会开始的现代化算起，资本主义社会、社会主义社会及未来的共产主义社会，都是现代化的过程，是一个动态的、历史的、没有终结的过程。

虽现代化的衡量标准不同，定义不同，但其都从某种层面揭示了"现代化"的含义或特征。社会学家戴维·波普诺指出："现代化是指前工业社会向工业社会和现代城市化不断转化的时代社会内部发生的巨大的社会变革。"② 政治学家塞缪尔·亨廷顿认为：现代化是包含了"整个人类社会

---

① 《马克思恩格斯选集》（第1卷），人民出版社2012年版，第275页。
② ［美］戴维·波普诺：《社会学》，李强译，辽宁人民出版社1987年版，第618页。

的思想和人类的行为等各个领域都发生变革的多方面的社会进程"①。罗斯托则根据社会经济指标把人类社会的发展分为传统社会阶段、起飞阶段、成熟阶段和大众消费阶段，这几个阶段中，每一个前阶段社会的发展都为后一个阶段的发展奠定坚实的基础。在日本，相关的学者则把日本的现代过程分为三个不同的时期：奠定基础的时期，这是日本现代化社会变革的时期；社会的变革时期，这也是日本社会全面变革不断发展的时期；第三阶段就是日本高度现代化阶段。随着新技术革命的兴起和新媒体时代即网络时代的到来，当代著名的社会学家丹尼尔·贝尔把社会发展的历程分为"工业社会"和"后工业社会"。社会学家约翰·奈斯比特则认为我们的社会发展就是从工业社会不断向信息社会逐步转变的过程。

现代化作为当今社会发展的重要特征，要有一定的社会指标来衡量。美国社会学家阿历克斯·英克尔斯提出了现代化的 11 项指标：（1）国民的平均收入应该在 3000 美元以上；（2）在这个国家中，农业的生产总值应该占到国民生产总值的 12%—15%；（3）服务业的产值应占国民生产总值的 45% 以上；（4）农业人口不断降低，非农业人口占国家总人口的比重应该在 70% 以上；（5）人们的文化水平不断提升，人均识字、有文化的人要占总人口的 80% 以上；（6）青年人应该掌握一定的技术；（7）青年人中接受教育的人应该占总的接受教育的人的 30%—50% 以上；（8）初生婴儿的死亡率逐步降低，应在 20% 以下；（9）医生的人数要占有一定的比例，每 1000 人中应该有一名医生；（10）人们的寿命不断提升，平均在 60 岁以上；（11）要有一定的报纸拥有率，使人们有机会读到各种报纸。②

贝迪阿·纳思·瓦尔马提出了评判现代化的五条标准：（1）强调个人主义。每一个都有追求个人尊严的权利，并且要有一定的追求，能够自我控制，个人独立工作，要有忘我的奋斗精神。（2）强调世俗主义。个人能够摆脱宗教的种种束缚，能在世俗社会中发挥自己的作用。（3）强调合理性。在为实现自己的目标而采用一定的手段时，合理性受制于目标的指

---

① ［美］塞缪尔·亨廷顿：《变化社会中的政治秩序》，王冠华等译，生活·读书·新知三联书店 1996 年版，第 30 页。
② ［美］阿历克斯·英克尔斯：《人的现代化素质探索》，曹中德等译，天津社会科学院出版社 1995 年版，第 20 页。

导。（4）强调科学技术的重要性。科学技术在实现个人目标的过程中，能够帮助人们和自然和谐相处，既保持环境的优美，又能促进人类的和谐。（5）强调人人平等。在这里，平等不仅仅意味着法律的平等，更是指生活中要消除偏见、歧视和剥削。[①]

不论是从相关概念还是测量指标来看，现代化的过程是社会和个体全方位变革、变化的过程。从生产方式、生活方式到思维方式，从物质生活到精神生活，都发生了巨大变迁。美国汉学家艾恺在论及启蒙时写道：人类实现现代化的过程并不单单是由经济因素所决定的，"人们的思想对实现现代化也是一个重要的因素。或者说，人们要有一种心理，这种特殊的机动力量，对实现现代化具有一定的价值"[②]。技术的发展使一个国家民众从物质到精神都在逐步现代化。这里包含了城市化、工业化、信息化，也包括人的生产方式、生活方式、管理方式和思维方式的现代化。要想实现现代化，必须由现代的人来承担。人是现代化的真正主体，在这样一个复杂的社会，一个国家要想实现现代化，必须由高素质的人来完成，只有人的生活方式、生产方式、思维方式、价值观念实现由传统到现代的转变，这个国家的现代化才能有实现的条件和动力机制。只有具备现代思维和掌握现代技术的人，才会有一个国家现代化的生产和活动，才会有现代化的国家和社会。人的现代化，是国家现代化的前提和归宿，也是社会发展的目的所在。

二 人的现代化的界定

自从 20 世纪 60 年代提出人的现代化问题以来，国内外的学者下过多种定义。但由于现代化的内涵极其丰富，要做出一个科学、全面、抽象且形象的定义，且在学术界形成统一的认识，需要更大的智慧和影响力。美国社会学家英克尔斯在其著作中虽没有给人的现代化下过确切的定义，但从其对人的现代化分析的过程中，我们可以领会到人的现代化的真正内涵，就是人们在思想、行为、态度、心理方面实现从传统到现代的嬗变。

---

① ［美］贝迪阿·纳思·瓦尔马：《现代化问题探索》，周忠德译，北京大学出版社 1983 年版，第 50 页。

② ［美］艾恺：《世界范围内的反现代化思潮》，贵州人民出版社 1999 年版，第 8 页。

但是我们认为，英克尔斯借助心理学的视角来解释人的现代化，在他肯定思想、行为、态度、心理等行为的转变是人的现代化的主要表现时，在一定程度上忽视了人的整体素质现代化和社会整体、社会关系的现代化在人的现代化中所占据的重要位置。当然，在国内的学者对人的现代化所下的定义中，也是仁者见仁、智者见智，但在其整体内涵上也表现出相通之处，即涵盖生产和生活方式的现代化、思维方式和思想观念的现代化、行为方式的现代化、技能的现代化等方面的内容。也有的学者从马克思主义的立场出发，结合人的本质属性，对人的现代化进行解读：从自然属性分析，要实现人的生产方式的现代化；从社会属性来分析，要实现社会关系的现代化；从精神视角出发，则要实现人整体素质的现代化。人的现代化是人全面、协调发展的表现，是三者的协调统一。

结合中外学者的思想，本书认为人的现代化是人的生产方式、生活方式、思维方式、思想观念、行为方式的现代化以及人与人、人自身、人与自然关系的和谐发展，以及人自身素质的全面提升。

三　农民现代化的界定

（一）"三农"问题

我们国家作为一个农业大国，"三农"问题直接关系到社会的和谐稳定，关系到经济的发展，关系到国民素质的提升，关系到国家的繁荣强大。"三农"问题的实质是在现存的社会结构下，城市发展和农村发展不同步、发展不协调、城乡差距不断扩大的问题。在构建社会主义和谐社会、全面建成小康社会和实现中华民族伟大复兴的过程中，"三农"问题解决得好坏，直接决定着全面小康社会能否实现，直接决定着社会是否和谐稳定，决定着中华民族能否实现伟大复兴。因此，我们说社会主义现代化建设能否成功，很大程度上取决于"三农"问题的解决与否。解决"三农"问题是中国现代化建设的重要任务。

农业问题在目前主要是指农业的产业化问题。由于我国的农民基本上是自给自足的小农经济，还没有形成规模经营，当今社会是市场经济，商品能够自由流动，国外的粮食能很容易地进入国内，我国在粮食安全和食品安全方面存在重大隐患。在国外的冲击下，我国农业的发展面临种种困难，在市场经济的大潮中要想发展壮大并不容易。农村问题是指与城市的快速发展相比，当前农村的经济发展水平还比较低，农村的基础设施建设还比较薄弱，而伴随工业化的发展，农村的环境也逐步恶化，致使城乡差距面临着扩大的危险。农民问题主要是指当前农民的文化素质偏低，综合素养有待提升，普遍缺乏技能，创新意识不足，进取心不强，小富即安，收入与城市居民相比增长缓慢。根据 2021 年 2 月 28 日公布的数据，2020全年全国居民人均可支配收入 32189 元，城镇居民人均可支配收入 43834元，农村居民人均可支配收入 17131 元，城乡居民人均可支配收入比值为2.56，农村和城市的差距呈不断缩小趋势[1]，但其差距仍十分明显。

（二）农民现代化

结合上述人的现代化概念的界定，综合农民的实际情况，笔者认为农民的现代化在本质上应该是农民的思想观念、行为方式、生活方式由传统到现代的转变，它有赖于人与人、人自身、人与自然关系的和谐发展，以及农民自身素质的全面提升。[2]第一，在农民现代化进程中，思想观念现代化是先导。一般来说，有什么样的思想观念，就会产生什么样的行为，变革思想观念是实现农民现代化的必要前提。传统农民具有一定的保守性和狭隘性，在乡村振兴战略视域下，农民只有勇于解放思想、革新观念，不断开阔视野、开拓进取，才能实现自身的根本性转变。否则，单纯身份的改变并不能给农民的综合素质带来实际的提升。第二，在农民现代化进程中，行为方式的现代化是落脚点。现代农民的行为应该综合体现文明健康、科学合理、眼光远大、心胸开阔、敢于担当、理性平和等现代性特质。第三，在农民现代化进程中，生活方式的现代化是着力点。传统农民的生活方式单调乏味，"日出而作、日落而息"是其常态，"吃不愁穿不愁，老婆孩子热炕头"是其愿景，然而，富裕起来的农民对这种生活方式已渐感厌倦。他们无不向往能有较多闲暇且时而外出观光，也无不渴盼现

---

① 国家统计局：《中华人民共和国 2020 年国民经济和社会发展统计公报》，《人民日报》2021 年 3 月 1 日第 10 版。

② 郭少华：《新型城镇视域下农民现代化实现路径研究》，《中州学刊》2014 年第 4 期。

代文化艺术经常下乡，让自己的日常生活变得更为丰富多彩和更加充实愉悦。可以说，健康的、适度消费的、丰富多彩的生活方式是农民生活方式现代化的体现。第四，在农民现代化进程中，人与人、人自身、人与自然关系的和谐发展是其坚实的伦理支撑。人是一切社会关系的总和；和谐社会、生态文明社会的建构，客观上要求以人与人、人自身、人与自然关系的和谐作为伦理基础，否则，缺乏对于人和自然的高度尊重，农民的现代化则必然呈现不完整的形态。第五，在农民现代化进程中，农民自身基本素质的全面提升是其关键环节。所谓农民的基本素质，包含思想道德素质、科学文化素质、心理素质、身体素质等。总之，可以说，农民的现代化是一个综合性概念，其中农民思想观念的现代化是先导，农民自身素质的提升是核心，农民行为方式和生活方式的现代化是落脚点和着力点，而人与人、人自身、人与自然关系的和谐则是其坚实的伦理支撑。

四 新型城镇化的界定

（一）城镇化

"Urbanization" 在英文中是"城市化"的意思，主要是指国外的农民向城市转移的过程。本来"Urban"包含有城市（city）和镇（town）两层意思，但对很多国家来说，由于人口规模小，基本上没有镇的建制，而中国人口规模庞大，中国的镇基本上和外国的小城市相当，故有专家把外国的城市化"Urbanization"译为"城镇化"[①]，二者在内涵上是基本相通的。城镇化由于涉及多方面的内容，不同领域的专家学者对其的定义也不尽相同。社会学认为城镇化（城市化）是指城市社会生活方式的产生、发展和扩散的过程。如著名美国社会学家沃思认为：城市化意味着乡村生活方式向城市生活方式发生质变的全过程。[②] 美国学者索罗金认为，城市化就是变农村意识、行动方式和生活方式为城市意识、行动方式和生活方式的全部过程。[③] 人口学对城市化的定义强调农村人口向城市的转移和集中，及

---

① 辜胜阻：《非农化及城镇化理论与实践》，武汉大学出版社 1999 年版，第 6 页。
② Louis Wirth, "UrbanismasaWayofLife", *American Journal of Sociology*, No. 49, 1989.
③ 郭占峰、李琳：《索罗金关于城乡社会学的研究及其对中国的启示》，《中国农业大学学报》（社会科学版）2018 年第 8 期。

其带来的城市人口比重不断上升的过程。[①]地理学的城市化的定义强调的是人口、产业等由乡村地域景观向城市地域景观转化和集中的过程。[②]经济学对城市化的定义强调的是农村经济向城市经济转化的过程。[③]综合上述专家的阐释，笔者认为城镇化是现代化水平提升的典型标志，是伴随工业化的发展，非农产业由农村向城镇集聚、农村人口向城镇转移、城镇生活方式和生产方式及城市先进的文明向农村辐射与传播的过程。

就我们国家而言，传统的城镇化始于计划经济时期。受当时农业经济的国情、工业经济的世情等条件的限制，城镇化的发展战略、发展方式、发展效应存在诸多缺陷。传统的城镇化以物为本，以外延扩张为主要目标；传统城镇化发展的重点在城市，特别是大中城市，有时为了发展城市经济甚至不惜牺牲乡镇利益；传统城镇化的主体是各级政府，以"自上而下"的方式为主、"自下而上"的方式为辅，在以工业化以及社会发展等目标约束下，单方面启动和推进城镇化；传统城镇化依靠城镇人口增长和土地扩张实现城镇化率的提高，片面追求城市人口数量的增长、建成区面积的扩张，不仅加大了城市资源保障压力，而且造成了大量优质耕地的丧失，严重损害了农民利益；传统城镇化的根本动力来源于传统工业化，传统工业化发展道路以生产要素特别是资本和劳动力要素的规模化投入为条件，以经济高速增长为目的，以城市为产业集聚中心，在集聚效应的作用下，大量稀缺性生产要素从农村流向城市，抑制了乡村非农产业的发展，拉大了城乡产业发展的差距。

（二）新型城镇化

到目前为止，对于新型城镇化还没有标准定义，相关的专家学者也是根据学科背景进行各自阐述。结合党的十八大、十八届三中全会及新型城镇化工作会议、中央农村工作会议的精神，新型城镇化的内涵和特征可以概括如下。

---

① ［美］赫茨勒：《世界人口的危机》，何新译，商务印书馆1963年版，第52页。
② ［日］山鹿城次：《城市地理学》，湖北教育出版社1986年版，第106页。
③ ［美］沃纳·赫希：《城市经济学》，刘世庆等译，中国社会科学出版社1990年版，第22页。

新型城镇化是以科学发展观为统筹，以促进经济、社会、环境和谐与人的全面发展为核心，以大中小城市和小城镇有机结合，协调发展为方向，以工业化、信息化为主要动力，以统筹兼顾、集约发展、合理布局、各具特色为原则，实施三化协调、产城互动、城乡统筹、业居相宜、体系完善的基本理念，全面提升城镇化水平和质量的健康城镇化。

该定义的要点是：一个统筹——科学发展观；一个核心——促进经济、社会、环境和谐与人的全面发展；一个方向——大中小城市和小城镇有机结合、协调发展；两个主要动力——工业化、信息化；四个原则——统筹兼顾、集约发展、合理布局、各具特色；五个基本理念——三化协调、产城互动、城乡统筹、业居相宜、体系完善；一个目标——全面提升城镇化水平和质量。

（三）新型城镇化的理念

1. 三化协调

以城镇化为重点，以新型工业化、农业现代化支撑并推动城镇化，以城镇化带动并服务于新型工业化、农业现代化。建立健全城镇支持乡村、工业反哺农业的长效机制，加强新农村建设，提高农业产业化水平，实施新型城镇化、新型工业化和农业现代化的协调发展。

2. 产城互动

推动产业向城镇聚集，建设以先进制造业、高新技术产业和现代服务业多轮驱动的主体产业群。构建特色鲜明的现代产业体系，增强城镇的产业支撑能力，促进产业发展与城镇发展良性互动，形成以产业发展的水平决定城镇化速度的理性发展思路。

3. 城乡统筹

统筹城乡经济社会发展，把新型城镇化建设和社会主义新农村建设有机结合起来，促进城镇传统产业向乡村转移、城镇基础设施向乡村延伸、城镇公共服务向乡村覆盖、城镇文明向乡村辐射，增强本土转化农业剩余劳动力的能力，实现城乡一体化。

4. 业居相宜

坚持以人为本，转变城镇化规划观念，促进城镇的生产、生活、交通、休憩等基本功能的协调发展，实现城镇的建设水平和产业业态相协调、城镇产业结构与就业机构相配套、城镇规模和承载能力相适应、城镇人口素质与社会生态相融合、城镇资源开发和环境保护相统一，建设和谐的宜居城镇。

5. 体系完善

结构合理、功能完善的都市区，城市群、城镇体系是新型城镇化的主体形态，形成有利于产业集群优质发展、技术扩散有效顺畅、发展要素合理配置、空间架构科学布局的发展环境，大中小城市与小城镇协调共生，构建系统性强、覆盖面广的现代城镇化网络。

（四）新型城镇化的实质

城镇化是人类社会发展历程中追求的一个宏伟目标，更是人类社会漫长发展的一个过程。新型城镇化应该既能推动人类社会生产力的提升，也能推动社会的发展进步，同时提升人们生活质量和促进城镇的不断发展。新型城镇化可以说包含两方面的内容：一方面，从外延上来讲，是指城市数目的增长、城市规模的扩张和城市区域的扩大；另一方面，从内涵上，一是指某个特定城镇的功能、质量和结构的不断优化，二是指由多个城镇所组成的城镇体系的功能、质量和结构的不断优化，三是指城镇的生活方式、生产方式和城市的先进文化、文明等不断向农村渗透，带动农村地区的城镇化，实现城乡的一体化发展。

（五）新型城镇化坚持的基本原则 [1]

1. 以人为本，公平共享

以人的城镇化为核心，合理引导人口流动，有序推进农业转移人口市民化，稳步推进城镇基本公共服务常住人口全覆盖，不断提高人口素质，促进人的全面发展和社会公平正义，使全体居民共享现代化建设成果。

2. 四化同步，统筹城乡

推动信息化和工业化深度融合、工业化和城镇化良性互动、城镇化和

---

[1]《中共中央国务院印发〈国家新型城镇化规划（2014—2020年）〉》，《建筑节能》2014年第4期。

农业现代化相互协调，促进城镇发展与产业支撑、就业转移和人口集聚相统一，促进城乡要素平等交换和公共资源均衡配置，形成以工促农和以城带乡、工农互惠、城乡一体的新型工农和城乡关系。

3. 优化布局，集约高效

根据资源环境承载能力构建科学合理的城镇化宏观布局，以综合交通网络和信息网络为依托，科学规划建设城市群，严格控制城镇建设用地规模，严格划定永久基本农田，合理控制城镇开发边界，优化城市内部结构，促进城市紧凑发展，提高国土空间利用效率。

4. 生态文明，绿色低碳

把生态文明理念全面融入城镇化进程，着力推进绿色发展、循环发展、低碳发展，节约集约利用土地、水、能源等资源，强化环境保护和生态修复，减少对自然的干扰和损害，推动形成绿色低碳的生产生活方式和城市建设运营模式。

5. 文化传承，彰显特色

根据不同地区的自然历史文化禀赋，体现区域差异性，提倡形态多样性，防止千城一面，发展有历史记忆、文化脉络、地域风貌、民族特点的美丽城镇，形成符合实际、各具特色的城镇化发展模式。

6. 市场主导，政府引导

正确处理政府和市场关系，更加尊重市场规律，坚持使市场在资源配置中起决定性作用，更好地发挥政府作用，切实履行政府制定规划政策、提供公共服务和营造制度环境的重要职责，使城镇化从市场主导、自然发展的过程，成为政府引导、科学发展的过程。

（六）新型城镇化与农民现代化的关系

1. 新型城镇化是实现农民现代化的必由之路

目前，我国正处于急剧的社会转型期，在城乡新旧二元社会结构的影响下，城乡居民的绝对收入差距逐渐被拉大，城乡居民在平等分享社会公共服务方面依然存在着较大差距，农民工群体在融入城市社会过程中依然承受着诸多不公平对待，并且初露端倪的城市病与发展滞后的乡村病并存。此外，在深化农村改革发展和深入推进新农村建设中，尚存在农民自身综合素质有待提升的紧迫任务。正如温家宝所指出的那样："在现阶段，农民中不可避免地存在着一些旧思想和习惯，农村中还有一些愚昧落后的现象，农民在思想道德和科学文化素质方面还存在着与社会主义现代化建设不相适应的问题。"凡此种种问题，无不需要通过新型城镇化与农业现代化的同步发展以及城乡统筹、协调、一体发展给予妥善解决。

新型城镇化是实现农民现代化的必由之路。传统城镇化模式见物不见人，偏重人口空间地理位置的移动和物质技术形态的改变，其主导价值趋向是城乡一样化而非城乡一体化。它导致了新的城乡二元社会结构的产生，有碍于实现人自身的全面自由发展。新型城镇化的核心是人的城镇化，以促进公平正义和增进人民福祉作为出发点和落脚点，意在排除一切束缚人的发展的不合理的制度安排及政策举措，有利于推进城乡要素平等交换和公共资源均衡配置，赋予农民更多财产权利，积极稳妥地推进农业转移人口市民化，彻底打破新旧二元社会结构，为解放和发展农民创造必要条件。传统城镇化模式以资本赢利作为内在驱动力，盲目追求外延式扩张，其结果必然是在物化和污化城镇的同时，也致使农业凋敝、农庄萧条、农民凄苦；新型城镇化模式以促进人的幸福安康作为内在推动力，着力于内聚式发展，其结果必然带来强农业、惠农村和富农民的双赢效应。从实质上看，新型城镇化和农业现代化均是农民现代化的实现方式。在某种意义上，新型城镇化的"新"就"新"在让农民能就地转变为新型市民，而农业现代化的核心正在于让传统农民富裕起来的同时，也能转变为自身素质全面提升和自身面貌焕然一新的新式农民。

2. 农民现代化是协调推进新型城镇化建设的必备条件

第一，农民现代化为协调推进新型城镇化建设创造和谐稳定的社会环境条件。中国历代王朝盛衰沉浮的经验反复证明，欲天下稳必得先安定农民，让他们耕者有其田，安居乐业。我国学者张厚安的研究揭示："19世纪以来发展中国家的大量事实证明，农村的兴衰治乱是一个国家稳定与否的基石和标志。国家的乱始于农村，农村的治必然带来国家的兴盛与安宁。"由此可见，在农业还是"四化同步"的短腿和农村还是全面建成小康社会的短板的现阶段，我国农村社会的有效治理及其和谐稳定局面的适时形成，亟待通过加快农民现代化步伐，去协调推进新型城镇化建设和农村改革发展。国外著名学者亨廷顿的研究结论则是："在现代化政治中，农民扮演着关键性的钟摆角色，得农民者得天下。"这就警示我们：在我国现代化转型的过程中，应以实现农民现代化为基点，在积极稳妥地推进农业转移人口市民化的同时，也着力推进农村改革发展，确保农业基础稳固、农村和谐稳定和农民安居乐业。

第二，农民现代化为农业现代化与新型城镇化同步发展打下坚实基础。农业现代化既是彻底改变农村面貌和彻底解决"三农"问题的根本出路，也是促进农村经济社会全面协调可持续发展的根本保障。现阶段，由于大量农民外出务工，农业劳动女性化或大龄化态势日趋严重，并且由于农业投入成本加大且收益相对较低，"谁来种地"的问题在农村变得日益突出。当前，农村发展面临着科技落后和知识贫乏、农业产业结构调整缓慢、农业劳动生产效率低下、农业收入增长缓慢等棘手问题。小康不小康，关键看老乡；要让农业经营有效益，让农业成为有奔头的产业，让农民成为体面的职业，必须在实现农民自身现代化程度上下功夫，大力提高农民素质，培养造就新型农民队伍。应当看到，促进农民现代化是实现农业现代化的先决条件，也是推动农业现代化与新型城镇化同步发展的内在动力。为推动农业现代化与新型城镇化相辅相成和突出特色，推进农村改革发展，在加快农民现代化建设中要着重培养农民在农村改革发展中的主体意识，着力提高广大农民的思想道德素质、科学文化素质和劳动创造技能，不断加大对农村人力资本的投入和开发力度，为培养爱农、务农、富农、美农的一代新型职业农民创造各种必要条件。

第三，农民现代化为新型城镇化提供主体建设者。由于新型城镇化的核心是人的城镇化，这就客观上要求农业人口在实现从乡村到城镇空间转移的基础上，能够真正地融入城镇社会，实现从传统农民到现代城镇居民质的转变，即从制度层面向价值心态层面的提升，而不是仅仅停留在户籍身份这一表层。因为在城镇经济社会发展中，不仅需要一定数量的从事苦脏累行业工作的城市服务者，而且需要大量高素质且具有契约精神的产业工人，以及具有现代文明素养的城镇居民。让已经具备转移条件的农村居民适时就地转变为城镇居民，这是新型城镇化的主体工程。其合理的制度安排和得当的政策措施旨在使生活在城镇的每个人的基本生存条件能够得到满足，基本发展条件能够得到保证，并且能够共同创造和公平分享社会改革发展成果，最终实现人在城镇的全面发展。鉴于城乡二元结构长期有形或无形的影响，农业转移人口市民化不仅在客观上面临社会制度层面的障碍，而且由于农民个人素质方面的低弱，也亟待提升农民自身现代化水平。新型城镇化本是农民积极主动参与的城镇化，其基本特征是"城乡统筹、城乡一体、产城互动、节约集约、生态宜居、和谐顺畅"。这不仅体现了科学发展的时代精神，而且昭示着追求社会和谐的人类生活本质。这就要求农民在大力改变生存发展环境的同时，也要不断提高自身素质，使自己成为合格的新型城镇化建设的主体。

五　乡村振兴战略的界定

党的十九大提出的实施乡村振兴战略，是以习近平同志为核心的党中央着眼党和国家事业全局，深刻把握现代化建设规律和城乡关系变化特征，顺应亿万农民对美好生活的向往，对"三农"工作做出的重大决策部署，是决胜全面建成小康社会、全面建设社会主义现代化国家的重大历史任务，是新时代做好"三农"工作的总抓手。[1]

（一）乡村振兴战略的科学内涵

中共中央、国务院在《乡村振兴战略规划（2018—2022年）》中指出，按照产业兴旺、生态宜居、乡风文明、治理有效、生活富裕的总要求实施乡村振兴，其中产业兴旺是重点，生态宜居是关键，乡风文明是保障，治理有效是基础，根本上是促进生活富裕。乡村振兴是包括产业、人才、文化、生态、组织振兴的全面振兴。实施乡村振兴战略的总方针是坚持农业农村优先发展，总目标是农业农村现代化。

（二）乡村振兴战略的意义 [2]

实施乡村振兴战略，是解决新时代我国社会主要矛盾、实现"两个

---

[1]《中共中央国务院印发〈乡村振兴战略规划（2018—2022年）〉》，http://www.xinhuanet.com/politics/2018-09/26/c_1123487123.htm，2018年9月26日。

[2]《中共中央国务院印发〈乡村振兴战略规划（2018—2022年）〉》，http://www.xinhuanet.com/politics/2018-09/26/c_1123487123.htm，2018年9月26日。

一百年"奋斗目标和中华民族伟大复兴中国梦的必然要求，它具有重大现实意义和深远历史意义。

实施乡村振兴战略是建设现代化经济体系的重要基础。农业是国民经济的基础，农村经济是现代化经济体系的重要组成部分。乡村振兴，产业兴旺是重点。实施乡村振兴战略，深化农业供给侧结构性改革，构建现代农业产业体系、生产体系、经营体系，实现农村一二三产业深度融合发展，有利于推动农业从增产导向转向提质导向，增强我国农业创新力和竞争力，为建设现代化经济体系奠定坚实基础。

实施乡村振兴战略是建设美丽中国的关键举措。农业是生态产品的重要供给者，乡村是生态涵养的主体区，生态是乡村最大的发展优势。乡村振兴，生态宜居是关键。实施乡村振兴战略，统筹山水林田湖草系统治理，加快推行乡村绿色发展方式，加强农村人居环境整治，有利于构建人与自然和谐共生的乡村发展新格局，实现百姓富、生态美的统一。

实施乡村振兴战略是传承中华优秀传统文化的有效途径。中华文明根植于农耕文化，乡村是中华文明的基本载体。乡村振兴，乡风文明是保障。实施乡村振兴战略，深入挖掘农耕文化蕴含的优秀思想观念、人文精神、道德规范，结合时代要求在保护传承的基础上创造性转化、创新性发展，有利于在新时代焕发出乡风文明的新气象，进一步丰富和传承中华优秀传统文化。

实施乡村振兴战略是健全现代社会治理格局的固本之策。社会治理的基础在基层，薄弱环节在乡村。乡村振兴，治理有效是基础。实施乡村振兴战略，加强农村基层基础工作，健全乡村治理体系，确保广大农民安居乐业、农村社会安定有序，有利于打造共建共治共享的现代社会治理格局，推进国家治理体系和治理能力现代化。

实施乡村振兴战略是实现全体人民共同富裕的必然选择。农业强不强、农村美不美、农民富不富，关乎亿万农民的获得感、幸福感、安全感，关乎全面建成小康社会全局。乡村振兴，生活富裕是根本。实施乡村振兴战略，不断拓宽农民增收渠道，全面改善农村生产生活条件，促进社会公平正义，有利于增进农民福祉，让亿万农民走上共同富裕的道路，汇聚起建设社会主义现代化强国的磅礴力量。

（三）乡村振兴战略的原则 [①]

乡村振兴坚持党管农村工作。毫不动摇地坚持和加强党对农村工作的领导，健全党管农村工作方面的领导体制机制和党内法规，确保党在农村工作中始终总揽全局、协调各方，为乡村振兴提供坚强有力的政治保障。

乡村振兴坚持农业农村优先发展。把实现乡村振兴作为全党的共同意志、共同行动，做到认识统一、步调一致，在干部配备上优先考虑，在要素配置上优先满足，在资金投入上优先保障，在公共服务上优先安排，加快补齐农业农村短板。

乡村振兴坚持农民主体地位。充分尊重农民意愿，切实发挥农民在乡村振兴中的主体作用，调动亿万农民的积极性、主动性、创造性，把维护农民群众根本利益、促进农民共同富裕作为出发点和落脚点，促进农民持续增收，不断提升农民的获得感、幸福感、安全感。

乡村振兴坚持乡村全面振兴。准确把握乡村振兴的科学内涵，挖掘乡村的多种功能和价值，统筹谋划农村经济建设、政治建设、文化建设、社会建设、生态文明建设和党的建设，注重协同性、关联性，整体部署，协调推进。

乡村振兴坚持城乡融合发展。坚决破除体制机制弊端，使市场在资源配置中起决定性作用，更好发挥政府作用，推动城乡要素自由流动、平等交换，推动新型工业化、信息化、城镇化、农业现代化同步发展，加快形成工农互促、城乡互补、全面融合、共同繁荣的新型工农城乡关系。

乡村振兴坚持人与自然和谐共生。牢固树立和践行绿水青山就是金山银山的理念，落实节约优先、保护优先、自然恢复为主的方针，统筹山水林田湖草系统治理，严守生态保护红线，以绿色发展引领乡村振兴。

坚持改革创新、激发活力。不断深化农村改革，扩大农业对外开放，激活主体、激活要素、激活市场，调动各方力量投身乡村振兴。以科技创新引领和支撑乡村振兴，以人才汇聚推动和保障乡村振兴，增强农业农村自我发展动力。坚持因地制宜、循序渐进。科学把握乡村的差异性和发展

[①]《中共中央国务院印发〈乡村振兴战略规划（2018—2022年）〉》，http://www.xinhuanet.com/politics/2018-09/26/c_1123487123.htm，2018年9月26日。

走势分化特征，做好顶层设计，注重规划先行、因势利导，分类施策、突出重点，体现特色、丰富多彩，既尽力而为，又量力而行，不搞层层加码，不搞"一刀切"，不搞形式主义和形象工程，久久为功，扎实推进。

第三节 国内外研究现状综述

一 国外研究现状

（一）关于人的现代化理论的开拓性研究

社会学的经典作家、德国社会学家马克斯·韦伯的著作《新教伦理与资本主义精神》堪称经典。在此书中，他以资本主义的新教伦理作为其研究的理论基础，深入研究了资本主义精神，并对其形成过程和资本主义的精神实质做了深刻的概括总结。韦伯认为资本主义精神对资本主义社会经济制度的形成和运行起着决定性的作用，而在清教徒身上所具有的种种精神，正是资本主义经济体系能够顺利运行的决定性力量。可以说，清教徒就是典型意义上的现代人。他们具有现代人的人格和特征：勇于追求财富，是坚定的实用主义者且有功利主义倾向；生活严谨、忘我奋斗并克己禁欲；在生活中，能精打细算而不大手大脚，并坚持科学经营，节约成本。当然，这种带有强烈理性工具主义色彩的人格，有其深刻的使命来源和宗教情结——以为上帝的光荣而工作的使命感，为灵魂的得救而奋斗的危机感为内在的精神支点。[①]这种典型的宗教情结为其内心提供精神支撑，内心中超越性的宗教情结与外在的理性、功利行为模式融合在一起，复合成现代人的人格特征。清教徒所具有的这种现代人格，为研究现代人格提供了可供参考的模板。可以说，韦伯是在资本主义社会发展前期就提出现代人格并付诸实践且取得杰出成就的模范和先驱。虽然资本主义的新教伦理并没有为后人的研究提供具体的指导方案，但韦伯认为资本主义精神就是现代社会的现代人格时，他已在不自觉中为我们研究人的现代化提供了一个现成的可以参考的模板。

---

① ［德］马克斯·韦伯：《新教伦理与资本主义精神》，陕西师范大学出版社 2002 年版，第 61 页。

德国社会学家贝伦特提出了现代人五个方面的人格特征：一是人具有主动认识社会和世界的精神；二是现代人逐步成熟，能够摆脱传统社会的种种束缚，能够坚持独立自主，能独立思考；三是现代人勇于创新，能够认识到人的主体地位，具有主体意识和主体行动；四是现代人有技术，技术在推动社会进步中应发挥更大的作用；五是现代人主动性强，能够按照个人能力、个人爱好行动，而不受各种宗教的束缚和自己社会地位的局限。

美国人本主义心理学家罗杰斯则认为现代人的基本特征应该由11条构成：一是现代人具有真诚的品质；二是现代人具有开放的态度；三是现代人不断追求科技的进步；四是现代人渴望完整性拥有事物；五是现代人有追求亲密关系的需求；六是现代人注重追求事物的发展过程；七是现代人有人文关怀精神；八是现代人热爱自然、亲近自然；九是现代人反对因循守旧、循规蹈矩；十是现代人认可真正的权威；十一是现代人更加追求精神的满足。

美国学者亚历山德罗·波茨提出了人的"现代性"的10个特征：一是现代人乐于参加各种活动，并把保护自己的利益放到重要的位置；二是现代人富有同理心，他们能够换位思考，能够适应新环境，不断接受新经验；三是现代人具有个人主义情怀，家庭小型化；四是现代人具有雄心，敢于冒险，希望自己的后代能够向上流动；五是现代人是世俗主义者，他们不受宗教束缚，乐于学习科技并敢于创新；六是现代人能够尊重妇女的权利和地位，倡导男女平等；七是现代人获取信息的能力比较强，他们经常接触各类媒体，能够及时地获取国内外的各种信息；八是现代人乐于消费，他们愿意接受新事物、新产品；九是现代人喜欢城市的便捷而不愿意留在农村；十是现代人勇于追求机会，愿意随机会而迁徙。

美国社会学家列维从社会结构的视角出发来研究人的现代化。他认为要辨别人是否具备现代性，应从以下几个方面来把握：一是在认识方面，是传统的还是现代的；二是在社会成员的关系方面，是坚持普遍主义还是坚持个人主义；三是在实质界限方面，是坚持功能特定的还是坚持功能弥散的；四是在情感方面，是坚持回避倾向还是坚持亲近倾向；五是在目标定向方面，是利己主义的还是利他主义的；六是在社会分层方面，是坚持等级主义还是非等级主义的。

（二）关于人的现代化的实证研究

美国学者英格尔斯（也译作英克尔斯）在 20 世纪 60 年代通过制定出的相当详细而复杂的测量问卷在六个发展中国家进行了大规模的实证调查，分析了导致个人现代化的主要背景和社会因素，系统而深刻地探讨了个人现代性的诸项要求。其认为人的现代化是心理态度和价值观念不断改造的过程。英格尔斯在《从传统人到现代人——六个发展中国家的个人变化》一书中，详尽描述了促成个人现代化的社会性因素，并总结了现代人的基本特征：第一，作为一名公民，应对世界获得充分的了解，并在此过程中扮演积极向上的角色，乐于接受新体验、新思想和新的行为方式；第二，要时刻准备着接受社会的发展和变革；第三，思想观念解放，能够接受不同的思想和看法，并尊重别人的意见；第四，惜时守时，既重视现在又能展望未来；第五，讲求效率，个人效能感强烈，对社会的发展充满信心，对个人的前途保持乐观；第六，个人具有责任心，做事有计划；第七，拥有知识，并不断汲取新的知识，提升个人技能；第八，善于合作，并对其他人充满信任；第九，重视现代技术的应用，能根据自己的技术水平领取薪水并保持良好心态；第十，希望自己及后代从事社会上所尊重的职业；第十一，尊重别人，善待自己，人与人之间能相互了解；第十二，期待自己的能力和创造力在社会上得到充分的发挥；第十三，对未来社会的发展充满信心；第十四，具有"普遍主义"意识。

社会心理学家多布在长期研究非洲人的基础上提出了测量人的现代性的量表，并产生了较大的影响力。多布的现代性量表的内容包含：第一，在时间上，对未来的重视程度强过现在和过去；第二，在人生态度上，充满了乐观和信心；第三，在政治态度上，认为合法政府对公众发挥着有益的功能；第四，现代人应该是爱国主义者；第五，相信科学，杜绝宿命论；第六，对人类的态度，不分种族、年龄、职业，都基于客观来看待，不歧视、敌意；第七，对本国政府领导充满信任，乐于支持他们的政策；第八，非宗教主义，相信科学，反对迷信。

20 世纪四五十年代，日本的社会学家在学习、借鉴马克思和韦伯的相关理论后，根据资本主义精神的工具理性，提出了日本国民和整个民族现代化的目标。他们提出要想使日本成为一个现代化的国家，必须使国民成为现代化的人，这样他们才能成为民主制度的主体。后来，日本以《国民性研究》作为专题，每隔五年进行一次研究，实证调查、收集、整理日本民众在社会现代化过程中生活态度、理想信念、价值观念、团队精神等方面的变化，并根据实际变化，对教育、文化政策进行调整，以引导人的发展。虽然日本的测量指标没有美国学者的精细、具体，存在模糊的状态，但是却体现了日本民族现代化的自觉性与主动性。

（三）影响人的现代化的相关因素研究

在帕森斯的带领下，结构功能主义学派对当今社会是如何运行的进行了系统而深入的研究。他们以角色期待理论为基础，阐明了社会系统的运行机制，特别是一系列的强化机制，包括控制机制和社会化机制、对人产生的重大价值。这种运行和动力机制为我们今天研究人的现代化提供了分析的框架，为更加深入的研究奠定了基础。布莱克，作为一名历史学家，从历史的角度研究了人类在农业社会向工业社会转型过程中发生的巨大转变。人在此过程中由孤立的个体转变为相互联系的有机体，并在人格上发生了重大转变，从传统人格逐步转变为现代人格。他的研究为今天我们研究人的现代化提供了新的视角。与此同时，欧美的其他社会学家也同步对人的现代化展开过研究。

由于工业革命以来欧美国家的城市化率大幅度提升，这些国家基本上处于城乡融合的一体化状态，农民和市民基本上享受一样的服务和设施，享受城乡一体化的教育，享有一样的权利，农民可以自由迁徙，在某种程度上说农民和市民处于一样的现代化状态。因此，国外专家的研究更多的是从全体居民的现代化视角来展开。而对我们国家来说，由于城乡二元社会结构的制约，农民和市民是分割的群体，市民的现代化程度可以说要高于农民，因此研究人的现代化更多地需要从农民的视角来展开。可以说，国外专家学者关于人的现代化的研究为国内学者开展农民现代化研究提供了思路和经验。

二 国内研究现状

（一）关于农民现代化内涵的研究

当今我国的学者对农民现代化的内涵有着不同的认识，研究的视角也各不相同，呈现出多维化的特点。主要是随着工业化、信息化、城市化的发展，农民从传统向现代的转变呈现在各个领域，农民的传统性逐步减少，而现代性逐步增加，农民的生产方式、生活方式、价值观念都在发生变迁，知识在丰富，技能在提升，社会关系在变更，身份在变换，职业逐步多样化等。

陆学艺（1999）在分析农民现代化时指出：农民现代化的实质是农民由传统人向现代化转变的过程。他认为农民的现代化包含了农民观念的现代化、农民行为的现代化和农民技能的现代化[1]。学者王北生、刘黎明（2001）认为，农民的现代化是指在人类历史发展的阶段性过程中，人的思想、行为、态度、心理和知识技能以及农民的行为方式等，能跟随社会发展而发生的变化，涉及方方面面的内容，是个综合素质提升的工程[2]。朱道华（2002）认为，农民现代化不但表现在农民素质提升的过程，还包括农民的非农化倾向，农民逐步向市民转变，并留下一部分农民成为职业农民[3]。伏晓（2005）认为，农民现代化是在社会现代化的熏陶下，不断接受新思想、新观念，掌握现代生产技能，培育现代人格，实现自身全面发展的过程[4]；魏先法（2007）认为，农民的现代化则是农民的市场意识、民主与法制意识、科技意识、创新精神不断提升的过程[5]。吴兆雪、袁国富、程忠园（2008）认为，农民的现代化就是农民成为"有文化、懂技术、会经营的新型农民"[6]。李晓翼（2008）认为，农民现代化就是束缚农

---

[1] 陆学艺：《农村现代化基本问题》，中共中央党校出版社1999年版，第95页。

[2] 王北生、刘黎明：《社会现代化必须重视人的现代化》，《北京社会科学》2001年第8期。

[3] 朱道华：《略伦农业现代化、农村现代化和农民现代化》，《沈阳农业大学学报》（社会科学版），2002年第9期。

[4] 伏晓：《论中国农民问题和农民的现代化》，《前沿》，2005年第12期。

[5] 魏先法：《农民现代化问题研究》，《安徽农业科学》，2007年第9期。

[6] 吴兆雪、袁国富、程忠园：《培育新型农民，推进农民的现代化转化》，《乡镇经济》2008年第6期。

民的旧的观念体系逐步瓦解，传统的行为模式不断减少而农民的现代性逐步提升的过程。在此过程中，包括农民生产方式的现代化、生活方式的现代化、价值观念和思维方式的现代化，是农民全面发展和综合提升的历史工程[①]。

（二）关于农民现代化实现途径的研究

在实现农民现代化的途径上，一些专家给出了自己的思路与建议。伏晓（2005）认为，农民的现代化是国家实现现代化的重要因素，因此，必须大力发展教育，特别是农民的职业教育；要促进农村剩余劳动力的合理流动；要切实维护好农民的合法权益；要借助传统媒体和新兴媒体的传播作用[②]。章辉美、易帆（2006）认为，教育对实现人的现代化具有重要的作用，教育为人们提供了现代化的思想观念和技能[③]。教育是实现农民现代化的重要因素，因此要通过大力发展教育提升农民的现代素质，包括提升农村基础教育、夯实农村职业教育、发展农村继续教育等。许建礼（2007）指出，要实现农民的现代化，必须大力发展农村社会生产力，为农民现代化奠定坚实的物质基础；要积极推进社会的现代化，为农民现代化的实现创造良好的环境；要大力发展现代教育，提升农民的积极性和主动性[④]。田珍（2007）认为，实现农民现代化，则要促进农民市民化，通过市民化提升农民生活方式的现代化[⑤]。魏先法（2007）对实现农民现代化提出了以下途径：一是保障农民的各项权益；二是大力发展农村的各项教育；三是建立健全农业科技推广体系；四是加强农村文化建设和发展建设，提升农村的民主化水平[⑥]。李晓翼（2008）指出，要通过一定的创新手段来促进农民的现代化，这里包括教育的创新、土地制度的创新、农业生产组织体系的创新、社会服务体系的创新等[⑦]。张新光（2009）认为，要坚持新型城镇

---

① 李晓翼：《论我国农民现代化及其途径》，《乡镇经济》2008 年第 7 期。
② 伏晓：《论中国农民问题和农民的现代化》，《前沿》2005 年第 12 期。
③ 章辉美、易帆：《农村劳动力素质与农村现代化》，《长沙铁道学院学报》2006 年第 12 期。
④ 许建礼：《现代化教育与人的现代化》，《长安大学学报》（社会科学版）2007 年第 3 期。
⑤ 田珍：《城市化与农民生活方式演进的互动机理研究》，《农业经济》2007 年第 1 期。
⑥ 魏先法：《农民现代化问题研究》，《安徽农业科学》2007 年第 9 期。
⑦ 李晓翼：《论我国农民现代化及其途径》，《乡镇经济》2008 年第 7 期。

化和新农村建设,在"双轮驱动"下实现农民的现代化[①]。王宇雄(2016)认为,要通过互助性合作、服务性合作和市场性合作助推农民现代化的实现[②]。路璐(2016)认为,新媒体对农民现代化的实现具有重要的推动作用[③]。赵秀玲(2021)认为,中国农民现代化的探索主要经历了理念启蒙的倡导期、社会实验的探索期、理想浪漫的实施期、开放务实的发展期四个阶段,要通过乡村的善治来实现农民的现代化[④]。

(三)关于影响农民现代化积极因素的研究

郭正林、周大鸣(1996)认为,外出务工经历对农民现代性的获得有一定的促进作用。他们通过对华南一个以外出务工为主的村落的研究发现,通过外出务工,体验现代城市文明和现代的生产、生活方式,对农民现代化水平的提升具有积极的促进作用[⑤]。周晓虹(1998)也开展过同样的研究,他通过对北京"浙江村"的实证研究发现,伴随着农民在城市生活体验的增加,农民的保守思想、平均主义、封闭主义、乡土主义等种种小农意识逐步被削弱,而农民的现代性人格和现代心理则得到了不断提升[⑥]。谷中原、曹金波(2003)认为,我国的改革开放政策为农民现代化水平的提升创造了良好的社会环境,使农民能够进行社会流动,从农村来到城市,进入商业、服务业、工业领域。这有利于开阔农民视野,增长农民见识,带动农民现代化水平的提升。当然,农民的自由流动,也逐步使农民的社会角色发生改变,有利于他们成为新市民[⑦]。章辉美、何芳芳(2007)认为,

---

① 张新光:《新中国农民生活方式变迁的主要特征与前景展望》,《贵州社会科学》2009年第10期。

② 王宇雄:《农民现代化的一个路径:农民合作助推农民转型》,《西北农林科技大学学报》(社会科学版)2016年第3期。

③ 路璐:《人的现代化:新媒体对新型农民的培育研究》,《中国农业教育》2016年第2期。

④ 赵秀玲:《农民现代化与中国乡村治理》,《清华大学学报》(哲学社会科学版)2021年第4期。

⑤ 郭正林、周大鸣:《外出务工与农民现代性的获得》,《中山大学学报》(社会科学版)1996年第9期。

⑥ 周晓虹:《流动与城市体验对中国农民现代性的影响——北京"浙江村"与温州一个农村社区的考察》,《社会学研究》1998年第9期。

⑦ 谷中原、曹金波:《农民区际流动原因与价值分析》,《长沙铁道学院学报》(社会科学版)2003年第5期。

1978 年我国改革开放后的经济体制改革，特别是社会主义市场经济使得人们的价值观念、生活方式、思维方式和行为方式都得以发生改变，农民同样具备了市场经济意识和现代化的思维[①]。在当代社会，决定人们命运的已经不再是先赋因素，自致因素越来越重要，即要通过自己的努力来成就未来，而不是依靠前辈。这对于农民来说，具有至关重要的作用。

（四）关于阻碍农民现代化影响因素的研究

当然，在农民实现现代化的道路上，也有重重障碍，需要他们克服。国内学者也对相关的障碍因素进行了梳理。林滨（2004）认为，由于我国长期处于封建社会，小农经济和集权政治使农民的反抗意识薄弱，产生了服从性和依赖性的人格特征，同时在农耕社会，社会流动缓慢，农民的交往距离很近，更多的是处于熟人社会当中，人们缺乏创造性思维，做事被动，这些都影响了农民现代化的进程[②]。同春芬（2006）则认为，农民对社会的依赖性和缺乏独立自主的能力、我国的社会组织化程度比较低等，都对农民的现代化有阻碍作用[③]。张怀璧（2006）认为，影响农民现代化的障碍因素主要有封建社会的宗法观念、传统文化的"三纲五常"所引起的道德泛化倾向、农民的盲目依附心理等，这也是农民现代化的障碍[④]。魏先法（2007）指出，制约农民现代化的主要因素有我国的二元社会结构以及农民贫困的文化和落后的教育等[⑤]。董海军、乔娜（2009）认为，城乡分割的二元社会制度、农民的传统思维、农村的教育落后以及农村产权制度不清晰等都制约了农民的现代化[⑥]。运迪、李啸（2010）认为，传统的重农抑商理念使得农民小富即安，缺乏开拓进取的精神和意志，而封建

---

① 章辉美、何芳芳：《论社会结构变迁中"差序格局"的解构》，《湖南师范大学社会科学学报》2007 年第 7 期。

② 林滨：《从依附性人格到主体性人格——现代中国人发展的理性选择》，《晋阳学刊》2004 年第 9 期。

③ 同春芬：《建设和谐农村社会的内涵及路径选择》，《湛江师范学院学报》2006 年第 10 期。

④ 张怀璧：《社会主义新农村视野中的农民思想政治教育》，《甘肃联合大学学报》（社会科学版）2007 年第 1 期。

⑤ 魏先法：《农民现代化问题研究》，《安徽农业科学》2007 年第 9 期。

⑥ 董海军、乔娜：《农民市民化——对旧问题的新探讨》，《西北人口》2009 年第 7 期。

的伦理本位也使得农民缺乏权利、平等、自由、民主的进步意识[①]。刘建荣（2010）则从农民自身来探究原因，他认为农民对自身的主体性认识不足，缺乏社会交往能力，自己的能力和价值在社会中得不到应有的体现，这是影响农民现代化的深层次原因[②]。宋辉、刘衡宇（2016）认为，影响农民现代化的主要有不合理的制度、城乡二元结构、文化贫困、思想落后等因素[③]。张娜（2017）认为影响农民现代化的因素主要有外部因素和自身因素[④]。

从总体上看，在改革开放以后，由于我们国家面临着实现现代化的重任，国内的专家学者开始研究现代化。最初的研究，可以说是物质层面的现代化的研究，后开始转向制度层面的现代化的研究，随着社会的发展开始研究人的现代化、农民的现代化，并取得了很多的研究成果。目前，国内专家学者对农民现代化的研究必将随着我们国家向现代化的迈进而持续升温。

三 对现有文献的评价

综上所述，学术界和相关的实践部门都对农民的现代化问题进行了不同视角的研究，也取得了丰硕的研究成果。其中一些也具备较高的理论价值和应用价值，比如关于农民现代化指标评价体系、农民现代化的障碍、实现农民现代化的对策等的研究，但还存在着一些不足之处。

首先，对农民现代化的研究缺乏系统性，很多研究站在单一学科的视角，学科的局限性难免带来研究视角的局限性。

其次，对农民现代化的研究缺乏历史的视角。农民现代化的实现有一个历史演进的过程，而目前普遍缺乏对农民现代化演进的研究，并且在研究上缺乏历史状况与现实状况的紧密衔接。

最后，对农民现代化的研究，就其实现路径而言，缺乏综合的视角。

---

① 运迪、李啸：《近代中国农民现代化的现实启示》，《人民论坛》2010 年第 7 期。
② 刘建荣：《高扬新农民主体性——龙泉村农民义工合作社研究》，《当代世界与社会主义》2010 年第 8 期。
③ 宋辉、刘衡宇：《中国农民现代化问题研究之现状与反思》，《社科纵横》2016 年第 11 期。
④ 张娜：《我国农民现代化进程的障碍与若干建议》，《现代化农业》2017 年第 7 期。

农民的现代化是一个综合的工程，需要采取综合措施，通过多条路径来实现。

本书在上述研究成果的基础上，力争通过笔者的研究来解决当前研究中存在的一些问题。

第四节　研究思路与研究方法

一　研究思路

本书以乡村振兴战略视域下农民的现代化为研究中心，以唯物史观理论为指导，以马克思主义关于农民问题的理论为依据，在吸收借鉴国内外专家研究成果的基础上，对农民的现代化状况进行实证研究；通过问卷调查和个案访谈的方式收集资料，就农民的生产方式现代化、生活方式现代化及思想观念现代化特别是农民的公共参与意识、社会变革意识、进取意识、教育意识、职业选择意识、时间意识、风险意识、消费意识、道德意识、环境保护意识、生育意识与平等观念等进行定量和定性分析，并通过典型个案对农民由传统走向现代进行详尽的描述与分析，从多维度探寻影响农民现代化的积极和消极因素，从多视角出发提出促进农民现代化的实现路径。

二　研究方法

本书将农民的现代化置于乡村振兴战略的背景之下，与中国的现代化融为一体。在研究方法上，坚持马克思主义的方法论，并结合其他研究方法，如文献研究法、问卷调查法、个案访谈法等，结合中国的现代化进程，研究分析中国农民现代化的表现形式，探究制约农民走向现代化的因素，挖掘新形势下促进农民走向现代化的路径。

（一）文献研究法

通过网络、查阅图书馆藏书等搜集相关文献来获得资料，从而全面地、正确地了解所要研究的问题，阅读前人的研究成果，对研究问题有一个大体的框架，以便后续工作的进展，有利于本书的写作。特别是针对乡村振兴战略视域下农民现代化这个选题，首先要充分了解国内外专家学者关于农民现代化的研究，包括农民现代化的理论、现代性量表的编制情况，以及在实际调查中量表表现出的优缺点，并研读新型城镇化的专著、论文，以增加新语境下农民现代化研究的针对性。

（二）问卷调查法

为了掌握新形势下农民现代化的现状，笔者参照了国内外学者现代性量表的编制方法，特别借鉴了英克尔斯的人的现代化的量表，设计了若干相关性问题，以问卷的形式发放给研究对象，并整理收回的资料，利用SPSS 19.00进行统计数据的研究与分析，以检验假设，得出结论。

（三）实地研究法

由于问卷调查得到的定量资料存在一定的缺陷，笔者利用节假日、寒暑假进行实地考察，接近农民、观察农民、了解农民，并与农民进行深入交谈，获得关于农民现代化的丰富材料，找出影响农民走向现代化的因素。

（四）访谈法：通过专家访谈和农户访谈

通过和专家、政府官员的访谈，笔者从宏观的层面获取了他们对于农民现代化的认识。在所选的农村调查时，通过召开座谈会及私人访谈的方式来获得第一手资料。

（五）系统研究法

农民现代化涉及政治学、哲学、社会学、人口学、统计学、心理学、经济学等多门学科，因而笔者在研究过程中坚持马克思主义基本立场，注意博采众家之长，依据系统论的观点，力求综合分析问题，把中国农民现代化的现状、问题、原因和对策作为一个大的系统工程来分析和研究，系统地提出促进中国农民现代化的对策和建议。

第五节　研究架构与内容安排

一　研究架构

本书主要由七个部分构成。

第一部分为导论，主要论述乡村振兴战略视域下农民现代化研究的起源及理论和现实意义，并对相关的概念如现代化、人的现代化、农民现代化进行界定，对国内外关于农民现代化的研究进行梳理，提出本书的研究思路和所采用的研究方法，并对本书要解决的重点、难点问题及研究的线路图进行分析。

第二部分为农民现代化的理论阐释，主要内容包括：马克思主义经典作家关于农民现代化的阐释，重点对马克思、恩格斯关于农民现代化的思想和列宁关于农民现代化的阐释进行分析；中国共产党历代领导关于农民现代化的重要论述，分别对毛泽东关于农民现代化的重要论述、邓小平关于农民现代化的重要论述、江泽民关于农民现代化的重要论述、胡锦涛关于农民现代化的重要论述、习近平关于农民现代化的重要论述进行总结。

第三部分为中国农民现代化的历史演进，主要从三个历史时期——中华人民共和国成立前中国农民现代化的启蒙、改革开放前农民现代化的曲折发展、改革开放后农民现代化的快速发展，对农民现代化的演进过程进行深入的描述。

第四部分为乡村振兴战略视域下农民现代化现状的实证分析，内容主要包括农民现代化指标体系的建构、农民现代化问卷设计、问卷调查的样本分布、样本的基本情况，重点对农民生产方式的现代化、农民生活方式的现代化、农民思想观念的现代化进行分析，特别是对农民思想观念的现代化从农民的政治参与意识、农民的男女平等意识、农民的教育期望和职业期望、农民的效能感、农民的进取精神与风险意识、农民的时间观念和计划性、农民的法律意识、农民的道德意识、农民的环保意识、农民的科学文化素养等方面用定量和定性研究的方法进行了细致的分析，并对农民现代化取得的成绩和存在的问题进行总结。

第五部分为影响农民现代化的因素分析，主要从积极因素和消极因素两方面展开分析。影响农民现代化的积极因素包括持续增长的生产力、城乡一体化发展、逐步完善的教育体系、新媒体时代的到来、社会流动与城市体验、自发成长的社会组织等；影响农民现代化的消极因素包括相对落后的农村经济、二元社会结构的困扰、保守的传统乡村文化、落后的农村教育、封闭的农村社会环境、农民综合素质相对偏低等。

第六部分为乡村振兴战略视域下促进农民现代化实现的路径选择，包括：以制度创新推进农民现代化、以农业现代化带动农民现代化、以社会主义先进文化引领农民现代化、以现代教育提升农民现代化、以信息化助推农民现代化、以农民市民化加速农民现代化、以农民专业合作化助力农民现代化、以基层社会治理体系现代化提升农民现代化等。

第七部分创新性地提出了乡村振兴战略视域下农民现代化问题的结论。

二 写作重点、难点及创新之处

（一）重点

第一，在于对当代中国农民现代化现状进行实证分析，通过定量和定性的研究方法，对农民现代化取得的成绩、存在的问题进行分析和总结。

第二，在于对影响农民现代化的积极和消极因素进行分析。

第三，乡村振兴战略视域下农民现代化的提升路径，也是本书研究的重点。

（二）难点

第一，紧密联系乡村振兴战略，对农民现代化的内涵进行深化、完善、丰富与提升。

第二，拟提出乡村振兴战略视域下提升农民现代化的实现路径，但这些路径的有效性还需要实践检验。

（三）可能的创新之处

第一，研究视角和方法的创新：主要采用社会学抽样的方法进行问卷调查，并结合个案访谈、深度访谈的方法及历史回溯法，描述农民从传统走向现代的历史进程。

第二，内容创新：路径创新，结合乡村振兴战略，提出多条促进农民现代化的实现路径。

三　研究线路图（见图1-1）

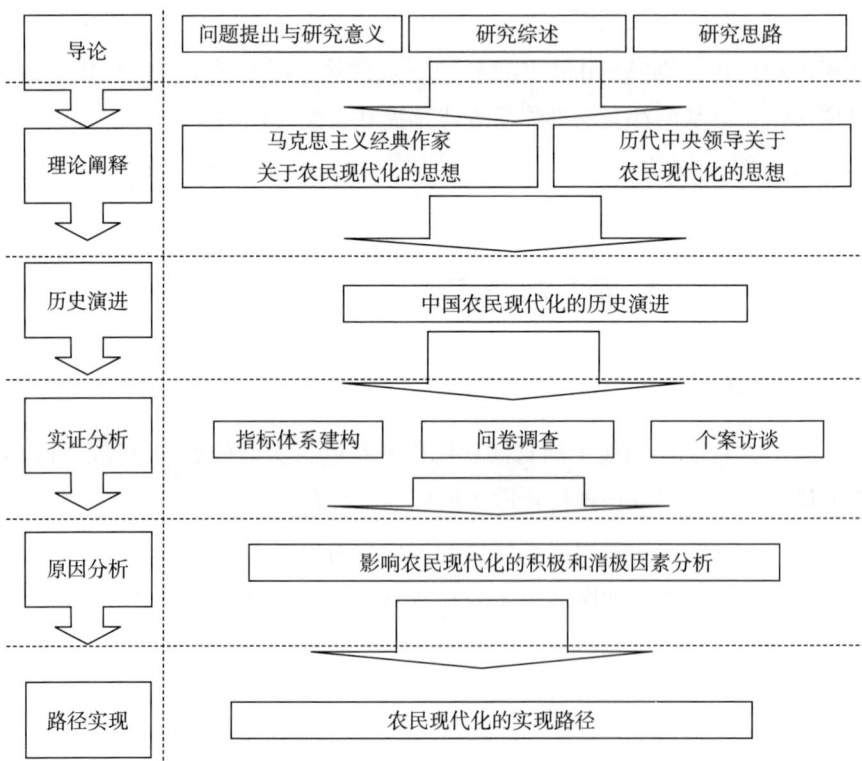

图 1-1　研究架构

第二章 农民现代化的理论阐释

农民现代化既是人类社会发展的历史趋势，也是我们顺应这一趋势所正在从事的一项伟大的事业，没有正确的理论就没有伟大的实践。有没有正确理论的指导，不但涉及方向问题，在很大程度上也决定了农民现代化的实现程度。对于我们这样一个社会主义国家来说，我们国家的现代化是社会主义性质的，农民的现代化也必然是社会主义性质的，应当通过马克思主义的指导思想得以体现。只有在马克思列宁主义、毛泽东思想、邓小平理论、"三个代表"重要思想、科学发展观和习近平新时代中国特色社会主义思想的指引下，才能坚持社会主义方向，把中国特色的农民现代化事业不断向前推进。

第一节 马克思主义经典作家关于农民现代化的阐释

农民问题，作为人类解放事业中的一个重要组成部分和社会主义革命与建设的根本问题和关键问题，一直被马克思、恩格斯、列宁等马克思主义经典作家高度重视和密切关注，并成为马克思主义理论不可分割的一部分。认真研究梳理马克思主义庞大理论体系中涉及农民现代化问题的理论，对今天我们在新形势下开展农民现代化的研究具有重要的价值。

一 马克思、恩格斯关于农民现代化的阐释

（一）马克思关于人的全面自由发展思想

阅读马克思主义创始人的著作，我们发现他们对资本主义社会批判的

根本目的是为了人的解放，是为了人的全面自由发展。从根本上说，马克思主义的学说主要涉及人的发展问题，可以说是人的全面、可持续发展的学说，这也是我们学习领会马克思主义理论的出发点和落脚点。马克思、恩格斯对人的发展和人的前景提出了一系列重要的见解。例如：在社会的高级阶段，其特征是"建立在个人全面发展和他们共同的社会生产能力成为他们的社会财富这一基础上的自由个性"，"要使这种个性成为可能，能力的发展就要达到一定的程度和全面性"。[①] 未来社会将是"以每个人的全面自由发展为基本原则的社会形式"[②]，"人终于成为自己的社会结合的主人，从而也就成为自然界的主人，成为自己本身的主人——自由的人"[③]。人的现代化是人的全面自由发展的必经阶段，人的全面自由发展是人的现代化的最终目的和必然结果。

马克思关于人的全面自由发展的理论为研究农民的现代化提供了重要的方法论，对于理解和推动农民的现代化具有重要的价值。

（二）马克思、恩格斯关于农民现代化的论述

马克思、恩格斯以辩证唯物主义和历史唯物主义的科学方法，对欧洲国家的现代化道路，特别是对农民的解放和实现人的全面发展进行了深入的研究。针对农民现代化的问题，马克思、恩格斯分析了小农逐渐消失的历史必然性，提出用机器大工业"压碎"小农的思想、通过农业现代化提升小农的素质以及走农业合作化道路来实现农民现代化的构想。

1. 马克思、恩格斯论述了小农逐渐衰亡的历史必然性

马克思指出："小农经济发展到一定程度就会造成消灭它自己的物质手段。"[④] 当然，由于欧洲各国资本主义经济发展的不平衡性，小农经济在一定的历史时期仍将继续存在，即使"我们预见到小农必然灭亡，但是我们无论如何不要以自己的干预去加速其灭亡"[⑤]。由此可见，小农退出

---

① 《马克思恩格斯全集》（第46卷上），人民出版社1974年版，第104页。
② 《马克思恩格斯全集》（第23卷），人民出版社1972年版，第649页。
③ 《马克思恩格斯选集》（第3卷），人民出版社1995年版，第443页。
④ 《马克思恩格斯选集》（第3卷），人民出版社1995年版，第443页。
⑤ 《马克思恩格斯选集》（第4卷），人民出版社1995年版，第498页。

历史舞台是一个长期而漫长的过程。在充满风险的历史进程中，小农因自身的生产方式而面临着数不清的自然风险和市场风险，因其生产方式的基础，"按其社会性质来说就排斥社会劳动生产力的发展、劳动的社会形式、资本的社会积聚、大规模的畜牧和科学的累进的应用"①。"高利贷和税收制度必然会到处使这种所有制陷入贫困境地。"② 这种历史的偶然性和农民的弱抗风险性，将会导致农民阶层内部的分化和有条件地向市民转变。在资本主义不断发展的过程中，小农走向衰落或消失将是必然趋势。

2. 马克思、恩格斯预言了农业现代化的发展方向

农业现代化是指从传统农业向现代农业转化的过程和手段。在这个过程中，农业日益用现代工业、现代科学技术和现代经济管理方法武装起来，其实质是转变农业经营方式，实行集约化经营。传统的粗放式经营仅仅是单纯依靠增加生产要素如劳动力、资本来实现经济的增长，集约式经营则是通过劳动生产效率的提升达到经济增长的目的。集约化经营一个很重要的特点是依靠科技的投入来带动效率的提升，通过增加农业的科技投入，提高农业的科技含量。要通过培养优质高产的粮食品种，带动农业结构的深刻调整；要通过大力发展农产品加工技术，提升农产品的附加值，增加农民的收入；要通过大力发展现代生物技术和现代信息技术，提升农业科技水平；要通过大力发展农业节水灌溉技术，发展节水农业、高效农业、生态农业。另一个特点是耕地的适度规模经营。马克思认为，适度的规模经营比小块和分散的土地耕作效率要高很多，也优越很多。他指出："一切现代方法，如灌溉、排水、蒸汽犁、化学处理等，应当在农业中广泛使用。但是，我们所具有的科学知识，我们所拥有的耕作技术手段，如机器等，如果不实行大规模的耕作，就不能有效地加以利用。"③

3. 马克思、恩格斯提出了通过农业合作化道路改造小农的思想

马克思在巴枯宁《国家制度和无政府状态》一书的摘要中，具体分析

---

① 马克思：《资本论》(第 3 卷)，人民出版社 2004 年版，第 912 页。
② 马克思：《资本论》(第 3 卷)，人民出版社 2004 年版，第 912 页。
③《马克思恩格斯选集》(第 3 卷)，人民出版社 1995 年版，第 128 页。

了引导农民走社会主义道路的必然性。[①] 他认为不能强迫消灭小农，而是采取各种具有吸引力的手段让农民自愿走上合作化的道路。恩格斯也指出，不能采用暴力手段，而应该采取示范的方式，让农民看到合作化的好处后引导他们走向合作。只有通过事实来证明走合作化道路是正确的，能给农民带来好处，才会使农民在心理上接受社会主义。

二 列宁关于农民现代化的论述

作为世界上第一个社会主义国家的缔造者，列宁也是农民问题理论的奠基人。他关于农民问题的理论建立在深刻分析俄国农民阶级特点和社会制度的基础之上，并且在与各种机会主义思潮的斗争中不断丰富和完善。

1.列宁在俄国革命实践经验、教训的基础上把农民问题提升到一个新的层次

在继承马克思、恩格斯关于农民问题理论的基础上，列宁对农民的革命性和可靠性有深刻的认识。在帝国主义和无产阶级革命年代，他高瞻远瞩地把农民阶级看作革命阶级，是促使俄国革命胜利的不可或缺的力量。在十月革命胜利以后，怎样解决农民问题，也是历史的考量。对列宁来说，在农民人口占多数的经济文化落后的俄国，要想顺利进行社会主义建设，必须高度重视农民问题。因此，在十月革命胜利后不久，在列宁的倡导下，俄国苏维埃政府颁布了《土地社会化》法令，从根本上解决农民关心的土地问题，为解决农民问题奠定了基础。但在 1918 年夏至 1920 年底的国内战争时期，由于支持战争的需要，国家不得不实行余粮收集制，无偿地收取了农民生活必需以外的全部余粮，并且采取封闭市场和禁止商品交换的措施。这些措施虽然对于国内战争的胜利发生了重要的作用，但是它损害了小农的利益，引起了小农的不满。1921 年春天，由于小农对战时措施的强烈不满，以及战争带来的严重的经济困难，俄国国内产生了政治危机，其突出的表现就是爆发了喀琅施塔得叛乱。在这样的形势下，列宁和党决定实行新经济政策，这为寻求社会主义经济和农民经济的共同发展找

---

① 欧阳斌：《马克思主义农民问题理论的历史发展》，《长沙水电师院社会科学学报》1995年第 3 期。

到了契合点，为社会主义建设中工农联盟的进一步巩固奠定了扎实的经济基础。由此可见，列宁执政时期一直把社会主义建设时期的农民问题当作俄共（布）的一项重要任务来抓，并坚持把维护农民群众的切身利益放到第一位。诚如他所言："1921年春天形成了这样的政治形势：要求必须立即采取迅速的、最坚决的、最紧急的办法来改善农民的生活状况和提高他们的生产力"，"谁若不明白这一点，谁若认为把农民提到第一位就等于放弃，或者类似于放弃无产阶级专政，那他简直是不动脑筋，只会空谈"。①从中可以看出，列宁不仅把农民阶级当作资产阶级革命的同盟军来看待，而且把其当作无产阶级在社会主义建设中的可靠力量，这样就把俄国的农民问题提升到了新的理论高度。

2. 列宁系统阐述了通过合作社引导农民走上社会主义道路的思想

如何有效解决十月革命胜利后俄国农民面临的问题，是列宁和布尔什维克党需要迫切解决的重要问题之一，而如何把分散的农民组织起来并引领他们最终走向社会主义道路又是重中之重。在不断的探索和思考过程中，列宁对合作社的认识又提升到了新的高度，其创造性地把来自马恩的合作化思想运用到了俄国农村的社会主义实践中。一方面，列宁论述了合作社是对农业进行社会主义改造的一种有力探索，它使我们"发现了私人利益即私人买卖的利益与国家对这种利益的检查监督相结合的合适程度"②。这种建立在商品经济基础之上的合作社无论是对农民还是国家来说，都有其积极意义。对农民来说，可以改善他们的生活状况，提升生活质量；对国家来说，有利于在流通领域克服小农经济向自发资本主义发展的倾向，进而使其逐步纳入社会主义发展的轨道。通过合作社，在国家利益和农民个人利益之间，列宁找到了比较好的平衡点。另一方面，列宁论证了苏维埃制度下的合作社与社会主义制度的一致性。晚年，列宁曾提出在工人无产阶级掌握国家政权和对主要生产资料掌控的前提下，合作社在本质上可以说是同社会主义完全一致的。"在生产资料公有制的条件下，在无产阶级对资产阶级取得了阶级胜利的条件下，文明的合作社工作者的制度就是社

---

① 《列宁全集》（第41卷），人民出版社2014年版，第207页。
② 《列宁全集》（第41卷），人民出版社2014年版，第362页。

会主义的制度。"[①] 此外，列宁进一步论述了建立和发展合作社，必须拥有国家层面给予的财政及法律的支持，这样才能使合作社得到进一步的发展、壮大。

3. 列宁创造性地提出了社会主义时期改造小农意识、提高农民文化素质的思想

在如何改造农民小农意识的问题上，虽然马克思、恩格斯也有过论述，但背景不同，马恩主要是以西欧资本主义国家农民阶级的状况为依据来展开论述的，而对于苏维埃俄国在社会主义建设时期如何改造小农意识这一历史性的难题，列宁经过艰苦卓绝的实践探索之后，提出了在苏维埃俄国加强农村文化建设以提高农民文化素质的重要思想。第一，要解决在农民中扫除文盲的问题，在农村地区大力开展扫盲活动，提升农民的识字率；第二，通过增加国家教育经费投入，同时动员社会各种力量出资办学来加强农村国民教育；第三，要充分发挥人民教师的教育力量，通过对落后的农民进行先进文化教育，提升农民的水平，使其脱离资产阶级联盟而同无产阶级建立联盟；第四，鼓励对农民阶级进行思想政治教育，特别强调是通过周六义务劳动的鲜活例子使农民受到潜移默化的影响；第五，主张通过多种形式、手段来推动农民的文化教育工作，充分利用报纸、电影、各种读物来提升农民的文化修养；第六，城市支援农村，为了消除消极、落后的文化对农村的影响，要求城市工人团体深入农村传播先进文化，开展文化下乡活动，同时还要求城市党支部来支援、帮助农村党支部发展与繁荣农村的文化事业。

第二节　中国共产党历代领导关于农民现代化的重要论述

一　毛泽东关于农民现代化的重要论述

对农民问题的研究，在毛泽东思想庞大的科学体系当中，占据着至关

---

① 《列宁全集》（第43卷），人民出版社2014年版，第365页。

重要的位置。可以这样说，正是成功地解决了农民、农村问题，才使中国革命取得彻底的胜利。这也是毛泽东思想最具特色和创造性的贡献。无论是民主革命时期还是探索建设有中国特色社会主义的时期，毛泽东始终把解决农民问题作为中国革命和建设事业的突破口和关键点。

在新民主主义革命时期，毛泽东就提出："中国革命斗争的胜利要靠中国同志了解中国情况，认清中国的国情，乃是认清一切革命问题的基本根据。"① 没有对中国国情的深刻了解，一切的革命都不能取得最终的胜利。当时中国社会最大的国情，就是中国80%的人口是农民。毛泽东指出："中国的贫农，连同雇农在内，约占农村人口百分之七十。贫农是没有土地或土地不足的广大的农民群众，是农村中的半无产阶级，是中国革命的最广大的动力，是无产阶级的天然的和最可靠的同盟者，是中国革命队伍的主力军。"②

毛泽东坚持一切从实际出发，根据中国半殖民地半封建社会的性质和农民占总人口最大多数的实际情况，第一次提出了农民是民主革命的决定性力量和主力军的思想，这对新民主主义革命来说是历史性的贡献。毛泽东通过对农民占有土地情况的调查和农民经济情况的分析，科学地指出了中国广大农民的革命诉求，他认为落后的封建土地私有制对农村生产力的发展是巨大的障碍，必须进行土地革命。毛泽东认为，中国农民问题的核心是土地问题，并根据他对农民阶级状况的分析，结合中国农村的实际状况，开创性地制定了土地革命的路线、方针和政策，提出了实行农民土地私有制和土地无偿分配、改革土地制度、建立革命政权和开展武装斗争相结合的思想。这些措施从根本上解决了农民的土地问题，让广大农民翻身做主人，人人都获得了土地。这极大地唤醒了农民投身革命的积极性，并为革命的成功做出了卓越的贡献。

中华人民共和国成立以后，广大农村地区也发生了一系列的变化，产生了不少的新问题。特别是社会主义建设初期，曾经出现过关于农民是否还是社会主义建设的主力军的讨论。毛泽东根据中国的国情对农民进行深

---

① 《毛泽东选集》（第1卷），人民出版社1991年版，第115页。

② 《毛泽东选集》（第2卷），人民出版社1991年版，第643页。

刻分析，提出农民仍是社会主义建设的动力和主体。

随着全国农村土地改革的完成和国民经济逐步恢复发展，民主革命的任务基本完成。按照毛泽东农村经济变革的设想，是抓住有利时机，完成向社会主义公有制的过渡。而农民的根本出路在于走农业合作化的道路，土地农民私有制向社会主义公有制转变。按照列宁的经验，将分散的个体农民引向集体道路，最好的办法是走农业合作社的道路。毛泽东在土地改革以后对农村状况进行了深入的调查研究，从巩固工农联盟的基础、实现社会主义工业化以及从根本上解放和发展农村生产力，消除贫富分化的目的出发，论述了农业合作化的必然性，并从广大农村农民的现实诉求出发分析了农业合作化的可能性。毛泽东以马克思、列宁关于合作制的理论为指导，总结了自己以往 20 余年领导农村经济变革和苏联农业集体化道路的经验教训，结合中国农村的实际状况，全面系统地提出了农业社会主义改造的指导思想、原则、方法和途径。在实践中，中国共产党引导广大农民群众采取自愿互利、典型示范和国家帮助等形式，在社会主义建设的历史上第一次创造了从临时互助组、常年互助组发展到半社会主义性质的初级农业生产合作社，再发展到社会主义性质的高级农业生产合作社的过渡形式，走出一条农业社会主义改造的道路。①

但在 1956 年以后，在当时"左"的思想的指导下，没有根据中国的实际情况，照抄照搬了马克思、恩格斯、列宁关于改造农民与城乡一体化的论断，机械地采用了苏联当时农业集体化的做法，使得农业社会主义改造道路的时间不断提前。在实施过程中更是不尊重发展规律，用不到半年的时间，全国就实现了农业高级社化，实现了生产资料归集体所有，统一劳动、统一经营、统一分配。而人民公社化运动实行的单一的集体所有制结构，使农民变成单一的被动生产者，扼杀了农民生产的积极性和主动性。

在教育和引导农民的问题上，毛泽东历来就很重视。1949 年 6 月 30 日，毛泽东在《论人民民主专政》中指出："严重的问题是教育农民。"② 由于农

———————

① 欧阳斌：《马克思主义农民问题理论的历史发展》，《长沙水电师院社会科学学报》1995 年第 9 期。

② 《毛泽东选集》（第 4 卷），人民出版社 1991 年版，第 1477 页。

民文化素质落后，具有浓厚的封建性，且身上具有分散、散漫和缺乏政治远见等局限性，"只有渐次地设法提高农村文化程度，才能消除封建迷信、宗教伦理及落后的道德观念"①。毛泽东还对农民的教育提出了具体的原则与方法。其农民教育的思想包含两个层次：一是从阶级主体的角度对农民进行思想政治教育，二是从个人主体的角度对农民进行文化素质教育。在提升农民的文化素质上，毛泽东非常重视农民的扫盲教育。在革命年代，他曾亲自编写课本，给农民上课；中华人民共和国成立后，他仍然非常重视扫盲工作，要求各级政府做出规划领导，制订扫盲计划。在方式上，灵活多样，不拘一格，把对农民的教育和劳动、家庭、社会结合起来，走农村办学的道路，取得了巨大的成绩。正是毛泽东在长期的革命和建设实践中，把教育农民作为一项重要工作来抓，不断提高农民的政治思想素质、科学文化素质和革命觉悟，才使中国革命和建设赢得了最广大农民群众的积极支持。

二 邓小平关于农民现代化的重要论述

邓小平在继承和发展马克思、恩格斯、列宁和毛泽东现代化理论成果的基础上，结合当时中国的实际和世界历史发展的潮流，提出了改革开放，实现社会主义现代化的奋斗目标，并形成了具有中国特色的社会主义现代化理论。邓小平理论在更深处突破了以往理论的局限性。邓小平长期关注农业问题、农村问题、农民问题，并在其相关的论述当中占据了重要的位置。邓小平现代化理论从根本上说蕴含着农业、农村和农民的现代化思想。

综合分析邓小平农民现代化的思想，其包含了农民物质层面的现代化、政治层面的现代化、精神层面的现代化三方面的内容，具体如下。

（一）邓小平关于农民物质层面的现代化

第一，邓小平把农民的物质生活水平提升到发展的战略高度。邓小平

---

① 滕纯、轩辕轲、蒋伟杰主编：《毛泽东教育活动纪事》，湖南教育出版社1993年版，第67页。

提出了"三个有利于"标准，即是否有利于发展社会主义社会的生产力，是否有利于增强社会主义国家的综合国力，是否有利于提高人民的生活水平，最终指向是人民生活水平的提高。1983年1月，邓小平指出，"各项工作都要有助于建设有中国特色的社会主义，都要以是否有助于人民的富裕幸福，是否有助于国家的兴旺发达，作为衡量做得对或不对的标准"[①]。

第二，邓小平把农民收入的增加作为农民一切工作的出发点和落脚点。贫穷不是社会主义。在"文化大革命"时期，有很长一段时间流传着"宁要社会主义的草，不要资本主义的苗"，在农村杜绝市场经济，不许农民从事农副业。邓小平是极力反对这些谬论的。他在针对"三农"问题的讲话中，强调农民增产增收的重要性，要求农村工作者把增加农民收入作为制定农业政策的灵魂和抓手。只有农民富裕了，他们才会感受到社会主义的好处。社会主义现代化建设的根本目的就是促进人民群众物质生活水平的提升，而人民物质生活水平的提升又会促进社会主义现代化的进一步实现。

第三，邓小平认为，农民物质生活水平的提升对于全面建设小康社会至关重要。邓小平说："中国农业人口占总人口的百分之八十，提高这百分之八十的人民的生活是个关键。搞好社会秩序，这个百分之八十也是关键。"[②] 同时，邓小平又强调："农民没有摆脱贫困，就是我国没有摆脱贫困。"[③] 邓小平指出："我们制定了到本世纪末人均国民生产总值翻两番的战略目标，翻两番对城市来说是不困难的，但对占百分之八十人口的农村来说就是很大一个问题了。"[④] 只有农民的物质生产水平提升了，才能从根本上解决农民的温饱问题，并最终实现小康生活，达到现代化的标准。这也标志着"三步走"现代化战略目标迈出了关键的一步。

（二）邓小平关于农民政治层面的现代化思想

第一，农民现代化实现的重要条件是尊重农民的选择权。新中国成立

---

① 中共中央文献研究室编：《邓小平思想年谱（1975—1997）》，中央文献出版社2004年版，第247页。

② 中共中央文献研究室：《党的文献》（第五辑），中央档案馆2004年版，第12页。

③《邓小平文选》（第三卷），人民出版社1993年版，第237页。

④ 中共中央文献研究室编：《党的文献》（第五辑），中央档案馆2004年版，第13页。

以后，农民已经翻身做主人，我们的社会主义民主是真正的人民民主，在基层农村，就应该充分尊重农民的自主选择权。这既是社会主义民主的本质体现，也从根本上推动了农村生产力的发展，促进"三农"现代化。

第二，实现农民现代化的关键是调动农民的积极性。邓小平指出："农业要恢复，要有一系列的政策，主要是两个方面的政策。一方面是把农民的积极性调动起来，使农民能够积极发展农业生产。""农业本身的问题，现在看来，主要还得从生产关系上解决，这就是调动农民的积极性。"[①]

第三，实现农民现代化的智慧源泉是尊重农民的首创精神。邓小平说："农村搞家庭联产承包，这个发明权是农民的。农村改革中的好多东西，都是基层创造出来，我们把它拿来加工提高作为全国的指导。"[②]并指出："乡镇企业容纳了百分之五十的农村剩余劳动力。那不是我们领导出的主意，而是基层农业单位和农民自己创造的。"[③]"乡镇企业是谁发明的，谁都没有提出过，我也没提出过，突然一下子冒出来了，发展得很快，见效也快。家庭联产承包责任制也是由农民首先提出来的。这是群众的智慧，集体的智慧。"[④]

（三）邓小平关于农民精神层面的现代化思想

加强精神文明建设，有利于改变农民的精神面貌，提升农民的科学文化素质和道德素质，树立坚定走社会主义道路的信心和勇气，从而为实现农民的现代化铺平道路。

第一，大力发展农村教育，全面提高农民的科学文化素质。邓小平强调："科学技术是第一生产力。"针对中国"三农"问题存在的弊端，他提出了"科技兴农"的思想。他认为，农村经济的全面发展终究取决于现代科学技术的进步和科技成果的推广应用，而提高劳动者的素质是关键。邓小平强调："今后要进一步提倡科学种田，还要大力培养农业科技人才。

---

① 《邓小平文选》（第一卷），人民出版社 1994 年版，第 321—322 页。
② 《邓小平文选》（第一卷），人民出版社 1994 年版，第 382 页。
③ 《邓小平文选》（第一卷），人民出版社 1994 年版，第 352 页。
④ 中共中央文献研究室编：《党的文献》（第五辑），中央档案馆 2004 年版，第 17 页。

我们有大量中学生，要把他们培养成土专家，让他们在农村发挥作用。"①

第二，大力发展农村的社会主义集体经济，提升农民的思想道德教育。农村精神文明建设的提升，关键是要求农民坚定不移地走社会主义道路。农村经济发展的最终目标是实现现代化、集体化。在广大农村，只有搞好集体经济，发展集体经济，才能走好社会主义道路。这也是农村经济发展的根本保证。

三 江泽民关于农民现代化的重要论述

以江泽民同志为代表的第三代中央领导集体，在带领全国人民建设社会主义事业的伟大征程中，针对新时期"三农"问题的新情况、新问题，不断探索创新，提出了系统地解决农民问题的新思想、新观点，对促进"三农"问题的有效解决和中国特色社会主义现代化建设的顺利推进，起到了非常积极的作用。江泽民关于农民现代化的思想主要有以下内容。

（一）"三农"问题是事关全局的根本性问题

江泽民认为："农业、农村和农民问题，始终是一个关系我们党和国家全局的根本问题。"② 由于我们国家还处于社会主义初级阶段，经济还不发达，文化也相对落后，因此，正确认识和解决好农民问题，"不但是个重大的经济问题，同时也是一个重大的政治问题"③。1990 年，他在农村工作座谈会上的讲话中指出："我国十一亿人口，八亿在农村。农村稳定了，农民安居乐业了，也就从根本上保证了我们国家和社会全局的稳定。"④ 这是从战略的高度来认识中国的农民问题。

（二）把调动农民的积极性作为重点任务来抓

保障广大人民群众的利益，充分调动农民的积极性，是发展农业和农村经济的根本动力所在。江泽民指出："必须在经济上充分关心农民的物

① 中共中央文献研究室编：《邓小平思想年谱（1975—1997）》，中央文献出版社 2004 年版，第 275 页。
② 江泽民：《论有中国特色社会主义》，中央文献出版社 2002 年版，第 119 页。
③ 江泽民：《论有中国特色社会主义》，中央文献出版社 2002 年版，第 120 页。
④ 江泽民：《论有中国特色社会主义》，中央文献出版社 2002 年版，第 117 页。

质利益，在政治上切实保障他们的民主权利。这是我国确定农村经济政策的首要出发点。农村改革之所以获得巨大成功，就是因为坚持了这个正确的出发点。"① 从其论述中可以看出，我们不但要保护农民的物质利益，还要保障农民的各项政治权益，并且在其精神文化权益和公共利益方面也要有所照顾。历史经验表明，农民的积极性调动与否，直接决定着农业发展的好坏，积极性强则发展速度就快，否则就会停滞不前甚至倒退，农业荒芜，粮食减产。

（三）尊重农民、尊重农民的首倡精神，是解决"三农"问题的关键点

在广大农村，农民既是农村经济的主要力量，也是农业生产的主体。农民对农村、农业最为熟悉，最有发言权。他们知道如何趋利避害，如何发挥土地的最大效益。尊重农民的首倡精神，从根本上说关系到农民群众的利益。江泽民指出："尊重实践、尊重群众，这是过去二十年我们在领导农民改革的实践中获得的根本经验，也是今后推动农村改革、做好农村工作必须遵循的原则。"② 例如，包产到户就是农民自己选择和创新的结果。实践证明，凡是有利于农村生产力发展的，其结果必然利于农民利益的实现。对改革中出现的新事物，不打压，而是鼓励试、允许看、不争论，用实践来检验。同时，要尊重农民的意愿。在农村开展各项工作，其衡量的标准是农民满意不满意、高兴不高兴、赞成不赞成、答应不答应，凡是不切合农村实际的都不能搞，凡是有利于农村发展的都应该大力提倡。

（四）扩大农村基层民主，加强农民民主自治

社会主义优越性的表现之一就是人们享有广泛的民主。民主的形式也不是普世的模式，而是由当地人民所处的具体发展阶段所决定的。基层民主是社会主义民主的重要部分，农村民主是党的农村政策的重要内容。江泽民说："扩大农村基层民主，保证农民直接行使民主权利，是社会主

---

① 江泽民：《全面推进农村改革，开创我国农业和农村工作新局面——在安徽考察工作时的讲话》，《人民日报》1998 年 10 月 5 日。

② 江泽民：《论社会主义市场经济》，中央文献出版社 2006 年版，第 407 页。

义民主在农村最广泛的实践。"①地域发展的不平衡性、经济发展的不均等性，决定了农民民主的形式不能整齐划一，必须因地而异。农村民主的多样性，确保了农民切实拥有民主，享受民主权利。为此，江泽民说："要在农村基层实行民主选举、民主决策、民主管理和民主监督。"②加强民主的过程，就是农民懂得民主、应用民主、享受民主的过程，必然会提升农民的现代素质。

（五）农村剩余劳动力转移的问题

江泽民认为，农民大量剩余的劳动力，如果不能够有效转移，将影响到农村发展、农民增收和农民的繁荣稳定。要探索多种途径转移农民大量剩余的劳动力，他提出了发展乡镇企业和通过小城镇建设实现农民的社会流动，实现劳动力的转移。

四　胡锦涛关于农民现代化的重要论述

胡锦涛的农民现代化思想是在全力推进我国社会主义现代化建设和建设社会主义新农村以及构建社会主义和谐社会的背景下形成和发展的，同时也是在解决农民问题以及保证农民群众政治、经济、文化、社会等相关权益的实践基础上完善的。

（一）胡锦涛关于农民现代化重要论述的实践基础

1.构建社会主义和谐社会的实践

2006年10月，中国共产党第十六届中央委员会第六次全体会议通过了《中共中央关于构建社会主义和谐社会若干重大问题的决定》。这一文献决定在中国大地上勾画构建社会主义和谐社会的宏伟蓝图。胡锦涛同志于2005年2月在贵州考察工作时指出："构建社会主义和谐社会，是我们党从全面建设小康社会全局出发提出的一项重大战略任务，体现了广大人民群众的根本利益和愿望。必须从确保党和人民事业顺利发展和国家长治

---

① 《江泽民文选》（第2卷），人民出版社2006年版，第214页。
② 江泽民：《论有中国特色社会主义》（专题摘编），中央文献出版社2002年版，第313—314页。

久安的战略高度，扎扎实实推进和谐社会建设，切实做好关心群众生产生活的工作，加强社会建设和管理，正确处理人民内部矛盾，维护群众正当权益，维护社会安定团结。"① 和谐社会的基础是农村，统筹城乡发展的关键在农村，难点也在农村。党的十六届六中全会通过的《中共中央关于构建社会主义和谐社会若干重大问题的决定》中明确要求坚持协调发展，通过建设社会主义新农村促进城乡协调发展，通过落实区域发展总体战略促进区域协调发展，通过实施积极的就业政策发展和谐劳动关系等。通过促进城乡关系协调发展，大大提高农民收入，是实现社会稳定的根本保证。

2. 建设社会主义新农村的伟大实践

2005 年 10 月，党的十六届五中全会指出建设社会主义新农村是我国现代化进程中的重大历史任务。2006 年中央一号文件中，党中央、国务院提出了新农村建设的总体要求和重大方针措施，并规定了建设社会主义新农村的主要途径。国家"十一五"规划指出："建设社会主义新农村是我国现代化进程中的重大历史任务，要按照生产发展、生活宽裕、乡风文明、村容整洁、管理民主的要求，坚持从各地实际出发，尊重农民意愿，扎实稳步推进新农村建设。"

（二）胡锦涛关于推进农民现代化的具体举措

胡锦涛认为，"一是要加强粮食综合生产能力建设，加快农业科技进步，加强农村基础设施建设，加快转变农业增长方式。二是要坚持把促进农民增收作为农业和农村工作的中心任务，挖掘农业内部增收潜力，广辟农村富余劳动力转移就业的途径，形成农民增收的长效机制。三是要扩大农村基层民主，搞好村民自治，健全村务公开制度，开展普法教育，确保广大农民群众依法行使当家作主的权利。四是要加强精神文明建设，加快发展农村教育文化事业，倡导健康文明的新风尚，培育造就新型农民"②。他特别强调，"要坚持以解决好农民群众最关心、最直接、最现实的利益问题为着力点，促进农村和谐社会建设，关心农村困难群众生活，发展农

---

① 胡锦涛：《在贵州考察工作时的讲话》，《甘肃日报》2005 年 2 月 12 日第 1 版。

② 李述章：《政府在社会主义新农村建设中的主要责任》，《湖南行政学院学报》2007 年第 10 期。

村卫生事业，加强农村社会建设和管理。要坚持社会主义市场经济的改革方向，稳定和完善农村基本经营体制，统筹推进农村各项改革，充分尊重广大农民群众的首创精神，全面增强农业和农村发展的活力"。[①]

从上述胡锦涛对农民现代化问题的认识、实践和举措来看，胡锦涛的农民现代化思想是立足当前、着眼长远的，既尊重经济规律、社会规律，又注重科学安排、科学规划，突出重点，稳步推进。

五 习近平关于农民现代化的重要论述

习近平关于农民现代化的思想是与他长期扎根基层的经历并长期关注"三农"问题密切相关的。2012年11月30日，习近平在中共中央召开的党外人士座谈会上指出："要加强和巩固农业基础地位，加大对农业的支持力度，加强和完善强农惠农富农政策，加快发展现代农业，确保国家粮食和重要农产品有效供给。"2013年11月28日，习近平在山东农科院召开的座谈会上指出："手中有粮，心中不慌。保障粮食安全对中国来说是永恒的课题，任何时候都不能放松。历史经验告诉我们，一旦发生大饥荒，有钱也没用。""要通过推进基本公共服务均等化，发展现代农业，积极推进新农村建设，让农村成为农民幸福生活的美好家园。"

（一）习近平有关"三农"问题的实践基础

从1973年作为知青到陕北农村插队到2012年任中共中央总书记、国家主席，习近平从陕西到北京，从河北到福建，从浙江到上海，从西部贫困地区到国家政治文化中心，从西部欠发达地区到沿海发达地区，从政经历遍及村、县、市（地）、省（直辖市）和中央党政军主要岗位。习近平总是"像爱自己的父母那样爱老百姓"，心里装着人民、时刻想着人民、讲话贴近人民、奋斗为了人民。正是这40多年的心路历程，使他和人民群众建立了深厚感情，增进了与人民群众的血肉联系。在陕西，他带着乡亲们建立起了陕北第一口沼气池，在那里懂得了农民，认识到了农民群众蕴含的巨大力量，看到了农民合作的巨大潜力。在习近平任县委书记考察

---

① 吴敬：《胡锦涛三农思想初探》，《湖北行政学院学报》2009年第11期。

美国农业时，他认识到了农业科技对促进农业发展的重要性，但其并不崇拜美国农业的生产方式和经营模式。基于对中国国情的深刻理解，他认为中国的农业发展一定要立足于现实情况，不能盲目地贪大求全，而是要在压缩成本的基础上提升效益，在适当的时候可以走规模化经营之路。

习近平在福建时作为分管农村工作的省委副书记，他的足迹遍及福建的山山水水，他的名字和农业、农村、农民也是密切联系的。他亲自主编了《现代农业理论与实践》一书来指导农业的发展。在这一时期，习近平对当时的农业问题进行了深入的思考和理论的提升。针对当时某些地方热衷的"公司＋农户"以及所谓的农业产业化出现的问题，他认识到农业产业化作为促进农村市场化和推进农村经济可持续发展的重要举措，其初衷是好的，但在一些地方由于没有建立合理的市场主体利益分配机制，公司和农户之间存在着争利的问题，公司获利更多而存在农户利益受损的情况。这极大地影响了农民参与合作社的热情，对农村的市场化建设和农业产业化水平的提升都有一定的影响。习近平要求将市场摆在"龙头"位置，而非将农产品的加工企业当作"龙头"。后来，习近平在博士论文《中国农村市场化建设研究》中，旗帜鲜明地提出："要走组织化的农村市场化发展路子"，"只有将农民组织起来，才能使农民尽快安全、顺利地进入国内外市场，并能够有效地降低进入市场的成本，提高农产品的市场竞争力、市场占有率"。

在习近平主政浙江时，2006年的中央一号文件掀起了社会主义新农村建设的新高潮，这时候部分人对韩国、日本为代表的"综合农协"产生了盲目的推崇之情。而习近平经过深入思考后冷静地指出，韩、日与我们国家的国情不同，工业化程度不同，耕作习惯和人文背景不同，我们对他们不能盲目照抄照搬，中国的农业现代化之路必须既借鉴国外又要扎扎实实走自己的路。浙江在全国率先出台了《统筹城乡发展、推进城乡一体化纲要》，习近平提出了"跳出农业发展农业，跳出农村发展农村"的思路。

（二）习近平关于农业经营"三位一体"发展模式的理论思考

习近平在深入思考的基础上，提出了"三位一体"的发展模式。习近平提出："要发展农民的横向与纵向联合……把生产职能与流通职能融为一体……发展跨乡、县的地区联合，组建大规模的中心合作社。"正是在这种顶层思考之下，"三位一体"的构想才应运而生。农村基层合作组织的发展要保持规模适中、人员控制，不能无限制地扩大，这样就能避免合作社发展过程中出现信息不对称而损害社员利益的现象。但合作社的发展又要追求一定的经济利益，需要经济发展。为了解决这个问题，就要在基层横向联合的基础上发展纵向联合，发展综合合作，形成多层次的合作模式，在整合金融、流通、服务的基础上，形成多方合作共赢的模式。在"三位一体"的架构下，首先，基层各级各类合作社成立农村合作协会，在协会的领导下，农民专业合作社得以规范、充实和提升；其次，农村的基层供销社系统也应通过开放改组加入合作协会，农村信用社的股东也加入合作协会，通过合作协会托管持股，服务农村专业合作社，农村信用社又可以依托合作协会，为农村合作社提供金融服务，拓展营销网络。通过有效整合基层的各种资源，可建立强大的农业组织体系。

习近平在《建立强大的农业组织体系》中指出，发展现代农业，要通过建立完善的、农民为主体的农业产业组织体系，把小农生产与现代市场经济有机地结合起来，使广大农民成为农业产业化的主体力量，突破组织体系这一瓶颈制约，切实推动现代农业进程。

从本质上来看，"三位一体"的发展模式，可以说是在新型城镇化建设的新阶段对我国农村经济发展趋势的准确把握，是促进农业发展而积极探索的新路子。通过对基层合作社的整合和各级各类农村合作经济组织的合作与联合，促进三者工作合作的一体化和功能互补，避免在发展中相互割裂、相互制约的局面。"三位一体"的农村新型合作组织是一种制度意义上、植根中国本土的自主创新，同时也是各级各类合作事业发展与改革的殊途同归，更是中国梦的重要组成部分。[①]

2013 年的中央"一号文件"和 2014 年的中央"一号文件"都特别强调了农业的发展必须在生产经营体制上有所创新。"以家庭承包经营为基础、统分结合的双层经营体制"是中央长期的既定方针，并被写入了宪法第八条。因此，要继续完善和创新，只能以适当方式强化"统"的一面，

---

① 陈林：《习近平的三农情怀》，《人民论坛》2013 年第 5 期。

而"统"的载体和途径，只能是加强合作制。

（三）习近平有关"三农"问题的五个"务必"论述 ①

1. 务必执政为民重"三农"

农民人口占中国总人口大多数的国情，决定了我们党和国家的发展与农业、农村、农民问题休戚相关，"三农"问题解决得好坏直接决定了国家能否稳定、社会能否和谐和人民能否安居乐业。强调执政为民重"三农"，就是从根本上解决"三农"问题必须牢固确立的政治意识，就是牢固确立"三农"问题是中国根本问题的思想，始终把解决好"三农"问题作为全党工作的重中之重，在任何时候都不动摇；就是要从实现中华民族伟大复兴的战略高度，充分发挥农民的主体作用和党委、政府的主导作用，要增强解决"三农"问题的能力和本领；就是要通过顶层设计，自觉主动落实"三农"的各项工作任务，要制定"三农"发展的战略规划，落实促进"三农"发展的资金投入，强化工作部署和绩效考核，最终在全社会形成重视农业、关爱农业、服务农民的强大合力和良好氛围。相信，在国家重视"三农"，把其作为执政之基的顶层思维下，"三农"问题一定能得到良好的解决。

2. 务必以人为本谋"三农"

科学发展观的核心是确立以人为本的理念和统筹兼顾的思想。以人为本谋"三农"，这是从根本上解决"三农"问题必须始终遵循的指导原则。要把科学发展观贯彻落实到"三农"工作的具体实践中去，才能确保"三农"问题的根本解决。

强调以人为本谋"三农"，就是明确"三农"问题的核心是农民问题，农民问题的核心是增进农民利益和保障农民权益问题；就是把切实提高农民素质、实现人的全面发展作为"三农"工作的根本出发点和落脚点，努力实现好、维护好、发展好农民的物质利益和民主权利，不断增强农民群众的自主发展能力；就是坚持以科学发展观统领"三农"工作，把我们党一切为了群众、一切依靠群众的工作路线贯穿"三农"工作的各个方面。

强调以人为本谋"三农"，就是要坚持"多予、少取、放活"的方针，

---

① 习近平：《把握"两个趋向"，解决"三农"问题》，《人民日报》2005年2月4日第9版。

千方百计调动和保护农民群众的积极性，让农民群众不但成为农业和农村现代化的主力军，而且成为工业化、城镇化的积极参与者和成果享有者；千方百计促进农民增收，让农民长期得实惠，使农村成为农民安居乐业的新社区；千方百计提高农业综合生产能力，在宏观调控中着力加强农业基础地位，努力使农业成为能使农民致富的产业。

3. 务必统筹城乡兴"三农"

正确处理城乡关系、工农关系，实现一二三产业协调发展和城乡共同进步，是构建现代和谐社会的重要基础。实现城乡一体化，是我国在实现现代化进程中面临的重大难题，也是关系到"三农"问题能否有效解决的重大问题。统筹城乡兴"三农"，是从根本上解决"三农"问题必须长期坚持的发展方略。

强调统筹城乡兴"三农"，就是把农业发展放到整个国民经济发展中统筹考虑，把农村的繁荣进步放到整个社会进步中统筹规划，把农民增收放到国民收入分配的总体格局中统筹安排；就是把农村和城镇作为一个有机统一的整体加以统筹协调，形成以城带乡、以工促农、城乡互动、协调发展的体制和机制；就是站在经济社会发展全局的高度，确立以统筹城乡发展的方略解决"三农"问题的新思路，实行工业反哺农业、城市支持农村的方针。在统筹城乡发展的战略决策和部署下，近年来，农村的基础设施逐步完善，公共服务逐步向农村延伸，城市文明逐步向农村辐射，农民逐步享受到了我国改革开放带来的成果。下一步，我们将站在城乡一体化的战略高度，统筹整合工业化、城镇化、农业农村现代化并举的各项政策措施，充分发挥城乡的互动互促作用，努力在推进城乡一体化方面探索出一条新路。

4. 务必改革促"三农"

改革开放是实现中华民族伟大复兴之路，是强国之路；改革开放是社会主义现代化建设的根本动力，也是推动农村经济社会发展的不竭动力。改革开放促"三农"，这是从根本上解决"三农"问题必须不断强化的动力机制，以改革开放的精神为"三农"问题的解决提供不竭动力。

强调改革开放促"三农"，就是以开放促发展，大力实施"走出去""引进来"战略，不断拓展"三农"发展的空间；就是致力于推进城乡配套的各项改革，革除一切影响"三农"发展的体制弊端，建立有利于消除城乡二元结构的体制和机制；就是以与时俱进的精神状态和强烈的政治责任感深入推进改革开放，不断为"三农"发展添活力、强动力、增后劲。

5. **务必求真务实抓"三农"**

求真务实是马克思主义一以贯之的科学精神。弘扬求真务实的精神，大兴求真务实之风，总的就是求社会主义现代化建设客观规律之真，务发展最广大人民根本利益之实。求真务实抓"三农"，这是从根本上解决"三农"问题必须始终坚持的科学精神和工作作风。

搞好新阶段的"三农"工作，尤其需要我们保持和发扬求真务实的精神。要求真，是因为"三农"问题具有很强的综合性、复杂性、动态性，受到多种因素的影响，既有"三农"自身存在的问题，也有城乡二元结构制约的问题；既有计划经济时代遗留的问题，也有市场化、工业化、城镇化进程中新出现的问题。所以，必须从历史的、全局的和理论与实践相结合的高度，把握"三农"工作的规律性，使其更好地体现时代性、富于创造性。要务实，是因为"三农"问题直接面对广大农民群众，涉及亿万农民的根本利益，我们所有的政策只有落到实处，广大农民群众才能真正得到实惠。在实际工作中，"三农"工作的成绩往往是"潜绩"，必须持之以恒、始终如一地抓下去。

强调求真务实抓"三农"，就是树立牢固正确的政绩观，切实转变工作作风，真心实意地为农民群众谋利益，善于带领农民群众共创美好生活；就是坚持讲实话、出实招、办实事，把推进"三农"工作的各项政策举措真正落到实处；就是坚持解放思想、实事求是、与时俱进，把握新阶段"三农"工作的客观规律，积极探索解决"三农"问题的新途径。

中国共产党人把马克思主义的农民理论与中国社会主义革命和建设的实践紧密结合起来，经过历代中央领导集体的不懈探索和思考，从实际出发，与时俱进，开拓创新，使马克思主义农民理论中国化的进程不断得以深化，并且通过中国化的马克思主义农民理论指导中国农民的现代化问题，进一步完善和丰富了马克思主义理论宝库。[①]

---

① 杨平、王俊拴：《马克思主义农民理论的中国化》，《甘肃社会科学》2008 年第 1 期。

（四）党的十八大以来习近平总书记关于"三农"问题的重要论述

党的十八大以来，习近平总书记站在历史全局的高度思考"三农"问题。他先后到全国各地调研，深入农村，体察民情，提出一系列关于农业农村农民相关的概念，做出了重要的论述。从提升农民收入到培养职业农民，从精准扶贫到乡村振兴战略，这些重要的论述是具有全局性、方向性和战略性的，形成了非常系统的理论体系。可以说，"三农"问题是全党工作的重中之重，是关系到国计民生的根本性问题。

1. 强调"三农"的战略地位

习近平站在国家发展大业和民族复兴的全局以及执政兴国的战略高度定位"三农"问题，论述了做好"三农"工作的极端重要性。[①]习近平指出，"建设社会主义新农村绝不仅仅是为了农业、农村发展和农民富裕，而是关系到国家长治久安和民族伟大复兴的重大战略部署"[②]，"必须从历史的、全局的和理论与实践相结合的高度，把握'三农'工作的规律性"[③]，"把解决好'三农'问题作为全党工作的重中之重"[④]，"务必执政为民重'三农'"[⑤]。

2015 年 7 月，习近平在吉林省调研时特别强调，"任何时候都不能忽视农业、不能忘记农民、不能淡漠农村"[⑥]。从这"三个不能"就能看出"三农"问题所占据的重要地位。习近平指出，"农业是安天下稳人心的产业，始终是国民经济的基础"[⑦]。我国是农业大国，农业是国民经济的基础，特别是确保粮食安全关系到国泰民安，任何情况下农业都是安天下、稳民心的基础产业，对其不能忽视。

中国的农民在革命、建设和改革开放后的现代化建设中，做出了不可磨灭的贡献，我们不能忘记他们。新农村建设、新型城镇化建设、乡村振

---

① 马桂萍、赵晶晶：《习近平关于"三农"问题理论思维述要》，《理论视野》2019 年第 5 期。

② 习近平：《之江新语》，浙江人民出版社 2007 年版，第 195—196 页。

③ 习近平：《之江新语》，浙江人民出版社 2007 年版，第 107 页。

④ 习近平：《之江新语》，浙江人民出版社 2007 年版，第 100 页。

⑤ 习近平：《之江新语》，浙江人民出版社 2007 年版，第 100 页。

⑥ 人民论坛编辑部：《习近平关于"三农"问题重要论述的新观点新论述新要求》，《人民论坛》2015 年第 30 期。

⑦ 习近平：《之江新语》，浙江人民出版社 2007 年版，第 191 页。

兴的实现、农业农村现代化的实现，所依靠的主体都是农民，离开了农民可以说我们要建设的社会主义现代化强国就难以实现。从 2004 年开始的中央一号文件，可以说基本上都关系到"三农"问题，事关农民增产增收、奔小康，根本上是要让农民富裕。他指出："党中央的政策好不好，要看乡亲们是笑还是哭。如果乡亲们笑，这就是好政策，要坚持；如果有人哭，说明政策还要完善和调整。"[①] 习近平提出，"培育新型农业经营主体，健全农业社会化服务体系，实现小农户和现代农业发展有机衔接"，"培养造就一支懂农业、爱农村、爱农民的'三农'工作队伍"。[②]

在乡村振兴战略中，习近平明确提出要全面建立职业农民制度，培养新一代新型职业农民，重视青年农民人才培养。习近平提出："要提高农民素质，培养造就新型农民队伍。培养有文化、懂技术、会经营的新型农民……加大农业职业教育和技术培训力度，把培养青年农民纳入国家实用人才培养计划，确保农业后继有人；把加快培育新型农业经营主体作为一项重大战略，以吸引年轻人务农、培育职业农民为重点，建立专门政策机制，构建职业农民队伍，为农业现代化建设和农业持续健康发展提供坚实人力基础和保障。"[③]"只有在建设农村、发展农业的同时，用现代文明、先进理念武装农民、提高农民，努力使农民成为具有新理念、新思想、新知识、新文化、新精神、新技能、新素质、新能力的新型农民，新农村建设才具有更加深远的意义和更加长久的活力，才能取得真正的成效。"[④] 他明确强调，"农村现代化既包括'物'的现代化，也包括'人'的现代化"[⑤]，可以说是对农民现代化最明确的指示。

中国传统社会就是农业社会，农村占据了大部分，乡土文明根植于农村，传统文明发源于农村。农村不但不能在全面建成小康社会、建设社会

① 习近平：《看清形势　适应趋势　发挥优势　善于运用辩证思维谋划发展》，《人民日报》2015 年 6 月 19 日第 1 版。

② 习近平：《决胜全面建成小康社会　夺取新时代中国特色社会主义伟大胜利——在中国共产党第十九次全国代表大会上的报告》，人民出版社 2017 年版，第 32 页。

③ 习近平：《习近平在中央农村工作会议上的讲话》，中共中央文献研究室编《十八大以来重要文献选编》（上），中央文献出版社 2014 年版，第 679 页。

④ 习近平：《之江新语》，浙江人民出版社 2007 年版，第 198 页。

⑤ 习近平：《把乡村振兴战略作为新时代"三农"工作总抓手》，《求是》2019 年第 11 期。

主义现代化强国的过程中失落，还需要进一步加强建设，建设美丽乡村，实现乡村振兴。从习近平在梁家河插队开始，他对农村就有深厚的感情。特别是党的十八大以来，习近平一直积极推动农村的发展。他指出，"要通过推进基本公共服务均等化，发展现代农业，积极推进新农村建设"①，使农村成为农民的美好家园，增强农民的幸福感、获得感和安全感。党的十九大提出实施乡村振兴战略，是以习近平同志为核心的党中央着眼党和国家事业全局，深刻把握现代化建设规律和城乡关系变化特征，顺应亿万农民对美好生活的向往，对"三农"工作做出的重大决策部署，是决胜全面建成小康社会、全面建设社会主义现代化国家的重大历史任务，是新时代做好"三农"工作的总抓手。

2. 强调"以人民为中心"

"以人民为中心"是习近平总书记治国理政的根本出发点和落脚点，也是习近平关于"三农"问题系列重要论述的价值指向。②一是心想着农民，为农民谋福利。习近平在延安梁家河七年，和农民结下了深厚的友谊，一心为人民的理念可以说是在延安形成的。他说："陕北高原给了我一个信念，也可以说是注定了我人生过后的轨迹。经过了陕北这一人生课堂，就注定了我今后要做什么，它教了我做什么。"③习近平总书记指出，乡村振兴必须坚持农民的主体地位，发挥农民的积极性。习近平始终强调："中国要强，农业必须强；中国要美，农村必须美；中国要富，农民必须富。"④在全面建成小康社会、建设社会主义现代化强国的征程中，离不开农业农村的现代化，离不开农民的现代化。只有农村繁荣发展、农民安居乐业，才能实现我们的宏伟目标。这也是习近平"三农"思想的重要体现。二是尊重农民，解民生疾苦。尊重农民，首先表现在尊重农民的首创精神，从安徽小岗村"大包干"开始，中国的农村改革就体现出"自下而上"基层探索和"自上而下"顶层设计相结合的特征。对于广大农村地区农民

---

① 习近平：《推进美好乡村建设打造农民幸福家园》，《安徽日报》2015年7月10日第1版。
② 阎占定：《习近平"三农"思想研究》，《中南民族大学学报》（人文社会科学版）2017年第4期。
③ 梁家河编写组：《梁家河》，陕西人民出版社2018年版，第25页。
④ 中共中央党史和文献研究院：《习近平关于"三农"工作论述摘编》，中央文献出版社2019年版，第3页。

的实践，国家是肯定和鼓励的，大胆地创，大胆地试，尊重农民的主体地位，并融入国家的"三农"政策方案中去，以促进农村的发展。对于解民生疾苦，习近平强调，"老百姓关心什么，期盼什么，改革就要抓住什么，推进什么"①。"三农"问题的解决要从农民最关心的问题开始，切实解决民生疾苦，坚持问题导向，从精准扶贫到乡村振兴，就是对农民最关心问题的现实回应。实施乡村振兴战略是实现全体人民共同富裕的必然选择。农业强不强、农村美不美、农民富不富，关乎亿万农民的获得感、幸福感、安全感，关乎全面建成小康社会全局。乡村振兴，生活富裕是根本，要让农业成为有奔头的产业，让农民成为有吸引力的职业，让农村成为安居乐业的美丽家园。实施乡村振兴战略，不断拓宽农民增收渠道，全面改善农村生产生活条件，促进社会公平正义，有利于增进农民福祉，让亿万农民走上共同富裕的道路，汇聚起建设社会主义现代化强国的磅礴力量。②

3. 强调乡村振兴战略是新时代"三农"工作总抓手

乡村振兴战略是关系全面建设社会主义现代化国家的全局性、历史性任务。没有农业农村现代化，就没有整个国家现代化。在现代化进程中，如何处理好工农关系、城乡关系，在一定程度上决定着现代化的成败。党的十九大提出实施乡村振兴战略，就是为了从全局和战略高度来把握和处理工农关系、城乡关系。新时代"三农"工作必须围绕农业农村现代化这个总目标来推进。③习近平总书记讲，农村现代化既包括"物"的现代化，也包括"人"的现代化，还包括乡村治理体系和治理能力的现代化。我们要坚持农业现代化和农村现代化一体设计、一并推进，实现农业大国向农业强国跨越。产业兴旺、生态宜居、乡风文明、治理有效、生活富裕，"二十个字"的总要求，反映了乡村振兴战略的丰富内涵。产业兴旺，是解决农村一切问题的前提，从"生产发展"到"产业兴旺"反映了农业农村经济适应市场需求变化、加快优化升级、促进产业融合的新要求。生态

---

① 习近平：《论坚持全面深化改革》，中央文献出版社 2018 年版，第 154—156 页。

② 《中共中央国务院印发〈乡村振兴战略规划（2018—2022 年）〉》，http://www.xinhuanet.com/politics/2018-09/26/c_1123487123.htm，2018 年 9 月 26 日。

③ 习近平：《把乡村振兴战略作为新时代"三农"工作总抓手》，《社会主义论坛》2019 年第 7 期。

宜居，是乡村振兴的内在要求，从"村容整洁"到"生态宜居"反映了农村生态文明建设质的提升，体现了广大农民群众对建设美丽家园的追求。乡风文明，是乡村振兴的紧迫任务，重点是弘扬社会主义核心价值观，保护和传承农村优秀传统文化，加强农村公共文化建设，开展移风易俗，改善农民精神风貌，提高乡村社会文明程度。治理有效，是乡村振兴的重要保障，从"管理民主"到"治理有效"，是要推进乡村治理能力和治理水平现代化，让农村既充满活力又和谐有序。生活富裕，是乡村振兴的主要目的，从"生活宽裕"到"生活富裕"，反映了广大农民群众日益增长的美好生活需要。[1]

乡村振兴要处理好长期目标和短期目标的关系、顶层设计和基层探索的关系、充分发挥市场决定性作用和更好发挥政府作用的关系，以及增强群众获得感和适应发展阶段的关系。[2]

---

[1] 习近平：《把乡村振兴战略作为新时代"三农"工作总抓手》，《社会主义论坛》2019年第7期。

[2] 习近平：《把乡村振兴战略作为新时代"三农"工作总抓手》，《社会主义论坛》2019年第7期。

第三章 中国农民现代化的历史演进 [①]

从 1840 年鸦片战争以来的 170 多年的风雨历程，是中国历史发生巨大转折的历史时期，是中国的苦难史，也是社会的大变革时期，中国从传统的农业社会逐步向现代工业社会过渡。农民的现代化也是从这一时期开始萌芽和生长的。本章主要对中国历史的三个转折时期进行简要描述，同时探讨这一时期农民现代化的状况，以勾勒出近代以来中国农民现代化的历史图景，并做出简短的评价。

第一节 新中国成立前农民现代化的启蒙时期

一 农民作为现代化的"边缘人"

鸦片战争中，外国的坚船利炮使我们感受到了西方的文明。通过不对称的军事力量的较量，我们感受到了西方现代化的巨大威力，也使传统的中国社会受到了强烈的历史撞击和巨大的震撼。在救亡图存的背景下，中国的现代化逐步拉开帷幕。

生活在这一时期的中国农民，深受封建主义、官僚资本主义和帝国主义的严重压迫，生活命运悲惨。中国的大部分土地属于地主阶级，不合理的土地制度是中国农民受压迫的重要原因。广大农民中有土地者甚少且不稳定，他们之中的多数人无奈地只能依附于地主阶级，成为雇（佃）农。太平天国运动虽在一定程度上唤醒了农民的革新意识，但其均土地的目的

---

① 郭少华：《中国农民现代化的历史演进过程研究》，《高等农业教育》2015 年第 4 期。

只是体现在口号之中，而且这次运动造成大半个中国更加民不聊生。在整个社会处于危机的时期，一些有志之士进行了一系列的斗争。他们通过洋务运动，学习国外先进的技术，制造先进的舰船，开设矿山，以期达到"师夷长技以制夷"的目的。虽然洋务运动最终也失败了，但其使中国在一定程度上实现了器物层面的现代化，逐步有了现代意义上的工业，由传统的、落后的封建社会逐步走向现代工业化的道路。1894 年甲午战争失败以后，以康有为、梁启超、谭嗣同为代表的资产阶级改良分子掀起了百日维新运动，废除了一批旧的政令。虽然运动最后失败，但其影响是深远的，它使中国由器物层面的现代化进入制度层面的现代化，使人们的思想、观念受到极大的洗礼，部分知识分子对现代化有了一定的认识。随着革命的不断推进，孙中山领导的辛亥革命彻底结束了封建帝制，我国的现代化在政治意义上有了新的突破。从鸦片战争到新文化运动，在这一历史时期，占中国绝大多数人口的农民并没有处于被中国现代化启蒙者所关注的地位，而是处于边缘化、被忽视的状态。他们没有看到农民身上具有的勤劳、勇敢、忠厚、老实等优良品质，更多的是看到了农民的落后、愚昧与保守，更关注其劣根性，而没有发现农民身上的闪光之处。

当然，这也和农民自身有很大的关系。传统的农村社会属于自给自足的社会，采取小农生产方式。农民以家庭为生产单位，男耕女织，没有真正意义上的社会分工，也没有更多的社会交往，活动范围狭小，生产上很少采用新技术，血缘关系和宗法关系是其主要的社会关系纽带。农民由于受地主阶级的压迫和传统宗法观念的束缚，封建意识严重，虽然也发动过太平天国运动等，但由于其能力有限，还属于旧式的农民运动，在施政纲领上也没有大的突破，还是平均主义、封建思维。他们有所追求，也有一定的理想和目标，但这些都具有浓厚的封建意识，缺乏现代化的思维。传统社会中的农民，在经济上受剥削，在政治上受压迫，处在社会的弱势地位。特别是对于大部分农民来说，在半殖民地半封建社会，他们在基本的生存都难以保障的前提下，对于社会的巨大变革更是无暇顾及。在中国现代化刚刚开启时期，农民就是边缘人，没有积极地参与其中。

1919 年肇始的新文化运动及 1921 年中国共产党成立以后所领导的新民主主义革命，不但拉开了中国现代化历程的巨幕，而且将制度现代化不断引向深入。新文化运动批判旧的制度、伦理、道德和文化，大力倡导西方的新思想、新理念。新文化运动将现代化由制度现代化引向了文化层次的现代化。这一时期，占中国人口绝大多数的农民开始进入知识分子和革命者的视野。

20世纪二三十年代的中国，由于帝国主义的掠夺特别是日本的侵略，内忧外患，天灾人祸，特别是民族工商业受到严重摧残。在多重灾难的打击下，中国的农村经济面临着全面崩溃的危险，农民处于贫困的境地，更加艰难。在这一时期，具有历史使命感和爱国情怀的知识分子，开始在农村悄悄地掀起了乡村建设运动。他们关注农村、关注农民，怀着理想与使命，积极地在农村开展教育，教农民识字，改变农民旧的生产劳作方式，帮助农民提升劳动技能，提高劳动生产率，改变农村陋习，来适应现代社会的生活。这是一种由民间自发的、自下而上的农民现代化改良运动。

关于农村改良运动，可以追溯到明、清的"村治"及五四运动后的"新村"和"平民教育"。北伐时期，农民运动兴起，改良运动也逐渐增多，到抗战前，搞乡村建设的有很多处。这些乡村建设运动的时间有长有短，范围有大有小，工作有繁有简，动机也各不相同，但都是试图在不更改现存社会生产关系的前提下，选择一个或几个自然村，大多选择一个县，建立一种理想目标模式，通过教育农民学习文化知识来实现移风易俗，改进生产方式，提升生产技能。通过对教育、卫生、生计等方面的改良，逐步改变农民的生产生活方式，提升农民的主体地位。比如燕京大学社会学系所主办的清河实验区，中华职业教育社所主办的徐公桥乡村改进会，江苏实验厅所创办的黄墟农村改革改进区，四川十县实验乡等。当然，在乡村建设运动中，规模最大、时间最长、投入人力最多，并进行综合改良的，要数中华平民教育促进会晏阳初的河北定县实验和梁漱溟在山东搞的乡村建设研究院邹平实验。

晏阳初的定县平民教育实验。晏阳初毕生从事平民教育和社会改造工作。第一次世界大战期间，他由美国到法国为华工办教育，回国后他认为国内文盲多，关系到国家的前途命运，遂兴办平民教育。晏阳初最初在城市推行平民教育，但在工作实践中他认识到，中国的文盲大部分在农村，应到农村办平民教育。晏阳初领导的中华平民教育促进会动员了几百名知识分子到定县，有计划地开展"四教三式"的实验，即通过学校式、家庭式、社会式三大教育方针，开展文艺、生计、卫生、公民四大教育内容，来治疗中国的"愚、穷、弱、私"四大顽症。要解决这些顽症，他提出以文艺教育医愚、以生计教育医穷、以卫生教育医弱、以公民教育医私，要通过这些教育来培养农民的生产力、知识力、团结力和强健力。晏阳初主张在农村实现政治、教育、经济、自卫、卫生和礼俗"六大整体建设"，以达到强国救国的目的。定县平民教育实验从 1926 年持续到 1937 年七七事变因抗战而停顿，其设想的由定县实验所建立的经验制度向全省乃至全国推广的目标并没有实现，但其实践积累了很多宝贵、有用的经验。

梁漱溟的乡村建设理论与实践。梁漱溟说，乡村建设运动起源于救济乡村运动。针对乡村建设运动，他指出，"这一建设工作或解决中国问题的工作，必须从乡村入手；这一建设工作或解决中国问题的工作，必须以乡村人自身的力量为主；完成这一建设工作或解决中国问题的工作的关键，在于使政治重心、经济重心都植在乡村的一个全新组织构造的社会"①。乡村建设运动是他的乡村建设思想的具体实践。1931 年，梁漱溟在山东办起乡村建设研究院，地址在邹平，并开展了长达 7 年左右的乡村建设实验，通过知识分子深入乡村、教育民众，通过农业引导工业发展而达到国富民强的目的。在教育方面，建立乡学村学；在经济方面，通过农业生产合作社把农民组织起来；在技术方面，鼓励农民学习生产技术；在道德方面，要道德向上，革除陋习。

不论是晏阳初的定县平民教育实验还是梁漱溟的乡村建设理论与实践，虽取得了一定的成绩，但最终都没有取得成功。中国农村经济研究会对乡村建设运动曾做出过客观的评价。他们指出："第一，中国的国民经济，无论其在与各国的关系上，还是在其自身的结构上，无疑已是世界经济之一环节，特别是在整个民族陷入沦亡危机的时候，中国经济的解放更与政治的解放形成不可分开的一个事实的两个方面。因此，中国的乡村建设是不能离开民族解放运动而单独解决的。第二，中国的问题和恐慌，是整个的国民经济的问题，想以农业引领工业，或由农村复兴救济城市，都

---

① 梁漱溟：《乡村建设理论》，邹平乡村书店 1936 年版，第 40 页。

是不能真正解决中国问题的。第三，乡村建设在无原则的建设的情况下，势必使帝国主义的势力同时获得长足的发展，会做殖民地的清道夫。第四，农业或农村经济问题的主要内容，实际上包含了生产手段的分配、生产物的分配、农业经营和农村金融诸问题。而乡村建设者抹杀或忽视生产手段或生产物分配的问题，特别是土地分配的问题，仅在农业技术、农产运销和流动金融等枝节问题兜圈子，是不能解除中国农民的痛苦的。第五，乡村建设的理想，虽在于所谓促进农村经济的现代化，但是实际上许多地方都着手恢复手工艺经济以至宗法社会的礼教，这是在开倒车。"① 要解决中国农村问题，就要组织农民。这种组织要能代表最大多数农民的利益，必须是自下而上的自发的组织，必须是适应世界潮流的，必须以反对帝国主义和封建残余为其主要任务。当然，这种组织就是中国共产党所领导的全国人民所走的民族革命的道路，而不是改良运动。

二 农民作为民主革命的主力军

俄国社会主义革命取得胜利以后，马克思列宁主义在国内以前所未有的速度得到传播，共产主义理想开始在中国生根发芽，这个时候不论是知识分子还是革命者都对农民有了新的认识。以毛泽东同志为代表的中国共产党人也着手对中国社会的问题特别是农业、农村、农民问题进行研究，通过对农民阶级构成及农民整体特性的深刻分析，认识到农民当中蕴含着巨大的革命力量，应唤起农民的革命意识和革命精神，以革命来改变农村的社会结构，打破封建地主阶级对农民的压迫和剥削。毛泽东说："我们要有大批的同志，立刻下决心，去做那组织农民的浩大工作。要立刻下了决心，向党里要到命令，跑到你那熟悉的或不熟悉的乡村中间去，夏天晒着酷热的太阳，冬天冒着严寒，挽着农民的手问他们痛苦些什么，问他们要些什么，从他们的痛苦与需要中，引导他们组织起来，引导他们向土豪劣绅争斗，引导他们与城市的工人、学生、中小商人合作，建立起联合战线；引导他们参与反帝国主义反军阀的国民革命运动。"②

---

① 杨雅彬：《近代中国社会学（上）》，中国社会科学出版社 2001 年版，第 269 页。
② 《毛泽东选集》（第 1 卷），人民出版社 1991 年版，第 146 页。

在中国共产党人的带领和组织下，中国广大农村地区的民众不断被组织起来，建立了牢固的工农联盟，不断与三大势力做斗争，激发了极大的革命热情和革命精神，并最终取得新民主主义革命的最终胜利。农民不愧为革命的主力军。正是通过这种组织和动员，并结合长期艰苦卓绝有组织的斗争，农民的主体意识不断觉醒。在这一过程中，农民的现代化得到启蒙和发展。

第二节 改革开放前农民现代化的曲折发展时期

一 土地改革使农民获得独立、自由

土地问题，对农民来说至关重要。在中国这样一个传统的农业国家，没有解决农民的土地问题，要实现农民的现代化是极其困难的。以毛泽东同志为代表的共产党人在新民主主义革命时期，就敏锐地认识到革命问题的重要性，它也是中国社会的根本问题。把中国革命和土地改革联系在一起，并且在第二次国内革命战争期间，中国共产党就提出了彻底的土地革命纲领，领导人民群众打土豪分田地，调动农民参与革命的积极性，后在解放区也进行了土地改革，没收地主的土地，把它分给老百姓。农民的革命热情和生产热情空前高涨。

中华人民共和国的成立，使我们国家进入了一个崭新的历史时期，也开始进入现代化发展的新阶段。随着国家现代化的发展，农民逐步融入现代化的进程中。新中国的成立，意味着新民主主义革命取得了伟大的胜利，压在农民身上的三座大山被推翻，封建的宗法制度被新的管理体制所取代。农民不再是依附于地主阶级的雇农、贫农，获得了独立与自由。这对农民的现代化来说具有重要的意义。

中华人民共和国成立以后，我们国家进行了一系列的土地改革，把没收的地主阶级的土地无偿分配给农民，实现每一个农民个体都有土地的目的，用农民个人土地所有制代替了封建地主所有制。土地改革彻底摧毁了中国几千年的封建剥削制度，使农民摆脱了封建地主的剥削和压迫，从此

变成土地的主人，也变为个体劳动者，成为自由的劳动者。土地改革使农民在经济、政治、社会地位、社会心理上都发生了很大的变化。

土地改革使农民获得了独立、自由，成为个体的劳动者，在经济上获得了空前的自由与解放。他们不但拥有属于自己的土地，而且具有独立的生产经营自主权。农民的生产积极性得到极大的调动，社会生产力得到空前的发展。国家还制定了一系列保护农民生产积极性的措施，包括：奖励农业生产的农业税收，制定合理价格，保证农产品收购，发放农业贷款，供应生产资料等；对农民进行经济扶助，发放贷款，提供新式农具、肥料、农药等，帮助农民解决生产困难；帮助农民兴修水利，推行水土保持法，抵御旱、涝等各种自然灾害。同时，充实各级农业机构，培养农业人才，制定发展农业规划，指导农业发展。[①] 几年时间，农村发生了翻天覆地的变化，农民的物质、文化生活都得到了很大的改善，农民的消费水平得到了显著的提升。土地改革完成以后，原来生活在社会最底层的、在政治上没有任何地位的贫苦农民变成社会的主人。土地改革不但使农民获得了经济上的解放，而且获得了政治上的解放。正如研究中国问题的专家、美国学者费正清所说：土地改革"目的不仅是经济上的，而且也是社会和政治上的"[②]。在土地改革过程中，农民的民主生活、民主权利也得到了保障。1950年政务院颁布的《农民协会组织通则》中指出："保障农民的政治权利，提高农民的政治与文化水平，参加人民民主政权的建设工作。"土地改革平均物质资源，打破原有社会层级序列，提高了下层民众经济政治地位。在政治权利得到保障以后，农民的主人翁意识得以增强，政治觉悟不断提高，自我意识得到提升，现代意识也不断增长。土地改革使农民的社会心理发生了显著的变化，有利于农民现代化心理的提升。封建社会中，农民受"三纲五常"观念的严重影响，心理受到极大的压抑，没有独立的人格，缺乏独立的思考，同时受宗族势力的严重影响，奴性心理严重。土地改革以后，农民传统的受血缘群体主导的地位被颠覆，曾经的宗族势力不断瓦解，对宗族势力和血缘势力的认同感降低，更多地被组织在

---

① 师吉金：《构建与嬗变——中国共产党与当代中国社会之变迁》，济南出版社2004年版，第69页。

② 费正清：《美国与中国》，商务印书馆1987年版，第271页。

新的社会组织当中。他们在心理上也获得了独立，在思想观念上也得到了解放，农民的社会心理逐步具有了一定的现代化意识。

二 合作化运动使农民由个体走向集体

国家独立，土地改革，使农民获得了很大的自由与发展空间。农民有了自己的土地，可以独立经营，经济上自给自足。但由于历史原因，农民身上呈现出双重的特征。比如，他们是劳动者，非常勤劳，也肯付出，但同时作为土地私有者，身上还具有自私、保守、落后的一面，希望把自己的劳动成果不断地积累起来，不断扩充自己的产业，这在当时有自发的资本主义的倾向性。这是不符合当时的历史要求的，与我们国家的社会主义制度的基本原则是相悖的。

由于当时的国际经济、政治形势，我们国家面临着前所未有的压力，要求经济快速发展，综合国力较快提升。但当时的小农经济虽然在一定程度上调动了农民的生产积极性，但由于农村底子薄，基础设施落后，农民也缺乏相应的生产工具、生产资金和技术，发展面临着重重困难。这与当时我国迫切要求发展经济的形势是不相符的，也不能适应当时现代化建设的需求。中国的农民面临着历史的转变。为了使农民更快富裕、国家强大，改变农村社会的落后面貌，我们国家开始实行互助合作运动。毛泽东希望通过合作化运动、集体的力量来克服个体的脆弱，带领农民过上好生活，实现富裕。这时，我们国家采取了互助合作的方式，把小农经济引向社会主义集体经济的道路，农民也由分散的个体农民转变为集体的农民。

农民的合作化运动始于1952年，在此期间经历了三个时期：第一时期是互助组阶段，第二时期是初级社阶段，第三时期是高级社阶段。这三个时期，推进的速度也是越来越快，由部分合作到全部合作，由稳步推进到小步快跑。在早期的合作社阶段，在坚持个体的农民自愿互助合作基础上建立的合作社，由于坚持平等互利原则，农民的收入等都有所保障。对农民来说，它确实能够克服很多生产上的困难，逐步化解集体和个人的矛盾，也能够调动群众的积极性。初级社承认土地的私有权，让使用权与土地所有者初步分离，收益权与处置权则由合作社和农户共同所有。高级合作社是生产资料归集体社区的所有制，与初级社有着本质的区别。它突破了私有制的合作原则，使得农户逐渐丧失土地的所有权和直接使用权；农户也丧失了在初级社具有的对土地的处置权和收益权，并集中起来归集体所有。特别是高级社完全剥夺农民私人财产的做法，严重挫伤了农民生产积极性。高级社从自身性质来看，它并不符合当时农村自然经济发展实际，是超越当时农村生产力水平的一种生产关系变革，注定难以成功。

三 人民公社使农民的现代化陷入停滞

1958 年，全国普遍开始建立人民公社制度。由于人民公社制度超越了当时社会生产力发展的阶段，给农民的生产、生活带来了严重的影响。

集体化是人民公社的典型特征，农业生产劳动由集体统一安排，集体统一安排出工的时间、人员、地点，并负责劳动报酬的分配。虽在形式上把农民由个体劳动者变为集体的农民，让他们成为新型的劳动者，但人民公社化运动，特别是人民公社的"一大二公""政社合一"，以及相关的"瞎指挥""浮夸风""一平、二调、三收款"，集体统一管理的生产使得农民的劳动生产积极性受到压抑，消极怠工成为普遍现象，干活出工不出力，干好干坏一个样。单一的集体所有制不尊重人民群众的愿望，严重挫伤了农民的积极性。对农村经济来说，它也是致命的打击，导致农业产量大幅下降，农民收入陷入停滞，农民消费严重萎缩。至此，农民由中华人民共和国成立初期积极主动的个体小农逐步变为集体经济的一分子，变成了被动的生产者，严重同质化，大家整齐划一。农民成为集体无意识的农民，农村缺少活力，农村经济、农村社会现代化陷入停滞。理想的人民公社给农民带来的恰恰是悲剧性的结果。[①]

之后，"文化大革命"给党和国家的工作造成严重损失，使社会的正常秩序受到破坏，使我国的社会主义建设受到严重的挫折和损失。[②] 这一时期使农民的生产生活处于混乱状态，农民现化化受到严重冲击。

---

① 张乐天：《告别理想——人民公社制度研究》，东方出版中心 1998 年版，第 77 页。
② 胡绳：《中国共产党的七十年》，中共党史出版社 2010 年版，第 365 页。

第三节　改革开放后农民现代化的快速发展时期

党的十一届三中全会以来，我们国家确定了"解放思想、实事求是，团结一致向前看"的发展思路，社会开始迸发出前所未有的生机与活力。可以说，党的十一届三中全会掀开了中国社会主义建设的新篇章，树立起了改革开放时代的新坐标。

改革开放的春风同时也刮到了农村地区。人民公社化以后，农村的生产经营和社会发展愈发艰难，农民基本上处于赤贫的边缘。很多地区的农民对这种发展状况早已厌恶痛绝。此时，农村也进行了一系列的经济与政治体制改革，抛弃了人民公社的发展思路，不断总结20多年来农业发展的经验教训，重新肯定了多种形式的农业生产责任制，迅速落实以包产到户、包干到户为主要形式的家庭联产承包责任制。农村生产单位由生产队转变为家庭，赋予了农民独立自主的社会地位，农民的生产积极性得到空前的提高。农民逐渐从集体生产的束缚中走出，成为家庭生产经营的主人，从被动的生产者走向独立自主经营，获得了生产权、经营权且获得了相对自由流动的机会，从贫困到温饱，从温饱走向小康。在这个过程中，市场经济因素被引入经济生活领域，农民的流动开始活跃，整个农民群体呈现出无限的生机与活力。这一切都重塑了农民的现代性，让农民的现代化在改革开放后获得了快速的发展。

一　在经济上，农民的收入持续增长

实行家庭联产承包责任制以后，农民的积极性得到空前的调动，农村的粮食产量不断增收，这大幅度地促进了农村地区经济的发展。农民不但解决了温饱问题，而且过上了小康生活。改革开放40多年来，农民的人均纯收入从1978年的133.6元增加到2007年的4140.4元，实际增长率为7.1%。[①]2020年，农村居民人均可支配收入17131元，农村居民人均

---

① 《改革开放30年：农民人均纯收入增长近31倍》，http://news.sohu.com/20080814/n258862555.shtml，2008年8月14日。

可支配收入中位数为 15204 元。农民家庭人均生活消费，1978 年为 116.1
元，2008 年为 3660.7 元，2011 年为 5221.1 元，按可比价格计算，2008 年
比 1978 年增长 4.6 倍。改革开放以来，农民的消费结构有了根本性的改
善，恩格尔系数逐渐下降，从 1978 年的 67.7% 下降到 2008 年的 43.7%，
2012 年为 39.3%，比 2011 年下降 1.1 个百分点，首次降至 40% 以下。[①] 到
2020 年，农村居民人均消费支出 13713 元，全国居民恩格尔系数为 30.2%，
农村为 32.7%。[②]

农民用于文化教育、医疗保健、通信等支出逐年增多，农民家庭中的
主要耐用消费品拥有量不断增加。2008 年，平均每百户农村家庭拥有电
话机、移动电话和计算机分别达到 67.0 部、96.1 部、5.4 台，比 2000 年分
别增加 40.6 部、91.8 部和 4.7 台。[③] 消费结构比较稳定，需求结构趋向呈
现出多样化、个性化的发展特征。农民消费的社会化程度不断提高，农民
用于发展型、享受型消费的比重增加，在总消费中，商品性消费部分不断
加大。

二 在政治上，农民的社会地位不断提升

改革开放以来，特别是市场经济的发展，让农民逐渐从集体的束缚中
走出来，成为独立的个体参与社会生活，个性得到体现，自我得到释放。
随着农民经济利益的不断增长，农民物质生活的日益富裕，农民参政议政
的愿望逐步强烈。富裕起来的农民希望参与村集体的治理，把农村建设得
更加美好。在此情况下，国家逐步对基层政治进行改革，以呼应群众的诉
求。1982 年，宪法确认村民委员会是农村基层群众性自治组织，后来国家
又颁布了《中华人民共和国村民委员会组织法》，并随着社会的发展对村
民委员会组织法进行修订。国家从立法的高度对村民的自治权利给予保障，
使农民的参政议政有了法律的支持。经过长时间的探索，农村的村民自治

① 《社科院：中国农村居民恩格尔系数首次降至 40% 以下》，http://news.sohu.com/20130410/
n372228298.shtml，2013 年 4 月 10 日。
② 《中华人民共和国 2020 年国民经济和社会发展统计公报》，http://www.stats.gov.cn/tjsj/
zxfb/202102/t20210227_1814154.html，2021 年 2 月 27 日。
③ 郑友贵：《目标与路径——中国共产党"三农"理论与实践 60 年》，湖南人民出版社
2009 年版，第 236 页。

制度已经发展得比较完善，农民在村委会选举、参与村级财务监督等方面可以行使自己的权利。农村的基层民主不断扩大，基层的社会管理逐步规范化。在此过程中，农民的政治主体意识也不断得到生长。

三　在阶层上，农民的阶层结构不断分化

改革开放以来，随着市场化进程中农民生产地位的改变、农村产业结构的变化，以及在利益驱动和我国户籍管理松动后农业人口向城市的转移，农民社会流动的阻碍越来越小，所从事的职业也不断多样化。[①]

根据马克思的社会分工理论，随着社会生产力的不断提升，社会分工会更加丰富，这时就需要生产要素在整个社会范围内实现合理有序的流动，促使人们在生产、销售等环节的再次调配，对生产资料占有的重新调整，就会形成新的阶层。市场经济，特别是二三产业的发展为农村的变化提供了契机，产业结构的调整也促进了农村社会阶层结构的变化。20世纪80年代至90年代初，由于受农村家庭联产承包责任制以及乡镇企业快速发展的影响，农民的社会阶层结构开始松动，内部分化明显，农民开始拥有一定的生产自主权和独立经营权，农村可以根据市场变化自由调整农作物的种植种类，同时也可以在农闲的时间从事商品经营。有一部分农民在此时离开了束缚自己的土地，从事建筑业、服务业等。伴随社会主义市场经济的确立和工业化、城镇化的发展以及户籍制度的改革，农民的收入水平、生产经营状况、价值观念、社会心理等日益多元化，日益分化成具有不同利益的阶层。在全面建成小康社会的背景下，农民的阶层结构又出现了新的变化，表现出很强的地区差异性：发达地区的农民社会阶层分化与不发达地区的农民阶层分化有明显不同，东部地区的农民阶层分化程度更高。[②]整体来说，今天农民的阶层结构日益呈现出多元异质化的特点。

[①] 刘保国：《中国社会阶级阶层结构新变化研究》，《北京科技大学学报》（社会科学版）2003年第3期。

[②] 张端：《新中国成立以来中国农民的变迁及走向》，博士学位论文，中共中央党校，2003年，第102页。

四 在心理上，农民的社会心理日益现代化

现代性的社会心理是指与市场经济相联系，适应现代社会发展阶段要求的社会心理。整个社会的变革使农民长期生活的封闭的、禁止流动的社会生活环境被打破。随着社会现代化，农民不断被卷入现代化的旋涡之中，思想观念受到极大的洗礼，其传统观念正在逐步淡化，乡土观念逐步消退，现代观念逐步形成。中国人安土重迁，乡土观念严重，在整个封建社会时期，人们流动的范围是比较窄的，他们世世代代都在一个地方生老病死，非常注重乡情。改革开放后，大量的农村剩余劳动力为了生存，为了获得更多的物质利益，为了获得更大的发展空间，纷纷离开家乡，到大城市、到经济发达地区谋生，去寻找人生的机会。在陌生的环境里，他们要抛弃家乡旧的习俗，按照城里的契约关系办事。现代观念在形成，照章办事，依法办事，有时间观念，强调个人的奋斗。现在，农民的民主意识和权利意识逐渐得到强化，自我主体意识开始觉醒。从过去掩盖在集体下的个人到如今市场经济条件下个体的凸显与主体地位的形成，一切源自市场经济所带来的经济利益的调整和生产关系的转变，使农民实现从集体中的社员到主动参与市场经济的个体、从集体人到独立主体的转变。是市场经济催生了农民个体的觉醒和自我意识的产生，让农民的社会心理朝着更加现代化、民主化、公民化的方向发展。从整体上看，农民的社会心理呈现出以现代性为主的社会心理特征。

回顾我们国家170多年的历史进程，中国的广大农民经历了国家的每次历史转折。新中国成立，特别是改革开放以来，农民的现代化获得了快速的发展。相信，随着新型城镇化建设、乡村振兴战略的不断推进，农民的现代化程度将会获得进一步的提升，并终将实现现代化。

第四章 乡村振兴战略视域下农民现代化现状的实证分析

改革开放40多年来，我国的社会发生了巨变，逐步由传统社会向现代社会转型。处于剧烈社会转型期的中国，不仅社会的经济结构发生了质变，人们的生产方式、生活方式、思维方式、价值观念都随着改革开放发生了翻天覆地的变化。40多年来，随着中国社会的进步，广大农村地区也发生了深刻的变化。农民通过家庭联产承包责任制从旧体制的束缚中解放出来，农村的生产力得到迅猛的提升；市场化的发展，使农民的商品经济意识逐渐强烈起来；农民的自由流动不但增加了农民的收入，而且从深层次上改变了农民的观念，农民的法律观念、时间观念、教育观念等都在现代化。与此同时，过度地以金钱来衡量人是否成功的标准，使农村的优秀传统道德、传统文化、社会责任感正在消失，揭示出农民的法律意识、政治意识、担当意识须提升。农民的现代化程度如何，直接影响到乡村振兴战略的实现，影响到社会主义现代化强国的实现，也决定着我们国家整体现代化的程度。因此，本章通过对农民现代化状况的实证分析，来把握农民现代化的实现程度，以便更加具体地认识农民现代化问题，并为探究其产生原因和制定相应对策奠定基础。

第一节　农民现代化指标体系的建构

一　西方学者关于人的现代化的评价指标体系

现代化指标是衡量、检验现代化发展水平的重要尺度，也是引导现代化进程的指针。人的现代化是现代化研究的重要组成部分，对人的现代化评价是现代化评价的重要课题。在国际上，关于人的现代化的评价报告虽有不少，但标准并不统一，是仁者见仁、智者见智。随着现代化的不断推进和当今社会的快速发展，国际上衡量现代化的指标也发生了很大的变化。社会的发展使人们认识到经济的发展不是衡量现代化的唯一因素，在发展的过程中，更应该注意人的因素，强调以人为本。现代化的过程，是经济水平不断提升的过程，更重要的是人的现代化的过程。何传启教授认为，"经济和社会发展的基本行为主体和载体是人。这就意味着，经济和社会现代化的基础是人的现代化。没有人的现代化，就不可能有全面的现代化。第二次现代化的重要目标是提高生活质量，它包括物质生活质量和精神文化生活质量。所以，全面现代化的中国，既要实现经济和社会的现代化，也要实现人和文化的现代化"[1]。

西方学者对人的现代化问题也进行了卓有成效的研究，形成了一系列有关人的现代化的评价体系。其主要代表有美国社会学家英格尔斯、德国社会学家贝伦特等。

（一）英格尔斯的人的现代化指标体系（见表4-1）[2]

表4-1　　　　　　　　英格尔斯的人的现代化指标体系

指　标	
积极的公共参与	对技能的评价
期望（教育期望和职业期望）	工作义务
老年化与老人	可靠性
变化取向	公民资格
消费态度	尊严
效能	家庭大小
意见的成长	国家认同
信息	亲属责任
大众传播媒介	新经验

---

[1] 何传启：《正视"两次现代化"双重挑战》，《文汇报》2003年11月6日第2版。
[2] 王雅静：《农民现代化指标体系研究》，硕士学位论文，河北经贸大学，2013年，第17页。

指　标	
乐观主义	特殊主义
计划	宗教
社会阶级分层	对时间的评价
理解力	妇女权利

（二）贝伦特的人的现代化评价指标体系 [1]

贝伦特认为现代化的人至少要具备五方面的特征：他们是自觉的人、成熟的人、有创造精神的人、能掌握技术的人和能动的人（见表4-2）。

表4-2　　　　　　　　　贝伦特的人的现代化评价指标体系

指　标
自觉的人，能够采用科学的方法认识物理现象和社会现象
成熟的人，能够摆脱传统的束缚，在生活中有独立的追求
有创造精神的人，即认为世界是人创造的，或者至少是由人来促其形成的
能掌握技术的人，能够掌握比较先进和前沿的科学技术
能动的人，即不受生活、乡土、宗教、社会阶级的局限，能够按个人能力、爱好和机遇最大限度活动的人

二　中国学者关于人的现代化的评价指标体系

西方相关专家的研究成果，为我们国家学者开展人的现代化的研究提供了宝贵的经验财富。虽然现代化是一个逐步统一的过程，但由于国情不同、社情不同，关于人的现代化的指标体系也是不一样的。对中国来说，应该构建具有中国特色的人的现代化的评价指标体系。

（一）杨国枢的人的现代化评价指标体系

中国台湾学者杨国枢在最初研究现代化社会变迁中的台湾民众心理与

---

① 王承信：《论高校体育教师的素质》，《滨州教育学院学报》2001年第9期。

行为变迁的情况时曾直接使用国外学者编制的量表。然而，随着研究的深入，杨国枢逐渐形成"中国的现代人会是从自己的传统人演变而来"的认识，并进一步提出"发展趋势上的一致不能抹煞不同文化社会历史造成的不一致"的观点。鉴于此种认识，杨国枢构建了测查中国人心理与行为特征的指标体系，并取得卓越成果。其编制的《多元个人现代性量表》（见表 4-3）、《多元个人传统性量表》是迄今中国人格与社会心理学界在这一领域唯一根据自己的理论框架和概念体系发展出来的测量工具，并有较好的信度（内部一致性、再测信度）和效度（构念效度）。经过对个人传统性和个人现代性主要范畴题目的编制、预测、筛选，杨国枢选取了 8 个维度，共 256 个题目组成量表并进行实证研究。经过对回收的 1710 份有效问卷进行因素分析，他获得了 5 个传统因素和 5 个现代性因素，分别是：遵从权威、孝亲敬祖、安分守成、宿命自保、男性优势；平权开放、独立自顾、积极进取、尊重情感、男女平等。[1]

表 4-3　　　　　　　　　　　杨国枢的《多元个人现代性量表》

关　系	内　容
婚姻与夫妻	包括个人对婚姻或夫妻关系的认识、观念、感受、好恶或行为意向
教养与亲子	包括个人对教养子女或亲子关系的认识、观念、感受、好恶或行为意向
家庭与家庭生活	包括个人对家庭形态、家庭事务、家庭生活或家人关系的认识、观念、感受、好恶或行为意向
教育与学习	包括个人对教育问题或学习内涵的认识、观念、感受、好恶或行为意向
职业与工作	包括个人对职业或工作之有关事项的认识、观念、感受、好恶或行为意向
经济与消费	包括个人对经济制度、经济活动或消费形态的认识、观念、感受、好恶或行为意向
法律与政治	包括个人对政治制度、政治活动或法律功能的认识、观念、感受、好恶或行为意向
宗教与信仰	包括个人对宗教活动或个人信仰的认识、观念、感受、好恶或行为意向
社交与休闲	包括个人对社交原则、人际关系或做人方式的认识、观念、感受、好恶或行为意向
性与两性	包括个人对性问题、性生活或两性关系的认识、观念、感受、好恶或行为意向

[1] 杨国枢：《中国人的心理与行为》，中国人民大学出版社 2003 年版，第 373—375 页。

（二）叶南客的人的现代化评价指标体系

叶南客认为现代人观念进步的主体要素是由三类较为主要的心理取向构成的，即现代人的主体意识、效益意识和创新意识，而这三种进步观念又是由其内部多层次的进步取向因素复合组成的（见表4-4）[①]。

表4-4 　　　　　　　　　叶南客的人的现代化评价指标体系

领　域	内　容
物质生活领域	人口素质情况；生活环境；工作质量；生活水平；社会福利
精神生活领域	文化教育；文体活动；大众传播；理想道德
群体生活领域	婚姻家庭状况；邻里和社区；环境；社交群体；社团宗教活动；接触外界的范围与频率
政治生活领域	社会身份、所属阶级阶层；党派参与情况；社会参与程度；社会秩序与稳定感

（三）章友德的人的现代化评价指标体系

上海政法学院的章友德教授认为，人的现代化主要是指人的个体素质的现代化，即人的政治素质、思想素质、文化素质、心理素质、身体素质的现代化及个体素质和社会现代化的协调统一发展（见表4-5）。

表4-5 　　　　　　　　　章友德的人的现代化评价指标体系

指　标	指　标
观念现代化	接受和适应社会变革
能力本位	信任关系
重视平等	心理健康
社会责任感	个体效能感及主体的独立
理性的人际互动	

---

① 叶南客：《中国人的现代化》，南京出版社1998年版，第236—239页。

（四）王东山的人的现代化评价指标体系

四川省社会科学院的王东山从四个维度研究人的现代化，即主体维度、价值维度、时间维度和规则维度（见表 4-6）。

表 4-6 　　　　　　　　　　王东山的人的现代化评价指标体系

主体维度	价值维度	时间维度	规则维度
在乎自己在集体中所能发挥的独特作用	认为学好科学技术就能够在自然规律面前掌握自己的命运	总是盼望自己的生活能经常出现一些新的变化	反感社会上各种拉关系、走后门现象
对于生活中的重大问题自己拿定主意	在日常生活和工作中，遵照事前计划的时间去做	对新观点、新经验感到兴奋与激动	人与人的信任就在于相互之间有着相当的金钱和地位
哪怕再困难的事情，自己都愿意尝试一下	在理解事物的过程中，认为科学知识最有用	相信事在人为，能够发挥人的主观能动性	男女是否平等是衡量社会是否合理的重要标准
认为自觉少生育的人一般都是具有较高素质的人	只有通过不断取得成功，人们才能证明自己生活的价值	敢于冲破条条框框的限制，把新的事情做好	当遇到不公正的现象时，能够站出来公开发表自己的意见
在竞争性活动中，个人更容易表现出创造性	在生活的许多方面，追求比一般人更高的标准	坚信今天的努力能够换来美好的明天	即便是社会中最平凡的人，也应该得到尊重

从上可以看到，关于人的现代化的评价指标体系，并没有统一的标准，所有的现代化的意义都是相对于过去的社会。从传统社会向现代社会的发展过程中，我们不能用固化的眼光来看待发展的问题。在中国特色语境下，人的现代化的评价指标体系应该是由四个层次构成，包括：人的能力素质层次，含文化水平、科学素养、劳动能力、接受能力、应对能力和创造能力；人的价值观念层次，含价值取向、政治觉悟、理想信念、宗教信仰；人的行为方式层次，含思维方式、生产方式、生活方式、交往方式、休闲方式；人的社会关系层次，含生产关系、法律关系、政治关系、道德关系和国际关系五个方面（见表 4-7）。

表 4-7   人的现代化的评价指标体系

人的能力素质层次	人的价值观念层次	人的行为方式层次	人的社会关系层次
文化水平	价值取向	思维方式	生产关系
科学素养	政治觉悟	生产方式	法律关系
劳动能力	理想信念	生活方式	政治关系
接受能力	宗教信仰	交往方式	道德关系
应对能力		休闲方式	国际关系
创造能力			

当然，人的现代化的实现，需要国家强盛、经济发达、民主健全、文化繁荣、社会和谐、科技进步、生活幸福和体制顺畅。只有这些条件都具备，并且相互之间发挥作用，才能为人的现代化提供可能。

三 农民现代化评价指标体系的构建

构建农民现代化评价指标体系的目的在于全面反映农民现代化的客观进程，并对之做出准确的描述和评价。农民既是农村现代化建设的主体，又是农村现代化建设的目的。作为主体，只有现代化的农民才能担当现代化建设的重任；作为目标，只有实现农民的现代化才能真正体现现代化的意义。

（一）农民现代化评价指标体系的构建原则

设计科学、内容全面、测量有效的现代化指标体系是在实施乡村振兴战略背景下科学评价农民现代化程度的关键所在，也是进一步引导农民实现现代化的路径所在。因此，农民现代化指标体系的构建应遵循一定的原则，在此原则下构建的指标体系才是有效的。当然，由于研究基础和学科基础不同，基于不同学科的构建是不一样的。结合不同学者的观点和笔者的认识，构建农民现代化指标体系应遵循以下原则。

1. 以人为本原则

乡村振兴战略的主体是农民，我们现代化的实现必须要坚持以人为本，一切以人民群众的切身利益为出发点和落脚点。当然，农民现代化指标体系的构建应凸显以人为本的理念。通过指标体系，既能反映出农民物质文化生活、精神文化生活，又能反映农民现代化的潜能所在。农民现代化指标体系既要反映人的自由全面发展，又要进一步促进人的自由全面发展。

2. 科学性原则

科学性是制定任何评价指标系统的核心原则，也是测量其有效性的基础。农民现代化评价指标体系的构建必须遵循科学化原则，在理论和实践上都切实有效。农民现代化既有人的现代化的共性，又凸显农民现代化的个性，既有一般性又有特殊性，因此构建的指标体系要能揭示农民现代化的本质，不能设计成对所有群体都适合的指标体系。因此，在农民现代化各个指标的选择、指标权重的确定、数据的采集以及信息的处理等方面，要在相关理论的指导下进行，确保所有指标均建立在科学的基础之上，做到指标定义准确清晰、数据来源权威可靠、处理方法规范科学。

3. 系统性原则

农民现代化是一个复杂的综合系统，农民现代化评价指标体系是对农民现代化这一概念的系统量化和客观反映。因此，指标体系应全面、客观、系统地描述构成这一复杂系统的各个构成要素，充分反映农民现代化的方方面面，最终实现评价目标和评价指标的有机衔接。当然，在指标体系的设计中，要做到整个评价系统在逻辑结构上层次分明，指标体系整体科学有效，设计的各项指标要能够应用到农业政策制定的全过程，避免整个系统不系统、不完整。农民现代化评价指标体系的建立，既要反映出人的现代化的一般规律，又要符合农民现代化的特点，从本质上反映农民现代化的特征，保证系统评价的信度和效度。

4. 导向性原则

农民现代化不但是现在时，而且是未来时；既是一个目标，又是一个过程。因此，农民现代化评价指标体系的构建，既能反映农民现代化水平提升的特点，又能预测到农民现代化的发展趋势。评价指标体系一方面要反映农民现代化的状态，另一方面要能反映农民提高现代化程度的能力的强弱，引导农民现代化进一步发展。因此，所建立的指标体系应具有描述、监测、预警和评估功能，通过这一指标体系能科学测量农民现代化的实现程度，揭示在整个社会现代化进程中农民现代化取得的进步和存在的问题，为政府制定相关政策提供理论依据和材料支撑。

5. 可行性原则

建立评价指标体系的目的是将其运用到对农民现代化实现程度的测量上，进而促进农民全面自由发展和"三农"现代化的实现。因此，从资料获取和数据处理角度看，要使指标含义明确，具有可度量性和可操作性；数据资料收集方便，有利于运用计算机进行分析与处理。

（二）农民现代化评价指标体系的构建阶段

农民现代化评价指标体系的构建是一个复杂的过程，并不是简单地堆砌内容，而是在遵循上述构建原则的基础上，经历一个从抽象到具体的过程，也就是操作化的过程，把抽象的概念用具体的、可以测量的手段表现出来。这个过程是一个逐步深入、完善、系统、科学化的过程。笔者认为农民现代化评价指标体系的构建主要经历了三个阶段：理论准备阶段、初步筛选阶段、最终优化选择阶段。

1. 理论准备阶段

在确定本书选题以后，针对特定的研究对象，首先，笔者阅读了大量的研究人的现代化的著作和论文，特别是阿历克斯·英克尔斯的《人的现代化》《从传统人到现代人——六个发展中国家中的个人变化》、杨国枢的《中国人的心理与行为》、叶南客的《中国人的现代化》，积累了一定的理论基础，拓宽了自己的理论视野，对现代化的理论也有了进一步的理解。其次，研究了相关学者关于人的现代化的评价指标体系，并借鉴其他学科关于指标体系构建的原则、方法等，掌握了构建指标体系的方法。通过理论的积淀并结合相关文献资料，为农民现代化指标体系的构建做了充分的准备。

2. 初步筛选阶段

遵循农民现代化评价指标体系构建的原则，本书构建了农民现代化的二级指标，包括生产方式现代化、生活方式现代化、思想方式现代化，并进一步分解为三级指标。当然，选择的这些指标是经过实践和经验的检验，使用的频度较高，且具有很强的信度和效度。这样设计的评价指标体系就显得更加完善，更加全面。

3. 最终优化选择阶段

指标体系优化的目的是保证指标体系中的每一个评价指标的科学性，以及指标体系在整体上的科学性。优化的过程就是在导师和相关专家的指导下，经过认真的讨论，确定每个指标的合理性、指标计算方法、采集有效指标数据的可行性，并就指标体系的一致性、必要性、齐备性进行分析和讨论，提出了农民现代化评价指标体系的基本框架。具体的农民现代化评价指标体系如表 4-8 所示。

表 4-8　　　　　　　　　　农民现代化评价指标体系

总指标	二级指标	三级指标
农民现代化评价指标体系	生活方式现代化	居住条件的改善
		家用设备的现代化
		交通工具的现代化
		社会流动范围的改变
		闲暇生活的丰富多彩
		职业的分化
	生产方式现代化	土地流转
		现代农业技术的应用
		农业机械化的应用
		农产品的处理方式
		加入专业合作社的情况
		应对市场变化的能力
	思想观念现代化	男女平等意识
		政治参与意识
		教育期望和职业期望
		效能感
		进取精神与风险意识
		时间观念和计划性
		法律意识
		道德意识
		环保意识

第二节 农民现代化的研究设计

一 农民现代化问卷设计

对人的现代化的研究，国内外已经取得了丰硕的成果。但对于某一群体的研究并不是整齐划一的，必须针对这一群体的特点来开展。因此，乡村振兴战略背景下农民现代化的研究，既要体现时代性，又要体现出群体特点；既要体现共性，又要体现特性。针对农民现代化的问卷设计必须与时俱进。本测量问卷主要是基于以下几点考虑来设计的：在测量原则上体现价值中立；在测量内容上体现普同性；在测量范围上，尽量把农民现代化的方方面面均体现出来；在语言上，通俗易懂。同时，考虑到问卷回收后所得到的资料具有可靠的信度和效度，以便通过定量分析的方式获得深层次的结论（见图4-1）。

目前，在国内外研究人的现代化的测量量表中，较多采用的是英克尔斯的OM-12量表。[①] 这个表是从OM-1中精选而来的，是在大量的问题中比较有代表性的14个题目，其测量效果比较好。在后来国内的研究中，很多专家采用此表，获得了普遍的认可，但本人认为OM-12量表是在20世纪60—70年代设计而成的，今天的社会已经发生了翻天覆地的变化，应该对此表进行更新。因此，笔者在借鉴英克尔斯量表的基础上，根据新形势下农民的特点及变化，设计出了《乡村振兴战略视域下农民现代化调查问卷》[②]。

乡村振兴战略视域下农民现代化调查问卷共分两大部分：第一部分是基本情况，包括被调查人的性别、年龄、文化程度、宗教信仰、职业状况、工作所属行业、外出打工时间、做生意的时间、平时获取信息的渠道及娱乐活动。

---

① ［美］阿历克斯·英克尔斯：《从传统人到现代人——六个发展中国家的个人变化》，顾昕译，中国人民大学出版社1992年版，第496—498页。

② 具体见附录。

第二部分共有 10 个分主题，包含物质层面的农民的生产、生活方式及思想层面的平等意识、政治参与意识、期望（教育期望和职业期望）、效能感、进取精神与风险意识、时间观念和计划性、法律意识、道德意识、环保意识等。

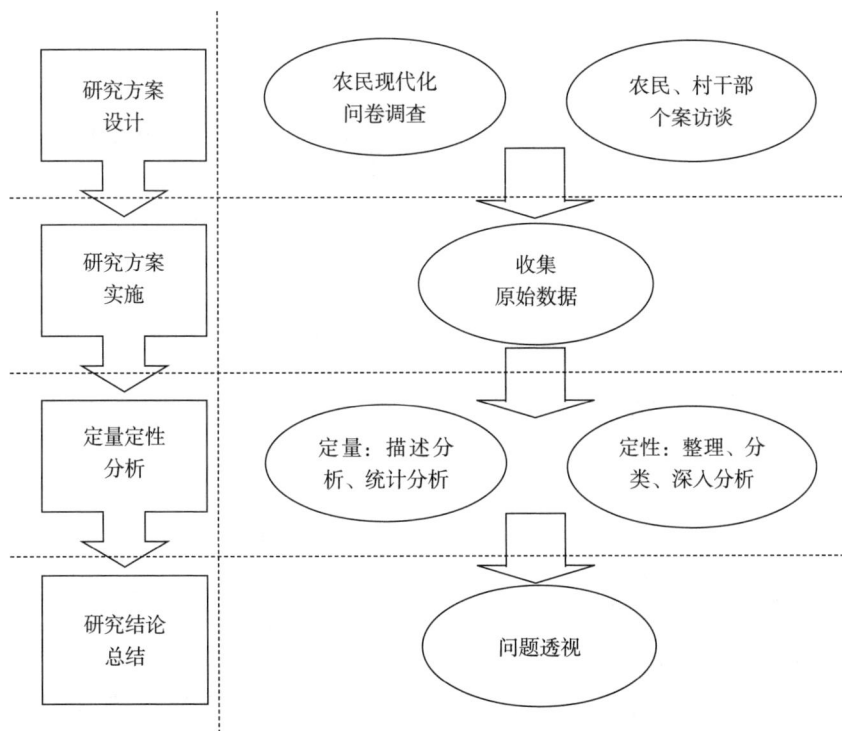

图 4-1 定量定性综合设计方案

二 问卷调查的样本分布

本次问卷调查主要在暑期进行。为了使样本的覆盖范围更加全面，统计结果更加科学，通过抽样的方法，笔者选择了东部地区的江苏、中部地区的河南和西部地区的新疆，以涵盖全国的不同地区，并在这些地区同步进行个案访谈，以获取定性资料。此次调查共发放问卷 1200 份，回收1100 份，有效问卷 1073 份，有效回收率约为 89%。

三 样本的基本情况（见表4-9）

表4-9 样本的基本情况

	样本类别	频 率	百分比（%）
性别	男	485	45.2
	女	581	54.1
	缺失	7	0.7
年龄	20岁及以下	156	14.5
	21—30岁	314	29.3
	31—40岁	131	12.2
	41—50岁	373	34.8
	51—60岁	63	5.9
	60岁以上	29	2.7
	缺失	7	0.7
婚姻状况	未婚	289	26.9
	已婚	688	64.2
	离异	39	3.6
	丧偶	52	4.8
	缺失	5	0.5
文化程度	小学及以下	187	17.4
	初中	550	51.5
	高中或中专	273	25.6
	大专及以上	58	5.0
	缺失	5	0.5
宗教信仰	不信仰宗教	673	62.7
	佛教	192	17.9
	基督教	98	9.2
	天主教	53	4.9
	伊斯兰教	30	2.8
	缺失	27	2.5

续表

样本类别		频　率	百分比（％）
目前的职业状况	全职务农	327	30.5
	农闲时务工，农忙时务农	295	27.5
	务工为主，兼务农	233	21.7
	弃农务工	180	16.8
	缺失	38	3.5
外出务工经商的地点	村及乡镇	254	23.7
	县城	287	26.7
	地级市	233	21.7
	省会城市	207	19.3
	北上广一线城市	74	6.9
	缺失	18	1.7
工作所属行业	建筑装修业	238	22.2
	制造行业	144	13.4
	商品零售行业	175	16.3
	IT 行业	101	9.4
	采矿业	31	2.9
	养殖业	78	7.3
	交通运输业	30	2.8
	餐饮服务行业	183	17.1
	废品回收	18	1.7
	家政服务	54	5.0
	缺失	21	1.9
从您第一次外出打工到现在有多长时间	1 年以下	331	30.8
	1—3 年	276	25.7
	3—5 年	155	14.4
	5—8 年	142	13.3
	8 年以上	159	14.9
	缺失	10	0.9

从前面章节分析得知，农民的现代化是一个综合性概念，涉及农民生产方式、生活方式、行为方式的现代化及思想、价值观念的现代化。农民的现代化应该包含物质层面的现代化及思想层面的现代化，其中农民思想层面的现代化是先导，农民自身素质的提升是核心，农民行为方式和生活方式的现代化是落脚点和着力点。当然，从变迁的视角来说，物质文化和非物质文化的变迁速度是不一样的，物质文化的变迁速度要快于非物质文化的变迁，而非物质文化的变迁，一般来说首先是制度的变迁，其次是风俗、民德的变迁，最后是价值观的变迁。在本章节对农民现代化的分析中，也涵盖了两方面即物质层面的现代化和思想、行为层面的现代化，包含了农民生产方式的现代化、生活方式的现代化及思想观念的现代化。在这里，农民生产方式的现代化主要是指农民的生产工具、生产理念及市场观念等从传统到现代的转变等；农民生活方式的现代化是指农民享受现代化的生活、服务及消费、娱乐等；农民思想观念的现代化主要是指农民的观念由传统向现代的转变，主要包括平等意识、政治参与意识、教育期望和职业期望、效能感、进取精神与风险意识、时间观念和计划性、法律意识、道德意识、环保意识等。

第三节　农民生产方式的现代化

根据马克思主义经济学的基本原理，物质生活的生产方式制约着整个社会生活、政治生活的过程。生产方式及其变革，是推动社会生产力发展与生产关系变革的决定力量。生产方式就是劳动的生产条件，包括劳动过程的技术条件和社会条件，或劳动的技术过程和社会组织。"三农"问题的核心是农业问题，从其本质上说就是农业生产方式问题，关键是如何彻底变革当前落后的农业生产方式，实现农业生产方式的现代化。只有实现农业现代化，才能将亿万农民从土地中解放出来，有力地促进新型城镇化建设。

传统的农业生产力的特征是：在生产手段方面，手工劳动，使用畜力和手工业制造的工具，农业基础设施薄弱；在生产力结合方面，基本上是自给自足型的、小规模的自然经济，社会分工协作不发达，农业生产社会化程度较低；在生产技术方面，主要是依靠从农民长期实践中积累起来的经验技术，所以又叫经验农业。[1] 农民生产方式的现代化离不开农业的现代化。农业现代化是用现代工业装备农业、用现代科学技术改造农业、用现代管理方法管理农业、用现代科学文化知识提高农民素质的过程；是建立高产优质高效农业生产体系，把农业建成具有显著效益、社会效益和生态效益的可持续发展的农业的过程；也是大幅度提高农业综合生产能力、不断增加农产品有效供给和农民收入的过程。

农民生产方式的现代化就是改变传统的农业生产力，适应现代生产力和市场经济发展的需求，实现农业生产方式的社会化、机械化、信息化、集约化。本书所指的农民生产方式的现代化主要包括两方面的内容：农民生产过程的技术因素和农民生产的社会组织条件。在本次调查中，主要涉及农民外出务工或做生意时农民土地的处置方式、农民在新形势下加入农村合作社的情况，在农业生产中现代农业技术的使用情况、农业机械化的使用情况及根据市场行情来调整种植或养殖行业的情况、农作物的处置情况等。

一　土地的处置方式（见表 4-10）

表 4-10　　　　　　　　　　农民土地的处置方式

如果您外出务工或做生意，土地是如何处置的？				
选项	频率	百分比（%）	有效百分比（%）	累计百分比（%）
缺失	27	2.5	2.6	2.6
自家全种	301	28.1	28.3	30.9
部分耕种，部分闲置	199	18.5	18.7	49.6
部分耕种，部分给别人种	317	29.6	29.8	79.5
全部闲置	15	1.4	1.4	80.9
全部给他人种	184	17.1	17.3	98.2
其他	19	1.8	1.8	100.0
合计	1062		100.0	

---

[1] 朱道华：《略论农业现代化、农村现代化和农民现代化》，《沈阳农业大学学报》2002 年第 9 期。

如果您外出务工或做生意，土地是如何处置的？				
选项	频率	百分比（%）	有效百分比（%）	累计百分比（%）
缺失　系统	11	1.0		
合计	1073	100.0		

　　随着社会流动的加快，越来越多的农民外面务工、做生意，农村的土地面临着荒芜的危险。从统计分析来看，现在农民在外出务工时仍然自家全种地的仅占28.3%，部分闲置、部分给别人种及全部承包给别人的占到将近70%，农村的土地流转蕴含着很大的潜力。虽然家庭联产承包责任制符合现阶段农村生产力发展的客观要求，但这种建立在分散细小规模基础上的农业，一方面属于建立在手工劳动、农户经营基础之上的小生产方式，它与社会化大生产和农业现代化之间存在着尖锐的矛盾；另一方面，它是以"小而全"为主要特征的，因而既阻碍农村商品经济的发展，又面临小生产与大市场的尖锐矛盾。党的十八届三中全会提出："赋予农民对承包地占有、使用、收益、流转及承包经营权抵押、担保权能、允许农民以承包经营权入股发展农业产业化经营。鼓励承包经营权在公开市场向专业大户、家庭农场、农民合作社、农业企业流转，发展多种形式规模经营。"农村土地流转的规模化、种植的专业化，将有力地推动农业的机械化，实现农业的现代化及农民生活方式的现代化。

个案访谈：

1. 村民访谈

　　我们家有四口人，家里每人有1.3亩地，一个女儿，一个儿子，女儿已经出嫁，儿子在上学。由于国家实行土地承包30年不变的政策，前几年家里的地还是自己来耕种，现在在外面务工活比较多，工资也逐年增加，每年为了家里的几亩地来回折腾不划算，就把土地让邻居耕种了，每亩地一年给800斤小麦，其余没有什么了。现在家里面出现了专业的农村合作社，每年每亩地给1000元，想明年把土地租给他们。（村民A，男，50岁，常年在外搞装修）

2. 村干部访谈

我们村是个小村，村民有 300 来户，1500 人左右，人均 1.4 亩地。现在村里的年轻人都去打工了，有的在县城附近，很多都到外地去了，全国各地都有，外面挣钱容易。前几年村里土地流转还不是很明显，这几年明显增多了，原来都是出去干活了地让亲戚朋友帮着种，现在很多农民的地都承包给村里的种粮大户了，原来村里出去做生意发财的也回来租地了，每亩给 1200 元，现在村民都愿意把地承包给他。大家也都是谁家出的价高就让谁承包。村里面现在流转的土地有四五百亩，将来肯定是越来越多的农民都不种地了，包出去省事。（村长王某，50 岁）

二　加入专业合作社的情况（见表 4-11）

表 4-11　　　　　　　　　　农民加入合作社的情况

您家是否加入了某种合作社（互助组）或经济合作组织？					
	选项	频率	百分比（%）	有效百分比（%）	累计百分比（%）
有效	缺失	23	2.1	2.2	2.2
	是	314	29.3	29.5	31.7
	否	727	67.8	68.3	100.0
	合计	1064	99.2	100.0	
缺失	系统	9	0.8		
	合计	1073	100.0		

目前，我国一家一户的小农经济面临着很多不稳定因素及各种各样的社会风险，如自然灾害和市场经济条件下商品的周期性波动，使农民饱受其苦。而农业专业合作社这种建立在农村家庭承包经营基础上，同类农产品的生产经营者或者同类农业生产经营服务的提供者、利用者，自愿联合、民主管理的互助性经济组织，以其成员为主要服务对象，提供农业生产资料的购买，农产品的销售、加工、运输、储藏以及与农业生产经营有关的技术、信息等服务。通过合作生产，扩大了生产经营的规模，降低了生产资料的采购成本，使农民得到了好处；有利于政府统一协调，统一贯彻落实国家农业结构调整、发展优势产业的政策；有利于其他市场经营主

体的优势得到进一步发挥。农业合作组织是社会分工与生产专业化的产物，参加农业合作经济组织成为现代农民获取市场信息、筹集生产资本、获得知识培训服务、提高生产技术、增强市场谈判和抗御风险能力的重要手段。农业专业合作社的发展符合我国农业发展的趋势，是农业产业一体化发展的未来方向。但从统计来看，目前农民加入某种专业合作社的比例并不高，仅占统计的31.7%。从访谈中了解到，虽然农民对加入农业专业合作社的好处也有所了解，但同时农民也谈到了加入合作社的一些局限性及潜在的风险。随着国家对农业专业合作社支持力度的增加，合作社专业领域的拓展，它从单纯的生产环节拓展到生产、加工、销售的全过程。农民会更多地选择加入这种合作组织，对其生产方式的现代化提升将起到极大的促进作用。

个案访谈：

我们村有个农机经营合作社，我平时就在家附近做点生意，收购玉米、小麦，后来买了个联合收割机。刚好村里有人成立了合作社，就加入了。加入合作社以后，每年的夏收、秋收时间，跟着合作社到外面从事农机收割，合作社从各个方面给予帮助。感觉合作社的帮助非常大，对提高自己的收入也有很大帮助。（村民郭某，男，40岁）

三 现代农业技术的应用（见表4-12）

表4-12　　　　　　　　　　农业技术的应用情况

在农业生产中，您是否运用地膜覆盖、优良品种、病虫害防治等农业技术呢？					
		频率	百分比（%）	有效百分比（%）	累计百分比（%）
有效	缺失	19	1.8	1.8	1.8
	没有用	98	9.1	9.2	11
	偶尔用	275	25.6	25.9	49.1
	经常用	680	63.4	64.1	100.0
	合计	1062	99.0	100.0	
缺失	系统	11	1.0		
	合计	1073	100.0		

现代农业的发展，离不开科技的支撑。现代科学技术的应用，将不断挖掘农业发展的潜力，不断提升农产品的产量和质量。随着农民知识的提升，农民在种植过程中越来越多地应用到现代农业技术。从表 4-12 中可以看到，64.1% 的农民会经常用优良品种、病虫害防治以及地膜覆盖等农业技术，如果加上偶尔使用的，高达 89% 的农民应用了农业技术。从访谈中了解到，农民在种植中特别强调选用优良品种的重要性，这对提高粮食产量和收入至关重要。随着科技农业的发展，更多的科技型、知识型农民将越来越多地涌现。

个案访谈：

我们家现在每年都会选用新的粮食品种，主要是提高粮食产量。现在种粮收入本来就低，如果不采用新品种，收入会更低。另外，每年都会给小麦打药，防止病虫害。（村民张某，48 岁）

四　农业机械化的应用

马克思在《资本论》中指出，"各个经济时代的划分，不在于生产什么，而在于怎样生产，用什么劳动资料生产"[1]。农业机械化水平既是衡量农业现代化水平的标志，也是衡量农民现代化水平的重要尺度。农业机械化的应用，将使农民从繁重的体力劳动中解放出来。今天中国农业机械化的应用水平普遍得到了提升，如在种植业中，使用拖拉机、播种机、收割机、动力排灌机、机动车辆等进行土地翻耕、播种、收割、灌溉、田间管理、运输等各项作业，极大地节省了劳动力，减轻了劳动强度，提高了农业劳动生产率。特别是现在农民更多的是在外务工或做生意，时间就是金钱的价值更加显现。农民普遍是在农忙季节匆匆忙忙赶回家，使用农业机械收割、种植、运输，极大地节约了时间。更多的农民使用机械，也带动了农业机械化的发展。同时，国家对农业机械的购机补贴，也促使更多的农业种植大户或者专业合作社购买农业机械。多重合力的作用，使现在农业机械的应用越来越普遍（见表 4-13）。截至 2013 年上半年，全国农机

---

① 马克思：《资本论》（第 1 卷），人民出版社 1975 年版，第 618 页。

总动力预计达 10.46 亿千瓦。"三夏"期间，全国共投入联合收割机 54 万台，日机收面积最高达 1926 万亩，苏皖冀鲁豫五大主产省小麦机收水平达 98.4%，黄淮海地区夏玉米机播水平达 90.8%，机械化收获、秸秆还田、免耕播种"一条龙"作业面积大幅增加。[①] 但我们看到，在不少地区，由于地理条件的局限或者农民的小块经营，也不同程度地制约着农业机械化的推广。

表 4-13　　　　　　　　　　农业机械化的应用情况

在农业生产中，您是否运用播种机、收割机等现代化农业机械呢？		频率	百分比（%）	有效百分比（%）	累计百分比（%）
有效	缺失	19	1.8	1.8	1.8
	没有用	84	7.8	7.9	9.6
	偶尔用	107	10	10.1	19.7
	经常用	854	79.6	80.3	100.0
	合计	1064	99.2	100.0	
缺失	系统	9	0.8		
合计		1073	100.0		

个案访谈：

现在农村的种地、播种、收割基本上都是机械化了，每年的夏收基本上都是联合收割机，几天都收割、播种完毕了。秋收玉米，原来还是人工，这几年也出来了玉米收割机，大大缩短了收割、播种时间。农民早已从繁忙漫长的农耕中解放出来了，一年的农忙也就是一二十天，其余都打工去了。（村干部姚某，50 岁）

五　农产品的处理方式

随着改革开放，市场经济早已渗透到农村中，农民也在市场这只看不见的手的作用下自觉地配置劳动产品，在可控范围内自觉地按市场化的方

---

① 《农业部：上半年全国农机总动力预计同比增长 5.8%》，http://roll.sohu.com/20130712/n381450485.shtml，2013 年 7 月 12 日。

式来处理自己的农产品。通过问卷分析和个案访谈，我们发现，农民的大宗农产品一般在保存够自己家庭一年生活所用之外都选择出售。从表4-14可以看出，63.7%的农民的农产品都是由别人收购，赠予他人的很多也是有亲戚朋友在城市生活，作为农村的特产相送。农民种植的蔬菜、瓜果等，除了自己食用之外，很多也都拿到集市上出售。

表4-14 农产品的处理方式

		频率	百分比（%）	有效百分比（%）	累计百分比（%）
请问您家的农产品除了自己享用外，首选的处理方式是：					
有效	缺失	20	1.9	1.9	1.9
	存起来	172	16.0	16.2	18.1
	赠予他人	157	14.6	14.8	32.8
	由别人收购	677	63.1	63.7	96.5
	其他	37	3.4	3.5	100.0
	合计	1063	99.1	100.0	
缺失	系统	10	0.9		
	合计	1073	100.0		

个案访谈：

现在我们家每年种的都是小麦、玉米。小麦一般是家里留个十来袋自己吃，其余的都由收购的直接收购走了。以前是把粮食收到家里晒一晒再卖，现在国家有保护价收粮，大家的时间又比较紧，都在外面务工，一天一两百，太麻烦，就直接是联合收割机在地头一收，立马就卖了，挺方便的。玉米收割相对麻烦，需要把玉米收后，打一下，再出售。农村现在一般都是自己家里存点，够吃就行了，其余的都卖了。（村民郭某，62岁，务农兼务工）

六 应对市场变化的能力

目前，中国农民应对市场变化的能力不强，或者说很弱，农民的种植、养殖还是靠天吃饭，特别是养殖业，很多农户逃不过养殖周期的怪圈。从表4-15中可以看到，从来不调整种植或养殖的农民占16.1%，有时会调整的占48.3%，经常会调整的仅占19.0%。这说明在市场经济的大潮中，农民应对市场的能力还很有限。这一方面和农民的文化素养有关，另一方面也和我们国家的农业信息化水平低、国家对农业的风险预警机制不健全有很大关系。

表4-15　　　　　　　　　　　　　　应对市场的情况

请问您是否根据市场行情来调整种植或养殖行业？					
		频率	百分比（%）	有效百分比（%）	累计百分比（%）
有效	缺失	23	2.1	2.2	2.2
	从来不调整	171	15.9	16.1	18.2
	有时会调整	514	47.9	48.3	66.5
	经常会调整	202	18.8	19.0	85.5
	不清楚	154	14.4	14.5	100.0
	合计	1064	99.2	100.0	
缺失	系统	9	0.8		
	合计	1073	100.0		

个案访谈：

我们家现在有100来头猪，大的有200多斤了，有四五十头，猪仔有三十多头，母猪有十来头。今年养猪形势不好，上半年猪价太低，养着赔钱，养得越多赔得越多。现在猪价逐渐有所回升，估计年底会好点。农民现在养猪，和种地一样，都是看天吃饭。市场是什么样谁也说不准，有时候贵，有时候便宜，只能是随行就市，没有什么预测能力。价格高时就多养些，价格低时就处理一些，少养些，留些母猪。前几年，猪价特别低的时候，政府有养母猪补贴，现在也没有了。我们家养猪有七八年了吧，中间有赔有赚。对农民来说，没人能预测到什么时间涨，什么时间跌。搞养殖的有风险，不知道什么时间猪生病了，价格跌了，只能慢慢摸索。（李某，37岁，家庭主妇，在家养猪）

第四节 农民生活方式的现代化

一部人类社会的发展史就是人类生活方式的历史。马克思说："一切人类生存的第一个前提也就是一切历史的第一个前提，这个前提就是：人们为了能够'创造历史'，必须能够生活。……因此第一个历史活动就是……生产物质生活本身。"[1]生活方式作为人们在一定社会历史条件下，依据一定文化模式为满足自身生活需要而使用、运用和消费各种物质和精神文化资源的活动方式，是对社会生产方式变迁乃至社会整体变迁的广度、深度及其终极目的意义的直接体现，也是社会整体结构及其运行状况是否协调的具体而生动的反映。

广义的生活方式，指人们依据一定的文化模式为满足自身生活需要而运用社会环境提供的各种物质的和精神文化资源的活动方式、"配置方式"。[2]狭义的生活方式指个人及其家庭日常生活的活动方式，包括吃穿住行、职业及闲暇等。

在新形势下，实现农民生活方式现代化是社会现代化的基本特征和应有之义，它直接反映了农民现代化的品位与方式。伴随整个社会的现代化进程，农民的生活方式也发生了显著的变化。在本次问卷调查中，涉及农民生活方式的内容主要有农民职业的变化、农民的收入支出、农民的休闲娱乐、农民家庭的现代化设备等。

一 在职业分化方面

随着改革开放，国家出台了一系列激活农村发展的政策措施。特别是家庭联产承包责任制的实行，农民自由流动的放开，农村获得了空前的自由和开放，农民开始离开世代居住的土地，开始向二、三产业转移，从事的行业也多种多样，从表4-16中可以发现，农民的职业分工越来越多，

---

[1]《马克思恩格斯选集》（第1卷），人民出版社1972年版，第32页。
[2] 王雅林：《生活方式研究评述》，《社会学研究》1995年第4期。

越来越细。农民的就业结构也随之调整，收入不再仅仅依靠农业，外出务工以及通过做生意获得的收入成为农民的主要收入来源。可以说，农民劳动生活方式的最大变化就是新的社会分工及职业分化。从表4-17中可以看出，农民现在的状态基本上是既务工又务农，"离土不离乡""离乡不离土""离土又离乡"成为当前农民的主要模式，部分农民已经彻底离开农村，到城市安家落户。

表 4-16 农民职业分类

除务农外，您工作的主要行业属于					
		频率	百分比（%）	有效百分比（%）	累计百分比（%）
有效	缺失	97	9.0	9.2	9.2
	建筑装修业	238	22.2	22.6	31.8
	制造行业	144	13.4	13.7	45.5
	商品零售行业	138	12.9	13.1	58.7
	电子行业	101	9.4	9.6	68.3
	采矿业	31	2.9	2.9	71.2
	养殖业	78	7.3	7.4	78.6
	交通运输业	30	2.8	2.9	81.5
	餐饮服务行业	123	11.5	11.7	93.2
	废品回收	18	1.7	1.7	94.9
	家政服务	27	2.5	2.6	97.4
	其他	27	2.5	2.6	100.0
	合计	1052	98.0	100.0	
缺失	系统	21	2.0		
	合计	1073	100.0		

表 4-17 农民职业状况

您目前的职业状况是					
		频率	百分比（%）	有效百分比（%）	累计百分比（%）
有效	缺失	31	2.9	2.9	2.9
	全职务农	327	30.5	30.7	33.6
	务农为主，兼务工	295	27.5	27.7	61.3
	务工为主，兼务农	233	21.7	21.9	83.1
	弃农务工	180	16.8	16.9	100.0
	合计	1066	99.3	100.0	

续表

		您目前的职业状况是			
		频率	百分比（％）	有效百分比（％）	累计百分比（％）
缺失	系统	7	0.7		
	合计	1073	100.0		

个案访谈：

1. 村民访谈

我上完初二就辍学了，在家里玩了一年，后来家里人看我没事干，就让我到县城来做点小工，到饭店当服务员，干了半年感觉太累就辞职不干了。后来跟同村的朋友到深圳打工，进了电子厂，干了一年的时间，后来又换到了自行车厂，又做了一年时间。在打工这几年，前前后后换了很多工作，但都是打工仔，现在年龄也越来越大，想学个手艺，将来给自己干，自由些。（小王，27岁，常年在外务工）

2. 村干部访谈

我们村离市里大约有20里地，现在村民除了年龄大的，基本上都在外面务工，二三十岁的年轻人基本上都在工厂，近的有在市里周边的饮料厂、制药厂、食品厂的，还有在双汇的，远的很多都到广州、深圳、上海等发达地区的工厂里去了，像富士康什么的。年龄大的，四十到五十来岁的，干的都是体力活，干建筑、装修，这几年工资涨得比较快。他们也没有什么手艺，愿意到这些地方干活，还有一部分就在县城周边做点小生意或在家搞个养殖什么的。年龄再大一点的，五十多岁、六十岁左右的，有的做个保安、看个大门什么的。年龄再大的干不动了，就在家里或出去帮儿女看孩子。现在农民也都是很忙，只有年终才会在家里歇几天。（村干部，王某）

二 在社会流动方面

在传统社会，农民流动的范围是有限的。随着工业化、城市化和信息化及我国交通行业的快速发展，农民传统的就业观念发生了很大的变化，他们愿意到更远的地方去，那里机会更多，挣钱也更加容易。在这样的观念影响下，农民的流动范围大大拓展。通过表 4-18 可以看出，现在农民的流动范围可以说乡村—县城—地级市—省会城市—北上广一线城市，县城及以上城市占到了 70% 左右。城市自身的特点，发达的教育，便利的交通，更多的机会，使农民更愿意留在城市，特别是新生代农民工，更愿意到北上广等一线城市，或者省会城市去寻找机会。农民的这种流动为其现代意识的觉醒奠定了基础。

表 4-18 外出务工经商地点

		频率	百分比（%）	有效百分比（%）	累计百分比（%）
	缺失	20	1.9	1.9	1.9
	乡村	204	19.0	19.3	21.2
	县城	307	28.7	29.1	50.3
有效	地级市	243	22.6	23.0	73.3
	省会城市	207	19.3	19.6	93.0
	北上广一线城市	74	6.9	7.0	100.0
	合计	1055	98.3	100.0	
缺失	系统	18	1.7		
	合计	1073	100.0		

个案访谈：

我初中毕业以后，考上了镇里的高中，没有考上县一高，想着上三年高中也考不上个好大学，就没有再上学，直接跟着村里面的人去打工了。一开始就来到了广州，在电子厂工作，一开始工资比较低，每月有 1000 多块钱，积累了一定的经验以后，就跟着老乡到了富士康，也是电子厂，主要是生产手机，要求比较严格，待遇比较高点，有 2000 多块钱。在富士康干了有两年，工资涨到了快 3000 元，在这期间换了不同的岗位，活也不怎么累了。后来回家结婚，咱郑州不是也有富士康了吗，工资和广州差不多，但是能落得多些，就和媳妇一块到郑州来打工了。我这几年，基本上是在大城市打工。在大城市好，见世面，在小城市没啥意思，没有玩的地方。（孙某，26 岁，富士康打工）

三 在家庭拥有的设备方面

随着我们国家的经济不断增长，农民的经济收入不断增加，从国家统计局公布的数据来看，我国农民的年均纯收入一直在稳步增长，农民逐步迈入小康生活。富裕起来的农民，其消费水平也在逐渐增强，由原来的生存型向发展享受型过渡，曾经属于城市人的设备，开始步入寻常百姓家。从表4-19中可以看出，电视机在农村的普及率基本上达到99%以上，部分家庭拥有两台或三台，洗衣机在农村的占有率达到80%以上，空调、冰箱的拥有率也达到了50%以上，而电磁炉、微波炉由于农村的生活节奏相对比较慢，使用率相对比较低。现在比较引人注目的是电脑和手机在农村的普及。短短几年时间，农村电脑市场迅速发展，农民家庭电脑拥有数达到50%左右，在有年轻人的家庭电脑的安装更是达到70%；由于手机更新换代速度很快和价格的不断走低，农村的手机普及率达到87.6%。这些电子产品对提升农民生活水平将起到极大的促进作用。中国互联网络信息中心（CNNIC）发布的第45次《中国互联网络发展状况统计报告》显示，2006年以来，我国农村网民规模呈逐年上升趋势，2017年突破2亿，达到2.01亿人。2019上半年，中国农村网民规模达到2.25亿人。到2020年3月，中国网民规模为9.04亿，其中农村网民规模为2.55亿，占网民整体的28.2%，较2018年年底增长3308万；城镇网民规模为6.49亿，占网民整体的71.8%，较2018年年底增长4200万。[1]

表4-19 农民家庭拥有的设备情况

家用电器或电子产品	频率	个案百分比（%）
电视机	1065	99.3
空调	538	56.9
冰箱	536	56.5
洗衣机	884	82.4
微波炉	310	28.9

---

[1]《2020年我国农村网民规模增至2.55亿 农村互联网普及率达46.2%》，http://finance.eastmoney.com/a/202007071546020451.html，2020年7月7日。

续表

家用电器或电子产品	频率	个案百分比（%）
电磁炉	507	47.3
电脑	508	47.3
DVD	303	28.2
数码相机	169	15.8
手机	936	87.6

传统的中国是自行车大国，随着现代交通的发展，现代化的交通工具也逐步在农村普及（见表4-20）。电动车在农村的普及率达到近70%，在平原地区的普及率达到90%。现在摩托车更多的是在丘陵地带或山区农村使用，在平原地区由于其消耗汽油，反而不被农民所看中。农用机动车、面包车兼有多种功能而逐渐被更多的农民所喜欢，货车更多的是运输所用，由于价格昂贵，在农村的占有率在6.7%。小汽车在农村也占有一定市场。随着年轻人在外打工收入的增多或种植、养殖富裕起来，他们也愿意花钱拥有属于自己的小汽车。相信，随着国家全面建成小康社会，拥有一辆汽车对农民来说也不再是梦想。农民在现代交通工具的支持下，交往距离会更远，生活会更加美好。

表4-20　　　　　　　　　农民家庭拥有的交通设备情况

交通设备	频率	个案百分比（%）
电动（自行车、三轮车）	726	67.7
摩托车	469	43.7
农用机动车	210	19.6
面包车	125	11.6
货车	72	6.7
小汽车	85	7.9

个案访谈：

现在我们家里有电视机、洗衣机、空调、冰箱、电磁炉，手机人人一部，去年我们家也买了台电脑，上网方便，数码相机感觉没什么用，现在手机都能照相，带着也不方便，买肯定能买得起。原来家里有自行车，早不骑了，都换作电动车了。耕地的有拖拉机，现在也用得少了，都是联合收割机，一年下来也就是浇地什么的才用。现在农村的日子也越来越好了，只要很勤奋，肯下力，一家三口人出去干，一年挣个七八万是没有什么问题的。我在沙特干了一年，就挣了十来万。下一步我们家也准备买个面包车，面包车实用，比城里的小汽车管用。（村民李某，39岁，在外务工）

四　在闲暇生活方面

闲暇生活可以说是人类生活不可或缺的重要组成部分。闲暇生活的内容不仅反映了人们生活质量的高低，而且反映了整个国家国民素质的高低和社会的进步程度。闲暇生活可以说是除必需的生产劳动和生活劳动之外，农民在可以被个人自由支配的时间内普遍进行的活动方式和活动内容。随着农村社会经济的发展和农业生产机械化程度的提高，农民的农业劳动生产率大幅度提升，农民整日消耗在土地上的时间大大减少，尤其是对那些富裕的、有能力又有时间的农民来说，他们也需要多彩的娱乐活动来满足自己的精神文化需求。从调查统计来看（见表 4-21），农民的闲暇生活更多的是参加纯娱乐和观赏性的活动，如看电视、上网、打牌、闲聊、逛街等，而参加能提升农民综合素质的消遣活动则偏少。这既与农民自身的素质有关，又和农村公共休闲设施如图书馆、电影院、健身场所的缺乏有关。

表 4-21　　　　　　　　　　　农民的闲暇生活

闲暇生活	频率	个案百分比（%）
看电视	593	55.3
读书看报	56	5.2
听广播	123	11.5
打麻将	175	16.3
打扑克	235	21.9
聊天	374	34.9
逛街	250	23.3
上网	279	26.0
旅游	83	7.7

个案访谈：

我平时在家就是带带孙子，没事的时候看个电视，打个牌什么的，有时候串串门，聊个天，也没有其他娱乐活动。农村嘛，不像城市，哪有那么多耍的地方。（张某，60岁，女）

现在咱们农村确实没有什么玩的，也没有什么娱乐场所。我一般没事的时候或想玩的时候，都是去漯河，有大超市、电影院，发完工资一般是吃个饭，到KTV唱歌，有时候去打个游戏，现在去的少了。网吧环境很差，现在用手机上网很方便，看个电影、斗个地主什么的。（樊某，24岁，在食品厂工作）

第五节　农民思想观念的现代化

一　平等意识

男女平等是我国的一项基本国策，但我国传统社会历来有"重男轻女"的思想，女性在权利和机会方面总是弱于男性。男女的平等与否，决定着一个家庭、社会的和谐程度。对于我们这样一个人口众多、女性人口又占总人口一半的国家，看社会是否和谐，就要看男女社会成员是否在政治、经济、文化、社会和家庭生活等方面享有平等的权利和义务。只有男女社会成员在整个社会和家庭生活中享有完全平等的权利，履行完全平等的义务，这个社会才是公平正义的社会。随着社会分工的发展和女性受教育程度的提升，现在农村地区男女的平等意识逐步提升，女性也是家庭的顶梁柱、半边天。从统计来看（见表4-22），认为家里是男人还是女人做主，回答男女都可以的占63.7%；关于夫妻应该共同承担家务的回答占65.2%；而关于同工同酬的回答占74.9%。改革开放至今，在我们国家的行政事业单位，在工资方面基本上都做到了同工同酬，但是在农村的劳动力市场普遍存在着男女同工不同酬的现象，女性的劳动报酬普遍低于男性，所以女性更希望男女同工同酬，这样更有利于提升妇女劳动力的地位和价值。

表 4-22　　　　　　　　　　　　农民的平等意识

问题	选项	频率	百分比（％）	有效百分比（％）	累计百分比（％）
在一个家庭里，你认为应该是由男人还是女人作主？	缺失	6	0.6	0.6	0.6
	男人	256	23.9	24.0	24.5
	女人	126	11.7	11.8	36.3
	男女都可以	680	63.4	63.7	100.0
	合计	1068	99.5	100.0	
夫妻应该共同承担家务，您的观点是	缺失	5	0.5	0.5	0.5
	同意	696	64.9	65.2	65.6
	不同意	99	9.2	9.3	74.9
	无所谓	268	25.0	25.1	100.0
	合计	1068	99.5	100.0	
男性和女性做同样的工作，付出同等的努力，他们应该得到：	缺失	3	0.3	0.3	0.3
	同等报酬	800	74.6	74.9	75.2
	男性报酬多于女性	92	8.6	8.6	83.8
	女性报酬多于男性	120	11.2	11.2	95.0
	不知道	53	4.9	5.0	100.0
	合计	1068	99.5	100.0	
一个女孩的婚姻应该由谁决定呢？	缺失	6	0.6	0.6	0.6
	自己决定	246	22.9	23.0	23.6
	父母决定	111	10.3	10.4	34.0
	自己决定，征求父母意见	705	65.7	66.0	100.0
	合计	1068	99.5	100.0	
您会投票赞成一位合适的妇女担任您们村的村主任吗？	缺失	11	1.0	1.0	1.0
	会	880	82.0	82.4	83.4
	不会	177	16.5	16.6	100.0
	合计	1068	99.5	100.0	

　　中国女性的婚姻，在封建社会普遍是包办婚姻，父母之命，媒妁之言。而今天中国女性的婚姻早已过了父母包办的年代，男女都是自由恋爱，农村地区普遍也是如此。在决定女孩婚姻时，一般是在男女恋爱的基础上征求父母的意见，共同商量决定。这对中国的广大农村地区来说，是一个很大的进步。

而在"您会投票赞成一位合适的妇女担任您们村的村主任吗"的回答中，愿意投妇女做村主任的占到了 82.4%，说明他们也渴望妇女在政治地位上的平等。但总体来说，现阶段农村地区妇女的政治地位相对来说还有很大的提升空间，大多数村支书、村主任由男性来担任。在男女平等的政治意识觉醒下，相信未来女性在农村会有更大的作为。

个案访谈：

现在我们家里是我当家作主，不过遇到大事还是商量着来，比如孩子上学啊，家里盖房子啊，都需要大家合计，不是绝对的谁说了算。我感觉现在男女还是同工不同酬，像咱们村的妇女一块出去干活，同样是做小工，男的一天 100 元，女的一天才 60 元，干重活女的毕竟不如男的。现在我们家的女儿上大学了，她在学校谈恋爱的话我们也不干涉，只要找到她喜欢的就行。但是要找个人品好的，肯干的就行，农村的、城市的都行。（刘某，52 岁，女）

二 政治参与意识

在中国漫长的封建社会中，广大农民被剥夺了政治参与的权利，他们普遍缺乏民主思想的熏陶，因此形成了一种臣民型的政治文化，主要表现为政治无意识，更多的是对权威、习俗的被动服从。在新中国成立后的多年间，农民参与的政治活动不少，但在很多情况下也是虚假的繁荣、被动地参与。改革开放 40 多年来，广大农村地区的经济得到了空前的发展，农民的物质和精神文化水平得到了普遍提高。特别是农民的外出流动经历以及新媒体影响，使得农民的政治参与意识较以前有了很大的提升。他们以各种各样的方式参与农村基层民主政治建设，"村民自治"作为农村基层民主的基本形式在全国范围内得到普遍推广，它已由初期的村民委员会民主选举的单一内容逐步发展为包括村民代表大会、村民委员会、村民议事会、村务公开制度等在内的多方面的民主制度。[①] 从问卷调查来看（见

---

① 雷勇：《新时期农民政治参与的制约因素及其对策》，《四川师范大学学报》（社会科学版）2010 年第 3 期。

表 4-23），认为村委会干部应由村民选举产生的为 479 人，上级任命的为 124 人，前者是后者的约四倍；认为参加村委会选举是行使自己权利的为 511 人；认为村里的大事应该由全体村民和村民代表决定的为 608 人。这些都充分表明农民的政治参与热情和积极性有很大提升。

表 4-23　　　　　　　　　　　　　　农民政治参与意识

问题	选项	频率	百分比（%）	有效百分比（%）	累计百分比（%）
您所在的村委会干部是怎样产生的？	村民选举	479	44.6	44.9	45.4
	上级任命	124	11.6	11.7	56.6
	由上级指定候选人，再由村民选举产生	292	27.2	27.3	83.9
	不清楚	172	16.0	16.1	100.0
	合计	1067	99.4	100.0	
	系统	6	0.6		
	合计	1073	100		
您参加村委会选举的最主要原因是什么？	缺失	12	1.1	1.1	1.1
	行使自己的权利	511	47.6	47.8	49.0
	利益驱使	121	11.3	11.3	60.3
	干部让去	218	20.3	20.4	80.7
	随大溜	206	19.2	19.3	100.0
	合计	1068	99.5	100.0	
	系统	5	0.5		
	合计	1073	100		
如果你们村的干部在工作上犯了错误，您的态度是：	缺失	11	1.0	1.0	1.0
	管不了，不作声	330	30.8	30.9	32.0
	看情况再决定	412	38.4	38.6	70.6
	主动与他沟通，找出其错误	201	18.7	18.8	89.4
	不知道	113	10.5	10.6	100.0
	合计	1067	99.4	100.0	
	系统	6	0.6		
	合计	1073	100		

问题	选项	频率	百分比（%）	有效百分比（%）	累计百分比（%）
如果你知道乡政府正准备通过某条政策，而你认为这条政策是不公平的，你会：	缺失	23	2.1	2.2	2.2
	不管它，也不服从	250	23.3	23.4	25.6
	知道不公平但也准备服从	456	42.5	42.7	68.3
	给政府或人大提意见	339	31.6	31.7	100.0
	合计	1068	99.5	100.0	
	系统	5	0.5		
	合计	1073	100		
您觉得村里的重大事情应该由谁来决定？	缺失	9	0.8	0.8	0.8
	乡（镇）政府	126	11.7	11.8	12.6
	村委会和村干部	216	20.1	20.2	32.9
	全体村民或村民代表	608	56.7	56.9	89.8
	全体党员	21	2.0	2.0	91.8
	不知道	88	8.2	8.2	100.0
	合计	1068	99.5	100.0	
	系统	5	0.5		
	合计	1073	100		
您认为村民有必要参与讨论、决定村里大事吗？	缺失	5	0.5	0.5	0.5
	完全有必要	391	36.4	36.6	37.1
	有必要	438	40.8	41.0	78.1
	基本上没有必要	169	15.8	15.8	93.9
	完全没有必要	14	1.3	1.3	95.2
	说不清楚	51	4.8	4.8	100.0
	合计	1068	99.5	100.0	
	系统	5	0.5		
	合计	1073	100		

（一）农民政治参与的成效

1. 农民政治参与的积极性不断提高

随着现代信息科学技术的发展，以及多年普法工作的推进，现代社会中的农民对自身的权利和义务都有一定的了解和认识。随着农村经济的发展和农民生活条件的改善，农民的政治参与意识不断觉醒并增强。农村经济发展上的巨大成功，为农村政治文化建设提供了坚实的物质基础。农民政治参与意识的觉醒、村民自治制度的确立、农民依法参与村里事务的管理等，都是农民真正意义上当家做主的体现。在从无到有再到深度参与的这个过程中，农民感受到了自己当家做主，管理事务，维护自己利益的便宜之时，更愿意积极主动地参与到政治生活当中。

2. 农民政治参与的期望值不断提升

在新农村建设和新型城镇化建设过程中，政府通过颁布一系列惠农政策，加大乡村公路建设，以便农村更好地实现对外联系。乡镇政府通过提供政策和财力支持，村民为了维护彼此利益，集结在一起共同出力。在这个过程中，农民切身感受到了自己当家作主权利的实现。农民通过已有的途径参与到政治生活中去，积极主动地表达自己的利益诉求，从而维护自己的合法权益。

3. 农民政治参与的形式不断创新

农民政治参与对基层民主政治建设具有重大意义，它为政府政策的制定和完善提供依据，从而使政策更具民主性和科学性。农民参与政治生活的形式多种多样。随着科学技术的发展，农民政治参与的形式内容更加丰富、种类更加多样、适应性更强。民主听证制度和村民议事制度是具有一定代表性的创新模式，民主听证制度重在保障村民的知情权，村民的决策权则由村民议事制度保障。这两种形式的创新，既有益于农民实际问题的解决，也有益于基层民主政治的发展和农村政治文明的建设。

4. 农民政治参与的行为进一步规范

我国农民在长达两千多年的封建政治制度的统治之下，形成了家本位的思想，万事皆以家族为先。改革开放之初，农民在参与政治生活的过程中，许多人考虑问题的出发点并不是问题的实质与根源是什么，而是参考"家里人"的意见。这不利于农村政治体系制度化。但是随着我国经济、政治的快速发展以及国家在普法工作方面的努力，尤其是人民代表大会制度的实施和推行，不规范的政治参与行为开始发生转变。我国文明政治体系建设离不开制度化、规范化的政治参与。改革开放以来，随着人员的流动、经济的发展、人们思想的转变，农民在维护自身利益之时也不再是简单听从"家长"意见，甚至是动用武力引发更深层次的冲突，而是在自治的过程中，通过合理有效的方式来表达自己的诉求，维护自己的利益以及寻求政府部门的帮助。

虽然农民的政治参与积极性有了较大提升，但从分析来看，也普遍存在着一些问题，比如参与的质量不高，有效性较低。有的农民参与民主选举是受利益驱使，干部威胁或是随大流，别人投票我也投票，结果是谁无所谓，缺乏明确的政治参与意识。特别是近年来部分农村地区社会控制的松散，使得一些地方黑恶势力死灰复燃。宗族组织和地方黑恶势力操纵村委会选举，左右村务，更加影响到农民的政治参与热情。[①] 特别是我们看到，当村干部做出违反村民利益的行为时，很多农民也是默不作声，不予制止。另外，随着大量农民的外出务工，他们对农村的政治事务基本上是不管不问，或者很少过问，农村剩下的都是留守老人、留守妇女和留守儿童，他们受教育状况和文化素质参差不齐，也直接影响到农民政治参与的积极性、程度、范围和水平，老年人政治参与的意识和水平明显低于中青年人，妇女的参政意识与水平低于男性，普通百姓的参政意识低于干部，非党员的参与程度和水平低于党员。[②]

（二）农民政治参与存在的主要问题

1. 参与意识淡薄，主体意识匮乏

近年来，随着社会的发展，农民在自身利益受到侵犯之时，首先想到的是维护自身利益，而不是像以前一样选择默默忍受。农民似乎也只有在利益受到侵犯时，才会因需要维护自身利益而参与到政治生活中。但是，在这个参与过程中，我们明显感受到农民群体的被动性。他们很少积极主动参与到村民会议中去，更多的是认为自己只需要守好"自己的一亩三分地"就行。所以可以看到，农民群体的政治参与意识是比较淡薄的，自身并不能或者说是很难主动参与到政治生活当中。传统文化对人们的影响极

---

① 张爱胜、王贵和：《社会转型期中国农民的政治参与》，《社科纵横》2003年第6期。
② 雷勇：《新时期农民政治参与的制约因素及其对策》，《四川师范大学学报》（社会科学版）2010年第3期。

其深远。受传统政治思想的影响，人们更倾向于顺从长者权威，导致绝大部分的农民缺乏主我意识，只要有人引领，多人顺从，那么许多农民就会遗失自我，被动接受社会政治的约束。家长制造成农民的民主素质较低，民主意识淡薄，普遍存在政治冷漠现象，缺乏合作意识。现在的社会，虽然不再限制人们的地区流动，但实际生活过程中，真正的人口流动是发生在年轻人身上的。务工、上学的基本是 20—50 岁之间的青壮年群体，这也就导致在农村地区留守的多为老年人和小孩。他们是一个极为特殊的群体，老年人思想固守，难以主动参与到政治生活当中；小孩未年满 18 周岁，按规定是不能参与到政治生活当中的。农村地区的生活环境很难发生改变，消息闭塞，生活方式单一等，都造成了农民主动性政治参与意识的难以形成。所以，在乡村振兴过程中，要建设农村政治文明新风，就必须培养农民的主体意识。

2. **经济发展不平衡、不充分，部分农民积极性受挫**

改革开放之初，我国实行的"先富带后富"政策，不可避免地会带来各地区之间发展不平衡。由于我国现在的社会主义建设仍然处于不完善阶段，所以我国的政治文明建设也处于不健全阶段。我国农村政治参与调查研究发现，农民政治参与存在地理区域差异、主体差异等不平衡问题。可以看到：由于经济发展不平衡带来的地区差异，城乡二元结构下的农民心理满足感差，农村的农民政治参与程度和政治参与能力都明显低于经济发展好的城市，他们在维护自身的利益时是被动的、消极的。而贫困地区的农民在政治参与之时，由于本身的能力较弱，也难以知道如何去维护自身利益，以及乡镇政府受经济发展所限，给农民提供的支持力度不足，农民的期望难以得到满足，从而导致其积极性受挫，在之后的生活中就会造成政治参与意愿低，农村政治现代化建设困难。

3. **参与缺乏透明度，程序不到位**

农民政治参与的知情权是指农民通过各种途径知道政治活动的相关信息，从而能够更好地维护自己的利益。推进农村政治文明体系建设必然要保障农民政治参与的知情权。总体来看，我国目前农民政治参与的法律和制度保障是相对完善的，但是在实际操作过程中，存在着许多未公开性，包括村干部故意隐瞒以及农民自身不关注导致的不知情。在农民的政治参与过程中，村民的知情权难以得到保障，农民对村里的情况一知半解，政治参与的规范度不够、程序不到位。而且，对于农民自身而言，在自己所知道的有限范围内，当利益受到侵害时，往往第一时间想到的是求助于自己的家庭、家族。而在解决问题之时，他们通常采用的方式是不符合法律规定的，进而带来冲突升级，凭自己想法行事，更会导致农民政治的无序性。因此，政府需要有组织、有计划地针对农民政治参与过程中不透明和程序不到位的情况加大宣传力度，大力开展普法教育，使农民能够充分了解政府政策，从而增强农民的政治认同感，让他们愿意参与到政治生活中去。

4. 文化水平低，缺乏政治参与技巧

随着我国建设社会主义政治现代化进程的推进，农民政治参与活动必须充分开展。针对国家和社会的事务管理，农民参与其中就必须提高文化素养，增强政治参与技能，促使国家政治体系建设有一个坚实基础。我们看到，我国目前农村政治参与中的农民是具有一定的政治参与意愿的，但参与技能差，在政治参与过程中认同感差。出现这些问题的一个重要原因就是农民文化水平低。现代化的政治文明建设，需要良好的文化环境作为支撑。政治现代化不再是只要求农民简单地参与到其中，而是更需要农民深入其中，成为农村政治建设的主体和基础，需要他们的政治认同，需要他们提升参与技能，每一次参与和决定都能坚定自己的选择，真正做到在政治参与过程中发挥出自己应有的水平，为乡村振兴贡献力量。

三 对教育和职业的期望

对中国广大农村地区的农民来说，由于农村基础教育薄弱，农民收入偏低等，农民的受教育程度普遍偏低。整体来看，以初中文化水平为主。但中国自古以来的科举制度，以及改革开放以来的高考制度，农民的孩子能够"鲤鱼跳龙门""学而优则仕"，使农民有一种教育情结。他们深知读书改变命运，因此在子女的教育问题上，抱有很大的期望，期待孩子能够读大学，找到好工作，摆脱农民的身份与职业。从问卷调查来看（见表4-24），回答"如果可以免费受教育，您认为可以让孩子接受到的教育程度是"，高达59.0%的农民回答的是大学毕业，如果含"随他自己"达到了76.1%；在回答"您觉得花很多钱让自己的孩子上大学，值得吗？"的回答中，有848名（79.5%）农民认为是值得的。对老一代农民来说，由于自己没有知识，没有文化，没有技能，他们外出务工，付出的是艰辛的劳动，获得的是微不足道的报酬，因此，他们希望自己的孩子能有一份技能。在回答"您是否愿意让自己的孩子学习一门技术？"的问题时，愿意让孩子学习一门技术的高达78.0%。传统社会，绝大多数农民世代为农，在职业上，他们没有选择的余地，只有与土地为伴，从土地中获得生活所需的资料，能摆脱农民命运的只有极少数。即使在中华人民共和国成立以后，我们国家的二元社会结构也把农民牢牢地拴在土地上。改革开放以来，伴随工业化、城市化的发展以及二元社会结构的松动，大量的农民可以到城市务工。今天，外出务工的农民高达2.6亿。外出农民凭借自己的智慧，从事着各种各样的职业，对他们来说，农民不再是唯一的选择，他们可以成为老板、企业家、个体工商户，可以成为新市民等。在职业选择上，他们也有了更多的期待。在回答"如果能够自由选择职业，您希望能够"做什么时，回答读书上大学、经商、去城市自己找事做合计占到了约90%；在子女的工作期望方面，回答"与自己从事不同职业""由他自己"的占到了约81%，他们也鼓励孩子选择自己希望的职业；而在自己的职业选择上，合计有55.6%农民选择"待遇较好，竞争和失业风险较大或很大"的职业（见表4-25）。市场经济条件下的农民，正向着现代农民迈进。

表4-24　　　　　　　　　　　农民的教育期望

问题	选项	频率	百分比（%）	有效百分比（%）	累计百分比（%）
如果可以免费受教育，您认为可以让孩子接受到的教育程度是	缺失	5	0.5	0.5	0.5
	小学	43	4.0	4.0	4.5
	初中毕业	127	11.8	11.9	16.4
	高中或中专	81	7.5	7.6	24.0
	大学毕业	629	58.6	59.0	82.9
	随他自己	182	17.0	17.1	100.0
	合计	1067	99.4	100.0	
您觉得花很多钱让自己的孩子上大学，值得吗？	缺失	10	0.9	0.9	0.9
	不值得	121	11.3	11.4	12.3
	值得	848	79.0	79.5	91.8
	不清楚	87	8.1	8.2	100.0
	合计	1066	99.3	100.0	

续表

问题	选项	频率	百分比（%）	有效百分比（%）	累计百分比（%）
	缺失	11	1.0	1.0	1.0
	愿意	831	77.4	78.0	79.0
您是否愿意让自己的孩子学习一门技术？	不愿意	165	15.4	15.5	94.5
	不清楚	59	5.5	5.5	100.0
	合计	1066	99.3	100.0	
	系统	7	0.7		
	合计	1073	100.0		

表 4-25　　　　　　　　　　　农民的职业期望

问题	选项	频率	百分比（%）	有效百分比（%）	累计百分比（%）
如果能够自由选择职业，您希望能够：	缺失	17	1.6	1.6	1.6
	读书上大学	480	44.7	45.0	46.6
	经商	307	28.6	28.8	75.4
如果能够自由选择职业，您希望能够	去城市自己找事做	155	14.4	14.5	90.0
	到企业去打工	76	7.1	7.1	97.1
	继续种地	21	2.0	2.0	99.1
	其他	10	0.9	0.9	100.0
	合计	1066	99.3	100.0	
在子女的工作期望方面，您是希望他们	缺失	11	1.0	1.0	1.0
	与自己从事同一职业	160	14.9	15.0	16.0
	与自己从事不同职业	235	21.9	22.0	38.1
	由他自己	637	59.4	59.7	97.8
	不知道	24	2.2	2.2	100.0
	合计	1067	99.4	100.0	
以下这三种职位，您更乐意选择哪一种？	缺失	14	1.3	1.3	1.3
	待遇一般，没有竞争和失业风险	459	42.8	43.1	44.4
	待遇较好，竞争和失业风险较大	351	32.7	32.9	77.3
	待遇很好，竞争和失业风险都很大	242	22.6	22.7	100.0
	合计	1066	99.3	100.0	

续表

问题	选项	频率	百分比（%）	有效百分比（%）	累计百分比（%）
如果您家里条件比较好，那么在您的孩子选择工作时，您会	缺失	8	0.7	0.7	0.7
	给他安排	227	21.2	21.3	22.0
	让他做与自己一样的工作	142	13.2	13.3	35.3
	鼓励他去选择工资高的	190	17.7	17.8	53.1
	让他自己去选喜欢的	500	46.6	46.9	100.0
	合计	1067	99.4	100.0	

个案访谈：

现在农村的条件好了，又实行免费义务教育，孩子们只要愿意上学，上到哪个程度都行，能上大学最好了。但是也有很多孩子不愿意上学，到初中都不上了，撵都撵不去，我们也没有什么办法。我们都是农民，当然不愿意孩子还当农民，最好能到城里去。望子成龙，能不当农民最好。孩子不上学了，最好能学门手艺，能有一技之长，不像我们，没有什么本事，只能去工地干活。如果当时家里条件好，说不定我也能上大学了。当时我学习还不错呢，由于兄弟姊妹多，到初中就不上了。如果有机会，我还是愿意再上学的。我们孩子现在省城上大学，学的好像是人力资源管理专业。也不图他能有什么大出息，毕业了能有份工作就好，我们也帮不上他什么。（村民周某，47岁，务工）

四　效能感

效能感是指个体对自己是否有能力为完成某一行为所进行的推测与判断。这种理论认为，即便人的行为没有对自己产生强化，但由于人对行为结果所能带来的功效产生期望，可能会主动地进行那一活动。对农民来说，效能感应该表现在对自己充满信心，乐于奋斗，勇于挑战，对自身能力有比较客观的认识，相信能够把握自己的命运；对国家的发展充满希望，愿意为国家、社会的发展贡献力量；尊重科学、崇尚理性，不相信命运、来世、报应，相信人能通过科学的方法来改变世界，只要努力，就能取得成就，改变现状。在传统社会，农民的小农意识非常强烈，知足常乐，乐知天命，安于现状，不求大富大贵，只求平安无事，习惯于平淡的生活。改革开放以来，户籍制度的松动，工业化、信息化、现代化的发展打破了农村社会封闭落后的状态，为农民的发展提供了广阔的空间，农村因循守旧、安于现状的观念被打破。在市场经济的大潮下，农民的市场意识、创新意识、开放意识、进取精神不断增强。特别是外出务工的经历，受城市文明的洗礼和大众传播媒介的渗透，农民对自己的认识越来越深刻，人的命运是掌握在自己手中。他们反对宿命论，坚信在当今中国社会的环境下，只要肯努力，机会会越来越多，肯定能过上小康生活。从统计来看（见表4-26），认为一个人的成功靠自己的勤奋和努力的占到50%以上，而认为靠神的保佑的仅占8%左右；认为自己能够掌握自己命运的回答占60%左右，55%以上的农民对自己的未来充满希望，并且确信事情会向好的方向发展。在遇到困难时，农民也不是不理不管，而是通过家人、朋友和自己的努力去战胜它，摆脱命运的束缚。在同农民交谈的过程中，笔者也深刻地感受到，在今天崇尚奋斗的社会环境下，更多的农民认为，能否过上好的日子，一切都在于自己是否努力。

表4-26 农民的效能感

问题	选项	频率	百分比（%）	有效百分比（%）	累计百分比（%）
在您看来，下列哪一点对于个人的成功最为重要？	缺失	9	0.8	0.8	0.8
	运气或命运	115	10.7	10.8	11.6
	家庭环境和背景	272	25.3	25.5	37.1
	自己的勤奋和努力	564	52.6	52.9	90.0
	神的保佑	94	8.8	8.8	98.8
	政府的帮助	13	1.2	1.2	100.0
	合计	1067	99.4	100.0	
对于我们整个国家的发展来说，你认为下列哪样最重要？	缺失	11	1.0	1.0	1.0
	运气好	70	6.5	6.6	7.6
	政府的领导	685	63.8	64.2	71.8
	老百姓的努力工作	294	27.4	27.6	99.3
	神的保佑	7	0.7	0.7	100
	合计	1067	99.4	100	

续表

问题	选项	频率	百分比（%）	有效百分比（%）	累计百分比（%）
你认为大学里的教授研究一粒种子为什么能长成一棵树这样的问题有没有用？	缺失	13	1.2	1.2	1.2
	没有用	161	15.0	15.1	16.3
	不清楚	426	39.7	40.0	56.3
	有用	466	43.4	43.7	100
	合计	1066	99.3	100	
对于地震、洪水、流行性传染病等灾难，你认为人类能完全战胜吗？	缺失	12	1.1	1.1	1.1
	不可能	140	13.0	13.1	14.2
	不一定	471	43.9	44.1	58.4
	总有一天会战胜的	444	41.4	41.6	100.0
	合计	1067	99.4	100	
当一个人遇到很大的困难时，应该：	缺失	14	1.3	1.3	1.3
	不去理它	83	7.7	7.8	9.1
	找别人帮忙	513	47.8	48.1	57.2
	自己全力去解决	456	42.5	42.8	100
	合计	1066	99.3	100.0	
您是否感到自己有能力控制自己的生活？	缺失	11	1.0	1.0	1.0
	是	640	59.6	60.0	61
	否	416	38.8	39.0	100
	合计	1067	99.4	100	
您有没有觉得对自己的未来充满希望，并且确信事情会向好的方向发展？	缺失	13	1.2	1.2	1.2
	有	596	55.5	55.9	57.1
	没有	189	17.6	17.7	74.8
	不清楚	269	25.1	25.2	100
	合计	1067	99.4	100	
有些人说孩子应该学会顺应，接受遇到的事情。另外一些人说，一个孩子应该奋斗，克服遇到的困难和障碍。您怎么看？	缺失	17	1.6	1.6	1.6
	接受遇到的一切	163	15.2	15.3	16.9
	接受遇到的大部分	195	18.2	18.3	35.2
	力图克服大多数困难	532	49.6	49.9	85.1
	力图克服所有困难	159	14.8	19.9	100
	合计	1066	99.3	100	

在对国家、社会发展的认知上，认为国家的发展更多地在于政府的领导和老百姓的努力工作，二者合计占比 90% 以上。国家的发展不能靠运气和神的保佑，命运掌握在人民手中。在回答"你认为大学里的教授研究一粒种子为什么能长成一棵树这样的问题有没有用？"时，回答没有用的仅占 15% 左右。在知识化时代，农民越来越看重科技的发展，他们认为科学不论是在促进农业、工业还是社会的发展方面，都会起到很大的作用，特别是科技人员的研发工作，肯定能对社会有用。在对地震、洪水、流行性传染病等灾难的认知上，虽然农民的科学文化程度不高，但仍有 41.6% 的人认为，随着科技的发展，总有一天我们能战胜这些灾害。在对"有些人说，一个孩子应该学会顺应，接受遇到的事情。另外一些人说，一个孩子应该奋斗，克服遇到的困难和障碍。您怎么看？"的回答时，70% 左右的农民认为孩子应该奋斗，克服遇到的困难和障碍。可以看出，农民的这种认知已经摆脱了小农思想，对整个社会崇尚奋斗、拼搏，弘扬社会正能量，培养能担当的新型农民将起到很大的作用。

个案访谈：

现在我们国家对农民实施的政策越来越好，农民不用交公粮了，还有种粮补贴。还是国家领导得好，农民越来越富裕。现在的农民只要不是残疾，肯努力，肯付出，一定能够发家致富。现在不管干什么都能够挣钱。好吃懒做的永远发不了财。农民肯定会越过越好，国家也会越来越强大。（村民，李某，65 岁）

五　进取精神与风险意识

按照英克尔斯的现代人的标准，现代化的农民应该具有进取精神和风险意识。实际上，改革开放后的农民从来不缺乏进取精神和风险意识。1978 年 11 月 24 日晚上，安徽省凤阳县梨园小岗村西头严立华家低矮残破的茅屋里挤满了 18 位农民，正是这 18 位农民签下"生死状"，将村内土地分开承包。其主要内容有三条：一是分田到户；二是不再伸手向国家要钱要粮；三是如果干部坐牢，社员保证把他们的小孩养活到 18 岁。[①]1978 年，这个举动是冒天下之大不韪，也是一个勇敢的甚至是伟大的壮举。正是这种冒险精神开了家庭联产承包责任制的先河。从此，我们可以看到，广大农村地区的生产力得到了前所未有的发展，农村的活力得到极大的激发。

勇于进取和敢于冒险的农民，经商开办企业，搞建筑、搞养殖、搞蔬菜大棚、种果树、跑运输等，这一切活动所冒的风险远远大于农民在一亩三分地上所冒的风险。但农民没有被这种风险所吓倒，他们在失败和挫折中不断成长，总结经验教训，不断战胜困难，引进新技术，取得了前所未有的成就。白手起家的农民，就是因为他们这种奋发向上的精神，敢想敢做，既干别人不想干的事，又不盲目冲动；既有创业的信心和勇气，又有一种务实的态度；既勇于上项目，又不是盲目冲动；遇到问题不害怕，不灰心丧气，失败了总结经验继续干。正是农民这种勇于接受新事物、大胆开拓创新、改变自己命运的勇气，我们国家的农村才发生了翻天覆地的变化。

从表 4-27 中可以看到，在问卷中"如果你的孩子在跟着你一起学做某事时，试图想出一种比较省事的但效果一样好的新方法，你会"时，选择允许和鼓励他去尝试的回答占 85% 左右，可见对生活中遇到的新事物或新经验，农民并没有盲目地接受或排斥，而是经过认真分析，看是否适合自己，具有一定的理性思维能力；在回答"如果您现在生活比较稳定，收入也还不错，外省市有一个地方生活条件比较差、风险大，但挣钱多、机会也多，您是否愿意去？"时，有约 52% 的农民愿意尝试。虽然农民勇于进取和具有风险意识，但是他们还缺乏抵御风险的能力。农民把握市场规律的能力还比较弱，在种植和养殖上还存在着盲目跟风的现象，在市场经济这只看不见的手面前，有些胆怯，有些为难。这需要从综合的角度共同提升农民的素质和能力。

---

① 《家庭联产承包责任制出台》，http://news.hexun.com/2008-07-11/107355398.html，2008 年 7 月 11 日。

表 4-27 　　　　　　　　　　　农民的进取精神和风险意识

问题	选项	频率	百分比（%）	有效百分比（%）	累计百分比（%）
如果你的孩子在跟着你一起学做某事时，试图想出一种比较省事的但效果一样好的新方法，你会:	缺失	19	1.8	1.8	1.8
	认为没必要，要求他用老办法	138	12.9	13.0	14.8
	允许和鼓励他去尝试	905	84.3	85.2	100.0
	合计	1062	99.0	100.0	
当你在生活中遇到新的东西或新观念时，你会:	缺失	65	6.1	6.1	6.1
	以自己的经验去对比，如果不同就拒绝	168	15.7	15.8	21.9
	看清楚了再说	733	68.3	69.1	91.0
	愉快接受	95	8.9	9.0	100
	合计	1061	98.9	100	
如果您现在生活比较稳定，收入也还不错，外省市有一个地方生活条件比较差、风险大，但挣钱多、机会也多，您是否愿意去?	缺失	17	1.6	1.6	1.6
	非常愿意	144	13.4	13.5	15.1
	比较愿意	410	38.2	38.4	53.5
	说不清	198	18.5	18.6	72.1
	不太愿意	248	23.1	23.2	95.3
	很不愿意	50	4.7	4.7	100
	合计	1067	99.4	100	

个案访谈:

我是 2010 年到沙特阿拉伯的，当时在县里盖房子，做泥水匠，每个月工资 2000 来块钱，每天工作十几个小时，活重，挣钱少。刚好有老乡曾经去沙特干过，就问我去不去。当时就想，与其在家天天挣这么少，不如到外面闯荡一番，一来工资高，二来也可以见见世面，如果不是打工，哪个农民能出国呢。当时就报了名，这里面的流程也很复杂，为了出国务工，当时花了也快两万了，想着一年能挣七八万，也就认了。经过几个月的准备，就去了沙特。在那里也是跟着中国的工程队，修路，架桥，盖房子。工作时间是每天 8 个小时，住的吃的都比国内好，工资结得也比较及时。第一年去，挣了有 8 万块钱。这几年国内工资涨得比较快，去国外干活工资也涨了，一年能挣个十二三万（元）。我去三年多了，感觉还是出去转转好，长见识。你看，现在

俺们村出去的也有五六个了吧。还是值得出去的。（侯某，34岁，在沙特阿拉伯务工）

六 时间观念和计划性

美国学者罗森布拉姆说过："未来的农民应该是更好的农学家、畜牧家；更好的信息员和市场商人；出色的时间和能源的管理者，能对市场的刺激和竞争性作出反应。"①

现代人的一个重要特质就是具有较强的时间观念，能够惜时守时，不论是在私人空间还是公共生活都应该具有一定的计划性。在传统的农耕社会，农民由于被限制在狭小的地域空间，除了务农之外，没事可做，时间对农民来说，没有什么重要价值。而改革开放以后，市场经济浪潮中，时间对农民而言，同样是"时间就是金钱，效率就是生命"。我们看到，现在的农村，除了老弱病残之外，天天闲在家里的劳动力很少，农民可以说不是在务工就是在务工的路上。特别是农民到城市务工或进厂务工以后，对时间的要求相对比较严格，他们也养成了惜时守时、办事讲效率的观念。

从表4-28中可以看出，在回答"您平时会不会根据时间点来安排您的日常生活？"时，超过54%的农民回答"经常会"根据时间来安排生活；在关于"假如您约了朋友在几点钟见面，你认为他（她）晚来了多久才算迟到？"的认知上，有高达18.8%的人回答在10分钟以内，认为在10分钟至半个小时内的有529人，占49.6%；在回答"认为在工厂里实行严格的上班时间有必要吗？"的问题时，认为有必要实行严格的上班时间的为66.4%，可以看出农民已经具有相对较强的时间观念了。

与时间观念密切联系的是做事的计划性。在农耕社会，农民生产生活的时间观念不强，计划自然就很少，只需要在不同的季节完成相应的播种、收割即可。而在市场经济的大潮下，农民要想谋得发展，就需要为生产、生活制订相应的计划，以对接自己从事的各项工作。不论是做生意、务工或者养殖，没有计划，盲目行事，就很容易失败。因此，为了适

① ［美］J.W.罗森布拉姆：《二十一世纪农业》，张炳星译，山西人民出版社1987年版，第181—182页。

应现代社会的生产、生活节奏，农民需要制订一定的计划来指导自己的行动，来确保相关计划能够实现。在回答"您觉得在生活和生产中，计划重不重要？"的提问时，认为非常重要和比较重要的回答占到了80%左右；在日常生活中，"大事有计划，小事没有""大小事都有计划"的农民占到了88.5%，说明每个农民对自己的生活都有一本账，不是稀里糊涂过日子；在回答"有人说，计划总是赶不上变化，所以不必有长远计划，您同意这个说法吗？"时，回答很同意、比较同意和说不清的占60.9%，说明现在的农民虽有一定的计划性，但是在长远规划上，他们还是比较模糊的，计划一般是近期计划居多，很少能够制定出五年或十年的规划。这也是农民的现代化水平有待提升的地方。

表4-28 农民的时间观念和计划性

问题	选项	频率	百分比（%）	有效百分比（%）	累计百分比（%）
您平时会不会根据时间点来安排您的日常生活？	缺失	11	1.0	1.0	1.0
	不会	175	16.3	16.4	17.4
	偶尔会	200	18.7	18.8	37.2
	经常会	579	54.3	54.4	92.1
	没想过	84	7.8	7.9	100.0
	合计	1067	99.4	100.0	
假如您约了朋友在几点钟见面，你认为他（她）晚来了多久才算迟到？	缺失	12	1.1	1.1	1.1
	10分钟以内	201	18.7	18.8	20.0
	10分钟至半个小时	529	49.3	49.6	69.5
	半个小时至1个小时	269	25.1	25.2	94.8
	1个小时以上	56	5.2	5.5	100
	合计	1067	99.4	100	
认为在工厂里实行严格的上班时间有必要吗？	缺失	11	1.0	1.0	1.0
	没必要	87	8.1	8.2	9.2
	无所谓	260	24.4	24.6	33.6
	有必要	709	66.1	66.4	100
	合计	1067	99.4	100	

续表

问题	选项	频率	百分比（%）	有效百分比（%）	累计百分比（%）
您觉得在生活和生产中，计划重不重要？	缺失	10	0.9	0.9	0.9
	非常重要	366	34.3	34.3	35.2
	比较重要	486	45.3	45.5	80.8
	不清楚	193	18.0	18.1	98.9
	不重要	11	1.0	1.0	99.9
	非常不重要	1	0.1	0.1	100
	合计	1067	99.4	100	
在日常生活中，您不论什么事都有计划性吗？	缺失	14	1.3	1.3	1.3
	大事有计划，小事没有	564	52.4	52.9	54.2
	大小事都有计划	379	35.3	35.6	89.8
	大小事都没有计划	109	10.2	10.2	100
	合计	1066	99.3	100	
有人说，计划总是赶不上变化，所以不必有长远计划，您同意这个说法吗？	缺失	11	1.0	1.0	1.0
	很同意	181	16.9	17.0	18.0
	比较同意	257	24.0	24.1	42.1
	说不清	211	19.7	19.8	61.9
	不太同意	345	32.2	32.4	94.3
	很不同意	61	5.7	5.7	100
	合计	1066	99.3		

个案访谈：

1. 在制药厂上班的"90后"

我是1991年出生的，就在咱镇二中初中毕业就不上了，在家闲了几个月后，感觉没有什么意思就想找个活干。刚好制药厂找人，我就去应聘了。由于很多都是咱村人，招聘的经理也是咱村的，就顺利进去了。去了以后，刚开始培训了有半个月左右，主要是工作流程、工作纪律等一些注意事项。药厂每天八点半上班，打卡出入，迟到扣工资。刚开始的一小段时间很不适应，在家懒散惯了，迟到了几次，后来发工资时直接就扣掉了。后来就比较遵守纪律，按时上下班，不迟到、早退。到厂里以后就要遵守厂里的纪律，有约束机制。不然的话，厂里不就乱套了吗？到厂里后就不再是农民了，算是厂里的工人了。我在平时生活中，如果是上班，一般都会做些小计划，其他事不能和上班相冲突，按时上班，尽量不请假。如果没有上班，也就没有什么计划了，瞎玩。计划很重要，但是对我们来说也没有什么大的价值，就是平时想想应该怎么过，如何多挣点钱，这就行了。不像城里人，计划周密，每天会有什么事情，你想想咱能有多少事情。我的长远计划就是多挣钱，发家致富，将来也买辆车。（赵某，23岁，在制药厂上班，普通产业工人）

2. 建筑工地的包工头

俺这工地的时间很紧，每天七点半都开始上班了，中午十二点下班，下午两点半上班，夏天干到七点。咱们这盖房子，都有时间规定，多长时间盖好一层，多长时间封顶，什么时间交工，只要资金到位，一般都应该按照规定的时间去完成。我就是每天给大家记工。时间很紧，人数不够。我的时间每天都是安排得很紧张，有很多事情要做。但是好像也没有特别明确的长远计划，就是这个活干完了要干另外一个活，整天忙忙碌碌。太长远的计划没有，谁能看清几年以后的路呢，计划赶不上变化。一步一步走，慢慢干。（王某，55岁，建筑工地的小包工头，带领五六十人）

七　法律意识

今天的社会应该是法治社会，懂法、守法、用法是文明的现代人的基本特征。改革开放40多年来，随着我们国家法治建设的不断推进及法治宣传力度的不断加大，现在农民基本上有了法的概念，普遍认为法律在经济生活和社会发展中起到重要作用。如我们看到关于"您认为法律对于您村经济和社会发展的作用怎么样？"的回答中，认为非常重要和比较重要的占到了60%以上（见表4-29）。但由于广大农村地区还是熟人社会，人与人之间的关系更多的是靠"礼""情"等来维护、调节，礼大于法的观念仍旧存在，法律并没有完全融入农民的生产生活之中。总体来看，农民的法律知识还很贫乏，法律观念依然淡薄，综合运用法律的能力偏低，主要表现在以下几个方面。

表 4-29　　　　　　　　　　　　　农民的法律意识

问题	选项	频率	百分比（%）	有效百分比（%）	累积百分比（%）
如果您的合法权益受到了侵害，您的态度是：	缺失	14	1.3	1.3	1.3
	寻求权势人物的帮助	132	12.3	12.4	13.7
	找朋友解决	199	18.5	18.7	32.3
	通过法律途径解决	486	45.3	45.5	77.9
	自己解决	163	15.2	15.3	93.2
	忍了算了	73	6.8	6.8	100.0
	合计	1067	99.4	100.0	
生活中往往有"人情大于国法"的现象，您的看法是：	缺失	13	1.2	1.2	1.2
	正确	164	15.3	15.4	16.6
	不正确	262	24.4	24.6	41.2
	不完全正确，看情况而定	628	58.5	58.9	100.0
	合计	1067	99.4	100	
您认为法律对于您村经济和社会发展的作用怎么样？	缺失	14	1.3	1.3	1.3
	非常重要	224	20.9	21.0	22.3
	比较重要	439	40.9	41.1	63.4
	不清楚	332	30.9	31.1	94.6
	不重要	49	4.6	4.6	99.2
	非常不重要	9	0.8	0.8	100
	合计	1067	99.4		
农村中的纠纷常常通过"私了"解决，您同意这种做法吗？	缺失	13	1.2	1.2	1.2
	同意	220	20.5	20.6	21.8
	不同意	232	21.6	21.7	43.6
	不能肯定，视情况而定	602	56.1	56.4	100
	合计	1067	99.4	100	
假如您抓住了偷自己东西的人，您怎样处置他？	缺失	11	1.0	1.0	1.0
	送派出所	390	36.3	36.6	37.6
	交给村干部	127	11.8	11.9	49.5
	痛打解恨	120	11.2	11.2	60.7
	赔钱了事	174	16.2	16.3	77.0
	劝其改过自新，原谅他一次	245	22.8	23.0	100
	合计	1067	99.4	100	

（一）法律主体意识不强

农民普遍缺乏法律的思维，在他们的心目中，法律仅仅是惩治犯罪的工具而已，如果自己不触犯法律，法律就会和自己没有任何关系。他们甚至不知道法律具有保障他们的权利的功能，即使在他们的权利受到侵害时，仍不能主动拿起法律的武器维护自己的权利，农民求助于法律的积极性、主动性普遍比较欠缺。从统计分析中我们发现，在问到"如果您的合法权益受到了侵害，您的态度是"的时候，回答寻求权势人物的帮助占12.4%，找朋友解决占18.7%，通过法律途径解决占45.5%；自己解决占15.3%。我们看到通过法律途径解决的不到50%。在回答"假如您抓住了偷自己东西的人，您怎样处置他？"时，回答送派出所的占36.6%；回答交给村干部的占11.9%；回答痛打解恨的占11.2%；回答赔钱了事的占16.3%；回答劝其改过自新，原谅他一次的占23.0%。

（二）重人情、轻法律

由于我国农村地区是熟人社会的特点，农民更愿意通过人情、关系来解决问题，一般都是最后万般无奈的情况下才会拿起法律的武器。他们更多的是希望通过邻里、长者、族人、村干部以及基层政府的调解协商。对问题"生活中往往有'人情大于国法'的现象，您的看法是"的回答中，认为正确的占15.4%；认为不完全正确，看情况而定的为628人，占58.9%。在对"农村中的纠纷常常通过'私了'解决，您同意这种做法吗"的回答中，回答同意的占20.6%；回答不能肯定，视情况而定的占56.4%。我们看到，法律在农民的生活中还没有发挥真正的作用。

（三）法律信任出现危机

在农村地区，由于法律环境的不健全、不完善，以言代法、以权压法的不良现象长期存在，司法腐败层出不穷，很多问题得不到客观公正的解决，农民普遍对执法、司法的执行过程存在怀疑态度。这严重损害了法律在农民心目中的神圣地位。特别是在新型城镇化建设进程中，暴力拆迁、暴力征地等不良现象的存在，使农民更加不愿意相信法律。他们更多愿意上访，求助上一级政府，或者是借助媒体来维权，或者是以暴制暴。

八　道德意识

两千多年来，受儒家利益观的影响，农民的道德观念中长期存在言义非利、重义轻利、贵义贱利等忽视物质利益的道德倾向。同时，我们传统的农村社会又是典型的伦理社会，由血缘、地缘确立的宗法等级秩序在社会生活中起着支配作用，而由皇权、族权确立的等级体系，使依附型的道德观念同样根植于农民的言行举止中。中华人民共和国成立后，我们国家长期形成的计划经济体制，更加强调集体主义，个人利益要服从于国家、集体利益，强调崇公抑私、道德至上，个体完全服从于国家，导致社会主体的缺位，是一种"无我"的道德。这样使农民形成了缺乏自主意识、习惯于顺从和依赖的道德观念。

虽然在市场经济条件下，市场经济的趋利性刺激了农民个体功利意识的觉醒，但是大部分农民身上仍然保留了道德至上、诚信友善、乐于助人、无私奉献的美德，这些品质对社会转型期出现的诚信缺失、道德滑坡等不良现象而言，显得更加重要，对整个社会来说都显得格外珍贵。从表4-30中可以看到，对于"如果别人需要帮助，您的态度是"，回答尽力帮助，不计较得失的占34.8%；回答视情况而决定帮不帮忙的占53.3%；而回答不关自己的事情就不帮忙、什么情况都不帮忙的仅占10%。在生活中我们经常看到，每年都有大量的农民朋友勇救落水人员，他们不求回报，甚至牺牲自己宝贵的生命，这些都是值得我们学习的。当问到"国家、集体利益优先于个人利益，您是否赞同这种观点？"时，有高达75.1%的人回答非常赞同或比较赞同。他们深知，正是由于国家的好政策，农民才有机会得到解放，获得发家致富的机会。虽然农民不清楚什么是义工、志愿者，但是他们还是愿意为别人服务的。针对"您是否愿意利用业余时间无偿为社会或他人提供服务？"的提问，表示非常愿意或者比较愿意的占到了67.1%，回答很不愿意的仅占到了0.4%，说明农民朴实的本色并没有改变，且在当下，农民仍是富有同情心的群体。当问到"当您遇到流浪乞讨人员时，您的感觉是"，52.5%的农民表示同情，30%的人表示伤感和无奈。在问到"在市场经济条件下，您觉得人与人之间需不需要讲究诚信呢？"时，认为非常需要和需要的占到了90.1%，说明农民非常重视诚信，并且在实际生活当中，我们也看到大部分农民是诚信的、可靠的。

表 4-30 农民的道德意识

问题	选项	频率	百分比（%）	有效百分比（%）	累积百分比（%）
如果别人需要帮助，您的态度是：	缺失	11	1.0	1.0	1.0
	尽力帮助，不计较得失	371	34.6	34.8	35.8
	视情况而决定帮不帮忙	568	52.9	53.3	89.1
如果别人需要帮助，您的态度是：	不关自己的事情就不帮忙	89	8.3	8.3	97.5
	什么情况都不帮忙	18	1.7	1.7	99.2
	不知道	9	0.8	0.8	100.0
	合计	1066	99.3	100.0	
国家、集体利益优先于个人利益，您是否赞同这种观点？	缺失	13	1.2	1.2	1.2
	非常赞同	248	23.1	23.3	24.5
	比较赞同	552	51.4	51.8	76.3
	不清楚	189	17.6	17.7	94.0
	不赞同	55	5.1	5.2	99.2
	很不赞同	9	0.8	0.8	100
	合计	1066	99.3	100	
您是否愿意利用业余时间无偿为社会或他人提供服务？	缺失	17	1.6	1.6	1.6
	非常愿意	185	17.2	17.4	18.9
	比较愿意	530	49.4	49.7	68.7
	不清楚	248	23.1	23.3	91.9
	不愿意	82	7.6	7.7	99.6
	很不愿意	4	0.4	0.4	100
	合计	1066	99.3	100	
当您遇到流浪乞讨人员时，您的感觉是：	缺失	11	1.0	1.0	1.0
	厌恶	83	7.7	7.8	8.8
	同情	560	52.2	52.5	61.4
	伤感与无奈	320	29.8	30.0	91.4
	没感觉	92	8.6	8.6	100
	合计	1066	99.3	100	

续表

问题	选项	频率	百分比（%）	有效百分比（%）	累积百分比（%）
在市场经济条件下，您觉得人与人之间需不需要讲究诚信呢？	缺失	13	1.2	1.2	1.2
	非常需要	528	49.2	49.5	50.8
	需要	433	40.4	40.6	91.4
	不知道	71	6.6	6.7	98.0
	不需要	18	1.7	1.7	99.7
	根本不需要	3	0.3	0.3	100
	合计	1066	99.3	100	
您周围的绝大多数人都是可以信任的，您的观点是：	缺失	11	1.0	1.0	1.0
	同意	528	49.2	49.6	50.7
	不同意	331	30.8	31.1	81.8
	不清楚	194	18.1	18.2	100
	合计	1064	99.2	100	

我们看到，虽然大部分农民的道德素质良好，但是在市场经济条件下，有一部分农民出现了自我私欲不断膨胀、个人主义、享乐主义、利己主义的消极道德观，导致部分农民社会责任感缺乏、社会诚信缺失、道德失范增加；个别人用利益得失取代了伦理标准，急功近利、见利忘义，有时为了一点蝇头小利，不惜牺牲国家、集体利益，违背了社会主义道德准则，对社会风气产生了不良影响，影响了农民的整体形象。

个案访谈：

1. 南阳农民工"托举三兄弟"见义勇为在天津受表彰

天津一名 89 岁的老人不慎从四楼窗口坠落，倒挂在空调室外机上，南阳三名农民工用双手托举的方式让老人化险为夷。连日来，三名农民工勇救老人的感人事迹，在天津和南阳两地广受称赞，大家亲切地称他们为"托举三兄弟"。2014 年 6 月 24 日，天津河北区见义勇为协会为"托举三兄弟"颁发了"见义勇为"证书和奖金，天津市见义勇为协会将于近期对他们进行表彰。三人还入选了 6 月"天津好人榜"，天津市文明办向广大市民发出了学习"托举三兄弟"等天津好人的号召。在天津救人的三名南阳农民工分别是贾晓玉、刘新军、杨明。他们在天津打工七八年了，平时干外墙粉刷，是要好的工友。6月17日11时许，在他们干活的小区，三人在小区门口刚吃过饭，突然听到小区内传出呼救声，看到一名老太太高高地悬挂在四楼阳台空调室外机上，随时有坠落的危险，啥也没想，就冲过去救人。贾晓玉和刘新军徒手沿楼外的护窗从一楼爬到三楼窗台，他们从爬上窗台到老人得救进屋，托着老人站了近30分钟。①

2. 农民工张志成舍己救人

当天上午8时许，宝应县泾河镇泾河村村民张秀兰骑着三轮车从福兴桥通过时，有一辆卡车疾驰而来。为避让卡车，张秀兰赶忙踩刹，导致三轮车失去控制，掉入河里。路过的行人一看有人掉入水中，连忙急呼"救命"。刚从镇江赶回家里收秋的张志成正巧路过这里，听到求救声，他便急速赶到河边，连衣服都没来得及脱，就跳入水中救人。由于水流湍急，张秀兰在水中时隐时现，张志成数次潜入水下救人。最终，在民警和其他村民的帮助下，张秀兰终于被救上岸，而张志成却因体力不支沉入水底。直到下午1时左右，张志成的遗体才被打捞上岸。村民们反映，张志成10多年来救人数次，平时只要大家有事相求，他总会尽力帮助解决。②

3. 李登杰：一个农民工在灾区30天的爱心奉献

他是一名普通农民工，震后第二天，身在成都的他请了1个月假，只身来到灾区；他是一名低调的志愿者，不管脏活、累活、苦活都抢着干，却从不愿提及自己从哪里来。他为自己的灾区行立下了"军令状"——奉献爱心1个月。他就是今年43岁、家住汉源县乌斯河镇万里村二组的李登杰。

奉献："他是一个不知疲倦的人！"

20日上午，记者见到了李登杰。远远望去，一个身穿橘红色抢险服的中年男子正顶着烈日，费力地推着铁制垃圾桶，在宝兴中学体育广场群众过渡安置点的帐篷区内，逐个查看并清理着每一个垃圾桶。从4月24日来到宝兴至今，李登杰已记不清自己多少次重复着这样的动作。他唯一记

①《南阳农民工天津救老人托举三兄弟被认定见义勇为》，http://china.haiwainet.cn/n/2014/0624/c345646-20776583.html，2014年6月24日。

②《张志成：用善举拓展生命宽度》，http://wm.jschina.com.cn/9662/20624/201311/t1331698.shtml，2013年11月2日。

得的是，得知他即将前往灾区的消息后，三姐夫在电话中给他说的一句话：
"到了灾区就要脚踏实地地做事，做好事，不能给家乡的父老乡亲丢脸。"
而他也确实是这样做的。4 月 21 日中午，在成都打工的李登杰给工地负责
人请假后，只身来到了震中芦山县。或是搬运各种救灾物资，或是帮忙搭
帐篷，这一天，他忙到晚上 12 点才想起自己还没有住的地方，仅有的一
条毛毯也给了一名哭泣的孩子。这一夜，他和着身上的薄衣，在水泥地上
席地而卧。4 月 24 日，李登杰又坐着志愿者的摩托车一路赶到了宝兴。"我
没有多少文化，有的只是体力。"从来到宝兴的那一刻起，李登杰就承担
起了宝兴中学群众过渡安置点的垃圾清运任务。每天 3 次，最少清理 30 多
桶垃圾，最少走上 10 多公里……这是进入 5 月后，李登杰每天的工作量，
而在 4 月，这些数字最少翻上两倍。"4 月 25 日那天，他从早上 6 点忙到
了晚上 11 点，整整干了 17 个小时，几乎就没有休息过，他就是一个不知
疲倦的人。"安置点的一名工作人员这样评价李登杰。

感动：温暖无处不在

李登杰因其低调却务实的作风，赢得了安置点每个人发自内心的尊
敬。因为忙于工作，错过了吃饭时间，有人拿着饼干或方便面，悄悄放在
他睡觉的地方；天气太热，有人会给他递上矿泉水。18 日，李登杰的手机
不慎丢失，通过宝兴中学的学生以及安置点群众的多方联系，在得知李登
杰的事迹后，宝兴联通公司随即免费赠送了他一部手机和 2 年的话费。在
交谈中，李登杰表示，自己之所以选择在体育广场的看台上打地铺，是因
为那里有灯光。"每天晚上，在灯下，我会将自己在宝兴的所见所闻全部
写在笔记本上，留个纪念。"对于来到灾区的初衷，李登杰说，一方有难，
八方支援。"5·12"汶川特大地震发生后，来自全国各地的志愿者都赶到
汉源救灾，李登杰选择了前往重灾区汶川。现在，家乡受了灾，自己更应
该义不容辞地参与到抗震救灾中，为家乡做一点事。20 日是李登杰 1 个月
假期的最后一天，按照此前的约定，他将于当天返回成都，但他并没有马
上离开。"等忙完这一天的活后，我想写一封感谢信给帮我寻找手机的学
生，感谢他们的帮助。"①

①《李登杰：一个农民工在灾区 30 天的爱心奉献》，http://nmg.workercn.cn/c/2013/05/22/13
0522093909554478683.html，2013 年 5 月 22 日。

九　环保意识

前几年，环境问题无时无刻不在我们身边出现：江河湖泊断流干涸、镉污染超标……面对日益严重的生态环境问题，迫切需要我们立刻转变思路——发展不能以牺牲环境为代价。党的十八大将生态文明建设纳入中国特色社会主义事业五位一体总体布局，明确提出大力推进生态文明建设，建设美丽中国，实现中华民族永续发展。保护环境，需要我们思想观念的转变，需要我们价值观的转变，不能再把自然当成我们奴役、征服的对象，而应树立人与自然和谐相处的理念，同时把这种理念上升到尊重自然、保护环境的道德高度，即要形成一种环保意识。

在提升农民的现代化水平方面，除了提升其科学文化素质、思想水平以及现代技术的应用能力之外，更要提升农民的生态环保意识。在当今社会，生态环保意识的提升是实现人的全面发展的本质要求。生态环保意识的高低，是现代人素质高低的一种表现，是人是否全面发展的一种展示。"在现代人那里，缺乏了环境道德，他的人格就不健全，因为环境道德是公民个人道德修养和社会文明程度的重要表现，是评价个人品格高尚与否、是否享有人的尊严的重要标尺。"可持续发展观要求我们在实施新型城镇化发展战略中，统筹好人与自然和谐发展的关系，处理好经济建设与生态环境保护的关系，同时要协调好新型城镇化环境效益、资源效益和社会效益以及经济效益之间的关系。要统筹安排好这些关系，必须有生态道德教育的支撑，教育群众切身保护好生态环境与历史文化环境，合理集约利用土地、水等自然资源，走可持续发展、集约式的新型城镇化道路，使人民群众走生产发展、生活富裕、生态良好的文明发展道路，最终实现人与自然的和谐相处，实现可持续发展之路。

以农业为基础的农耕社会决定了我们国家的农民对自然、土地、气候的依赖，为了农业生产，要处理好人与自然的关系。几千年来，农民在土地上生长、繁衍，形成了天人合一、人与自然和谐相处的自然观，农民也养成了良好的环保理念。但随着工业社会的到来，很多国家的经济增长建立在以破坏环境为代价的基础之上，我们国家也不例外。在"征服自然、向大自然进发"的号召下，农民的认知发生了改变，变相互依存、休戚与共的关系为"征服""剥夺""战胜"的关系，对大自然无休止地索取。特别是为了提升农业的生产力，很多农民无休止地使用化肥、农药等所谓的科技产品来提升农作物的产量。从表 4-31 中我们看到，在问到"您知道燃烧秸秆有害处吗？"，回答知道的占 85.6%；问到"您是否知道长期使用农药等化学杀虫剂的危害？"，回答"知道，很清楚""知道，但不清楚"的合计占 93.3%；问到"您认为使用农药是否污染土壤及水源？"，回答污染的占 71.2%；问到"您是否担心蔬菜水果有农药残留，危害身体健康？"，回答非常担心和比较担心的占 82.5%；问到"您是否担心后代人的生活环境会越来越差？"，回答"非常担心，并且想为环保做自己力所能及的事"和"担心，但没有办法"的合计占 86.1%。从这些问题中我们看到，农民对环境的理解和认识还是有的，但是由于种种因素影响，或是出于自身利益，或者出于知识有限等，他们虽然认识到了环境的问题，但是很多人并没有行动起来，做有利于环保的事。实际上，对农民来说，爱好环境应该从点滴做起，将生态理念、行为落实到日常的生产和生活中去，提倡节约；合理消费，不铺张浪费；对垃圾进行分类，废物回收利用。在种植或者养殖上，不使用化肥、农药，多种植无公害蔬菜，多生产绿色食品，实施水资源的保护，实施退耕还林等。

表 4-31　　　　　　　　　　　农民的环保意识

问题	选项	频率	百分比（%）	有效百分比（%）	累积百分比（%）
您知道燃烧秸秆有害处吗？	缺失	8	0.7	0.8	0.8
	知道	912	85.0	85.6	86.3
	不知道	146	13.6	13.7	100.0
	合计	1066	99.3	100.0	
您是否知道长期使用农药等化学杀虫剂的危害？	缺失	12	1.1	1.1	1.1
	知道，很清楚	379	35.3	35.6	36.7
	知道，但不清楚	615	57.3	57.7	94.4
	不知道	42	3.9	3.9	98.3
	无所谓	18	1.7	1.7	100
	合计	1066	99.3	100	

续表

问题	选项	频率	百分比（%）	有效百分比（%）	累积百分比（%）
您认为使用农药是否污染土壤及水源？	缺失	13	1.2	1.2	1.2
	污染	758	70.6	71.2	72.4
	不污染	124	11.6	11.6	84.0
	不知道	145	13.5	13.6	97.7
	无所谓	25	2.3	2.3	100
	合计	1065	99.3	100	
当您发现破坏环境的现象时，您的态度是：	缺失	9	0.8	0.8	0.8
	积极制止	428	39.9	40.1	40.9
	观望	304	28.3	28.5	69.4
	举报	162	15.1	15.2	84.6
	无所谓	164	15.3	15.4	100
	合计	1067	99.4	100	
您是否担心蔬菜水果有农药残留，危害身体健康？	缺失	7	0.7	0.7	0.7
	非常担心	360	33.6	33.8	34.5
	比较担心	519	48.4	48.7	83.2
	不担心	127	11.8	11.9	95.1
	无所谓	52	4.8	4.9	100
	合计	1065	99.3	100	
您是否担心后代人的生活环境会越来越差？	缺失	8	0.7	0.7	0.7
	非常担心，并且想为环保做自己力所能及的事	468	43.6	43.9	44.6
	担心，但没有办法	450	41.9	42.2	86.8
	不担心	73	6.8	6.8	93.6
	无所谓	68	6.3	6.4	100
	合计	1067	99.4	100	

总体上看，农民的环保意识主要存在以下几方面的问题。[1]

第一，农民的生态道德意识比较薄弱。生态道德意识主要是指人们对

---

[1] 郭少华：《新型城镇化视域下农民生态道德素质提升问题研究》，《黑龙江畜牧兽医》2015年第4期。

人与自然关系的认识、态度、观念和行为取向的总和，是人与自然关系在头脑中的反映，包括可持续发展意识、生态环保意识、大众参与意识等。在新型城镇化建设推进过程中，农民通过各种渠道和现代传媒的宣传，已经具备了一定的生态道德意识，但这些是感性的、自发的，缺乏理论的认识和科学的思维，以及自我反思精神或自我剖析意识，过多地把解决生态环境问题寄托在政府和专家身上。新型城镇化建设进程中，农民对环境问题的认识虽有提高，但也仅仅局限于自己视野范围内，对身边的污染事件比较敏感，并且能拿起法律的武器来维护自己的合法权益。但对于其他的相对较远和比较复杂的环境问题，他们普遍缺乏生态意识。如对于能源问题、人口问题等，他们的认识相对比较薄弱。新型城镇化是以生态宜居、和谐发展为基本特征的城镇化，核心在于不以牺牲农业和粮食、生态和环境为代价，这就需要农民在新形势下树立现代生态道德意识，在发展经济的同时保护好环境。

第二，农民生态道德行为失范。由于新型城镇化建设进程中农民的生态道德认知水平有待提升，生态道德意识比较薄弱，在此情况下出现了一些不符合生态道德要求的失范行为。随着新型城镇化建设的推进，部分地区因拆迁而获得不菲补助的农民，在金钱面前迷失了自我，抛弃了勤俭节约的良好习惯，开始崇拜物质消费，花钱大手大脚，摆排场讲面子，没有合理的消费规划与消费行为。这些对良好生态道德意识的养成都是一种破坏，也是人们生态道德认识和生态意识薄弱的表现。此外，在发展经济和保护环境之间，农民在行动中更关注经济发展，乱砍乱伐，违规排污，焚烧秸秆，污染环境，生态道德意识薄弱，加之经济水平的有限，导致农民产生大量的道德失范行为。

第三，农民生态审美意识亟待提升。随着物质生活水平的提高，新型城镇化建设进程中，农民对精神生活也开始有所追求，闲暇之时，他们也会去旅游，享受大自然带给大家的美好。但是，农民的这种生态审美意识仅仅停留在追求美的表面上，他们边拍照边丢弃垃圾，边欣赏美景边刻下自己的名字。他们对大自然的欣赏仅仅是为了证明自己物质生活水平的提高，并没有从内心世界来维护大自然的信念。他们的这种审美意识是肤浅的，审美意识是亟待提升的，只有在精神层面与大自然交流，并做到思想与行动的统一，这样的审美才是深刻的。只有把尊重自然、尊重生命、保护环境的审美理念融入自己的精神世界，才能达到人与自然的真正融合。

个案访谈：

这几年，我们村焚烧秸秆的农户是越来越少，前几年比较多，这几年政府一到夏收、秋收季节，就展开宣传，对焚烧秸秆的危害进行广播，农民也逐渐知道了烧秸秆的危害，污染环境，破坏土壤，还可能带来经济损失。现在大家基本上都能遵守，就是有个别的农民偷懒，还偶尔有焚烧的现象。（B村，村干部赵某）

十　科学文化素养

党的十九届五中全会提出："十四五时期，社会文明程度得到新提高，人民的科学文化素质和身心健康素质明显提高。"我国长期开展的科普工作，为农村的发展起到了重要的作用，但还存在着诸多的问题。"十四五"发展规划提出的人民的科学文化素质明显提高的目标，为乡村振兴视域下如何进行农村科普提出了最新的指示和要求，研究乡村振兴视域下的农村科学普及工作具有重要作用。

乡村振兴战略的实现，必须依靠数以亿计的高素质的农民来实现。科学文化素质是现代化农民的重要素质，探寻农村科学普及的道路，形成具有中国特色的农村科普理论，是本书重要的理论价值。农业农村现代化的实现，必须依靠农村生产力的提升。在生产力的构成要素中，人是最活跃的要素。普及科学技术知识，传播科学思想，弘扬科学精神，是科学普及的重要任务。

（一）调查对象科技信息的获取情况

1. 调查对象获取科技信息的渠道

当地农民获取科技信息的渠道中（见图4-2），获取方式最多的是手机，占比74.44%；其次是互联网（68.89%）；次之是电视、电影和广播（66.3%）；再次是亲友、邻里乡亲的交谈（36.3%）；随后是报纸、图书和杂志（36.11%）；之后是农业实践（18.33%）；而所占比例最低的渠道有其他方式（3.33%）和参观展览（10.37%）。从以上统计数据可以看出，在农民科普传播渠道中发挥重要作用的是手机、电视、互联网，农民获取科技信息的渠道较单一，因此应该加强手机、互联网及电视广播科普栏目品质，拓展科普宣传渠道，充分发挥科普宣传栏的作用。

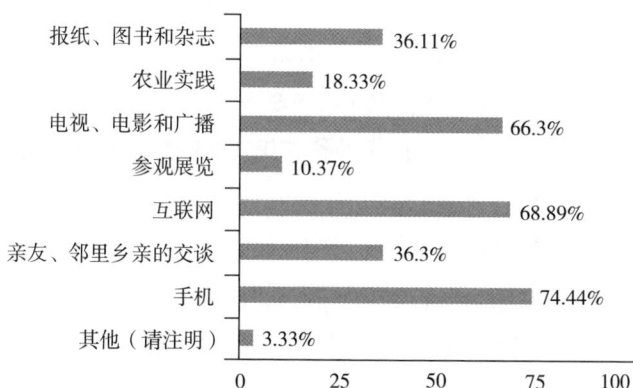

图 4-2　科技信息获取渠道的调查情况

2. 调查对象参加科普活动的情况

从图 4-3 中可以看出，在过去一年里，没参加过科普活动的农民高达61.3%，说明当地农民参与科普活动的情况比较糟糕。在所有被调查的农民中，过去一年参加过科普活动的比例从高到低依次是科技展览（21.11%）；科技咨询（16.48%）；科技讲座（16.48%）；科技培训（12.22%）；科技月、科普日、科技节（11.85%）。调查结果显示，农民参加科普活动的主动性和积极性不高，科普设施和活动的作用还没得到应有发挥。

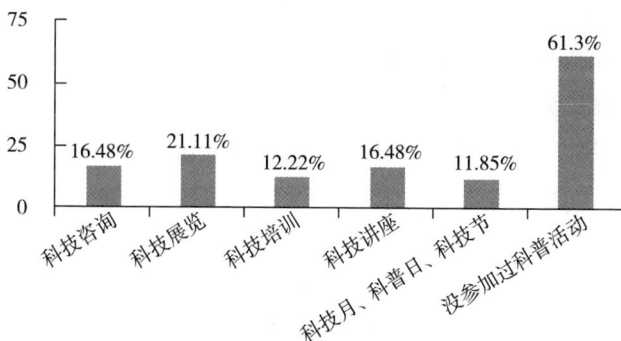

图 4-3　调查对象参加科普活动调查情况

3. 调查对象参观科普场馆的情况和分析

在过去一年里，没参观过科普场馆的农民高达 28.15%，说明当地农民参观科普场馆的情况不容乐观（见图 4-4）。在过去一年里，参观过科普场馆的农民中，参观科普场馆的比率从高到低依次是公共图书馆（43.33%）；动物园、水族馆、植物园（37.22%）；图书阅览室（30.56%）；自然博物馆（28.7%）；科技馆等科技类场馆（17.41%）；美术馆或展览馆（16.3%）；工农业生产园区（9.44%）；科普画廊或宣传栏（6.67%）；科技示范点或科普活动站（5.19%）；科普宣传车（5%）；流动科技馆（3.33%）。调查结果显示，当地农民参观过最多的科普场馆是公共图书馆、动物园、水族馆、植物园和图书阅览室，说明当地农民对这些科普场馆比较感兴趣，因此应加大这些场所的科技知识宣传力度并提高科普宣传品质，同时扩展科普宣传渠道，使农民在参观这些场馆时有意识地了解和学习科技知识，从而提高农民的科学文化素养。

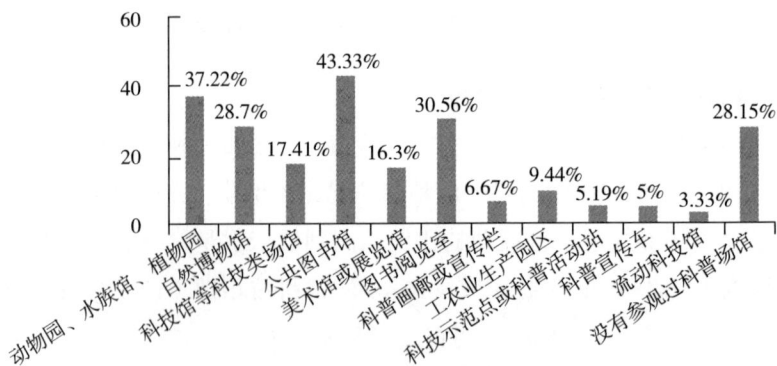

图 4-4　调查对象参观科普场馆的情况

4. 调查对象对科学技术对社会的影响的了解程度

通过调查数据可知（见图 4-5），认为科学技术对社会的影响"利大于弊"的农民占被调查人数的 80.19%，这部分人认为科学技术能对社会产生良好的影响，使生活更便利、舒适；认为科学技术对社会的影响"利弊差不多"的农民占被调查人数的 11.85%；对科学技术对社会的影响持"弊大于利"态度的农民占被调查总人数的 1.11%；另外，对科学技术对社会的影响持"说不清楚"态度的农民占被调查人数的 6.85%。通过以上数据可以看出，绝大部分农民认为科学技术对社会是有利的影响，说明大部分被调查的农民能够用一分为二的辩证思维看待问题，能理性地看待科学技术对社会的影响。因此，国家和政府应该引导农民正确看待和使用科学技术，充分发挥科学技术的积极影响。

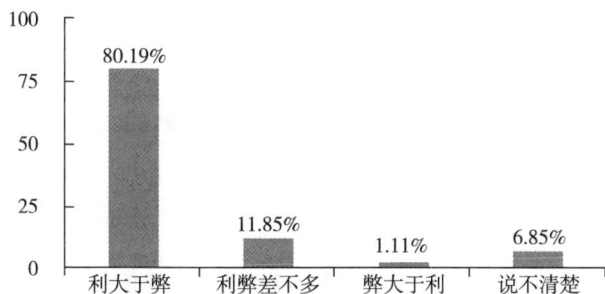

图 4-5　调查对象对科学技术对社会的影响的认识调查情况

（二）调查对象对农村科普工作的了解情况和满意程度

1. 调查对象对当地科普组织和科普设施的了解情况及分析

在农民对当地科普组织的了解情况方面（见图 4-6），有 18.15% 的农民表示当地有农村专业技术协会，19.63% 的农民表示有农村科普示范基地，21.48% 的农民表示有农村科普惠农服务站，10.93% 的农民表示有科普小组，而有高达 55% 的农民表示不知道当地有科普组织，13.89% 的农民表示当地没有科普组织。在农民对当地科普设施的了解情况方面（见图 4-7），有 27.41% 的农民表示当地农村有科普画廊或宣传栏，21.11% 的

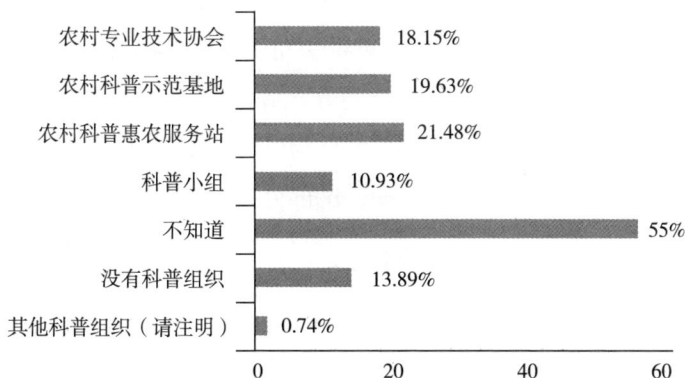

图 4-6　调查对象对当地科普组织了解情况的调查

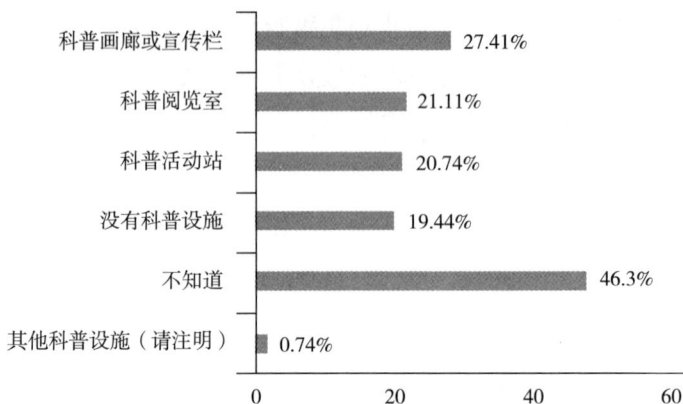

图 4-7　调查对象对当地科普设施了解情况的调查

农民表示有科普阅览室，20.74% 的农民表示有科普活动站，而有高达 46.3% 的农民表示不知道当地的科普设施，另外有 19.44% 的农民表示当地没有科普设施。从以上数据可以看出，相当一部分被调查的农民不知道当地有科普组织和科普设施，这表明当地的科普宣传工作还有待进一步加强，科普工作实效有待提高。因此，当地农村应该加强和完善科普组织和科普设施的投入与建设，充分发挥科普组织及科普设施在科普工作中的应有作用。

2. 调查对象对农村科普工作的满意程度及分析

从图 4-8 可以看出，约有四分之三的农民对当地农村的科学普及、文化普及工作比较满意。另外约四分之一的调查对象对当地农村的科普工作不满意，这也说明当地农村的科普工作还有待进一步加强，应以新颖的传播方式和实用性的内容激发农民的兴趣，以群众化的语言向农民讲授科学知识，这样才能让农民更容易地接受科学知识和科学技术。

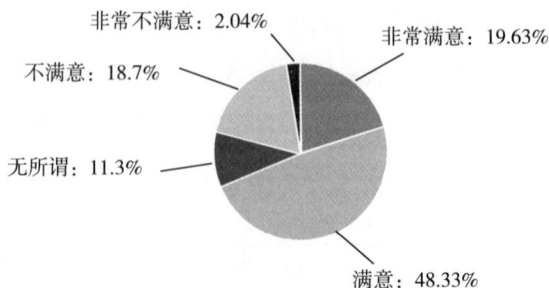

图 4-8　调查对象对农村科普工作的满意程度调查情况

（三）调查对象对科学方法的掌握情况

1. 调查对象对科学方法的了解情况

为了了解当地农民情况，笔者共设计了三道选择题加以检测。

第一题：您怎样理解"科学研究"这个词语？（回答正确率为 20.56%）

第二题：科学家想验证治疗高血压的一种新药是否有疗效，在以下的方法中，您认为哪一种是正确的？（回答正确率为 71.11%）

第三题：医生对一对刚体检完准备结婚的青年男女说："如果他们结婚并且生育孩子的话，他们孩子患遗传病的可能性为 1/4。"您认为医生的话意味着什么？（回答正确率为 70.74%）

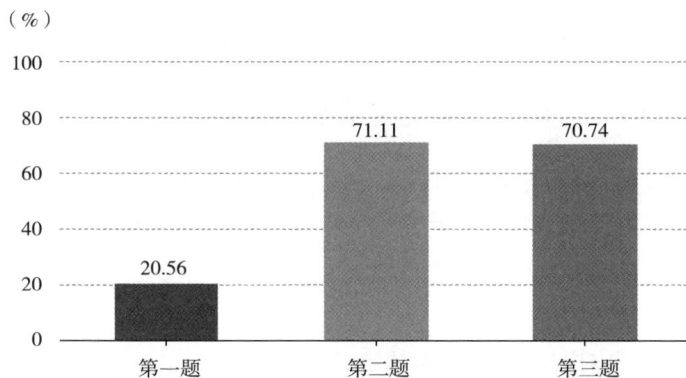

图4-9 调查对象对科学方法掌握情况的调查（正确率）

通过以上调查数据可以看出（见图 4-9），当地农民对科学方法的知识回答正确率比较高，对其的掌握情况还是比较令人满意的。在第一道"您怎样理解'科学研究'这个词语"这一问题中，67.78% 的调查对象选择了"引进新技术、推广新技术、使用新技术"这一错误选项，只有 20.56% 的调查对象选择了正确选项"观察、推理、实验"，可以看出大多数农民对科学研究含义的掌握情况不尽如人意。在第二道题中，大多数农民（71.11%）选择了"科学家将病人分为两组，第一组 500 位高血压病人服用此药，另一组 500 位高血压病人则不服药，观察这两组病人的血压下降情况"这一正确答案。在第三道题中，有 70.74% 的农民选择了"他们生育的孩子都有可能得遗传病"这一正确答案，正确率比较高，说明大多数农民能很好地掌握科学方法的知识。

2. 调查对象对科学术语的了解情况

在所有调查对象中，对"您理解下列哪些科学技术术语（多选题）"这一问题，75.74%的农民选择了绿色食品，73.52%的农民选择了互联网，63.33%的农民选择了DNA，43.7%的农民选择了纳米（见图4-10）。从以上调查数据可以看出，大部分农民表示理解绿色食品、互联网等科学技术术语，说明农民对与生活实际联系紧密的科学技术术语较为熟悉，而对专业性较强的DNA、纳米了解较少。

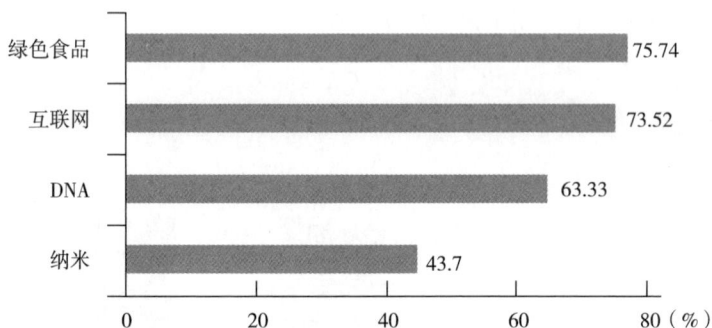

图4-10 调查对象对科学术语了解程度的调查情况

3. 调查对象对科学观点的掌握情况

为了了解当地农民这方面情况，笔者共设计了14道选择题加以检测（见表4-32）。

表4-32 调查对象对科学观点掌握情况的调查

科学观点	回答正确率（%）
地心温度很高	62.41
所有的辐射都是人为造成的	80.74
人类呼吸的氧气来源于植物	63.15
父亲的基因决定孩子的性别	60.56
电子比原子小	32.41
抗菌素能杀死病毒	43.7
千百年来我们生活的大陆一直在缓慢地漂移	78.15

续表

科学观点	回答正确率（%）
吸烟会导致肺癌	85.74
被辐射过的牛奶经过煮沸后可以安全饮用	68.15
月亮本身不发光	79.44
发射火箭等空间探测活动影响气候	27.22
钻石是非金属材料	58.7
细胞是构成生命的基本单位	81.67
肝制造尿	38.89

通过调查数据可知：农民对"吸烟会导致肺癌""所有的辐射都是人为造成的"这些常识题判断正确率较高，而对"电子比原子小"这种学术性问题回答正确率较低，说明农民前沿性的专业知识比较欠缺。通过分析以上调查数据可以得出，当地农民对科学观点的掌握情况总体上较好，大部分农民能较好地掌握与日常工作、生活相关的科学知识，但对一些前沿性和专业性的科学知识的掌握还有所欠缺。

4. 调查对象对科学知识的掌握情况

为了了解当地农民该情况，笔者共设计了7道选择题加以检测（见表4-33）。

表4-33　　　　　　调查对象对科学知识掌握情况的调查

科学观点	回答正确率（%）
磷肥能促使作物籽粒饱满，提早成熟	62.59
温度计的原理是热胀冷缩	75.93
计算机的工作原理是基于二进制	75.93
植物的光合作用，可以把无机物转化为有机物，同时还可以净化空气	75.56
先看到闪电，再听到打雷	74.44
四季更替是地球公转造成的	69.07
艾滋病能通过空气传播	79.07

通过调查可知，农民的科学知识素养整体上较高。农民对"温度计的原理是热胀冷缩""艾滋病能通过空气传播"这一类与生活联系紧密的问题

回答正确率较高，基本能掌握从日常生活和农业实践中获得的科学知识。

总体上，从调查结果分析来看，随着改革开放给农村带来的巨大进步和产生的深刻变迁，农村正由传统封闭的、乡村的、落后的传统型社会向工业的、开放的现代社会转型，农民也正实现着从传统人到现代人的嬗变。具体表现为：农民新型劳动方式逐步形成，农业机械化水平在提高，农民劳动的科技文化程度在提升，农民的职业开始出现分化，农民劳动生活的社会化程度在提升；农民的消费生活方式在转变，消费结构逐步由生存型向适度消费型转变，对消费品的需求由数量逐步向质量提升转变，消费模式出现多样化和个性化的转变；农民的政治生活方式在变革，参政议政意识增强，参政渠道逐步多样化；农民的精神生活方式在改变，主体意识在增强，开拓进取意识、担当意识在提升，市场经济观念深入人心；农民的社会心理呈现出传统与现代、历史与现实间的激烈碰撞，引发农民社会心理的重组和嬗变。总体来说，农民的劳动生活方式、消费生活方式、政治生活方式及精神生活方式都在逐步现代化。

但与此同时，农民在现代化过程中仍然存在诸多问题与困惑，总体来看，传统的生活方式在农村仍然没有发生根本改变，农民的非职业化转换仍具有很大的不确定性和风险；农民的总体消费水平不高，发展不平衡，且存在着炫耀式消费、迷信式消费等非理性的消费现象，农民的盲从、攀比心理凸显；农民在参政过程中，存在着公民意识薄弱、参政能力较低等现象；农民的精神生活方式仍具有一定的保守性、散漫性以及宗教迷信色彩较浓等落后成分。

第五章 影响农民现代化的因素分析

通过第四章的实证研究发现，中国的农民随着改革开放正在实现由传统到现代的嬗变，既有成绩又有困惑。那么，影响农民现代化的因素都有哪些，哪些是积极的促进因素，哪些是消极的障碍因素，都值得我们去探讨、研究。

第一节 农民现代化的积极因素

虽然人的现代化过程不能一帆风顺，要受制于主客观条件的限制，但我们国家在农民现代化的道路上，仍然有不少的积极因素在助推农民现代化水平的提升。这些积极因素包含我们国家持续增长的社会生产力、城乡一体化背景下逐步消除城乡二元结构、逐步均衡的城乡教育资源、大众传播媒介、农民的城市流动及城市体验以及不断兴起的社会组织的推动等。这些因素都为农民实现现代化发挥着积极的促进作用。

一 持续增长的生产力

物质决定意识。农民现代化的实现必须有物质基础做积淀，生产力的发展为人们提供了各种各样所需的物质基础。只有在社会生产力不断发展、物质财富不断增加、人们生活水平不断提升的背景下，人的现代化的实现才有可能。不断增长的生产力是社会现代化的基础，是农民现代化的物质动力。马克思认为，在人们的吃、喝、穿、住的质和量还没有充分供应的时候，人们就不可能获得解放。也就是说，当人还没有吃饱穿暖的时候，去实现人的现代化是不可能的。马斯洛认为，生存需要是人的根本性需要，只有满足人的生存需要，人才会追求更上一层面的发展需要，甚至更高的需求，比如人的自我实现的需要。精神生活的丰富必须建立在物质生活的极大满足的基础上。只有伴随社会生产力水平的不断提高，人们的物质生活水平不断提升，社会的物质文明不断发展，人们才有追求精神生活的强大动力，才会把自身现代化水平提升作为自觉追求的目标。

改革开放以来，我们国家坚持以经济建设为中心，大力发展社会生产力，取得了巨大成绩。经济实现了持续快速增长，综合国力进一步提高。统计表明，改革开放40多年来，我国GDP年均增长9.67%，远高于同期世界经济3.3%左右的年均增长速度。与此同时，我们的外汇储备超过3万亿美元，雄踞世界第一，综合国力位居世界第二。2020年全年，中国国内生产总值达101.6万亿元（人民币），比2019年增长2.3%，中国经济总量占世界经济的比重预计超过17%。[①]

改革开放以来，中国农村7亿多贫困人口摆脱贫困，贫困发生率由1978年的97.5%下降到2018年年底的1.7%[②]，创造了人类减贫史上的中国奇迹。我国是目前全球唯一提前实现联合国千年发展目标——贫困人口减半目标的国家，民生显著改善，人们生活水平从温饱到小康，消灭绝对贫困，全面建成小康社会，向社会主义现代化强国迈进。

改革开放40多年来，农村居民收入大幅提高，生活水平持续改善。现在农民的收入渠道逐步扩展，收入来源多样化、多元化、非农化、市场化，农民的收入格局不再单单依靠种粮种田。随着国家的改革开放，农民的人均收入从1978年的134元提升到2007年的4140元，扣除物价因素，平均每年增长7.1%。2013年，全年农村居民人均纯收入8896元，比上年名义增长12.4%，扣除价格因素实际增长9.3%。2020年，中国农村居民人均可支配收入达到17131元，连续11年跑赢城镇居民。[③]现在农民

①《2020年中国经济总量占世界经济比重预计超过17%》，https：//www.163.com/dy/article/G3UNV0IV0514Q0KM.html，2021年2月28日。

②《贫困发生率》，http://keywords.china.org.cn/2021-01/11/content_77102372.html，2021年1月11日。

③《2020年中国农民人均可支配收入达17131元 增速连续11年跑赢城镇居民》，http://www.chinanews.com/cj/2021/03-12/9431091.shtml，2021年3月12日。

的收入结构也发生了显著的变化，首先是以农业收入占家庭收入的分量在减少，而包含外出务工收入为代表的工资性收入稳步提升，成为农民收入增长的主要来源。可以说，现在农民收入的增长主要是依靠外出务工的工资性收入。随着工业化、城镇化的稳步推进，大量工业园区的形成和服务业的发展，农民的外出务工收入一直稳步增长，占工资性收入的比重不断提升。2001 年，外出务工收入占工资性收入的比重为 36.5%，到 2007 年，比重已经达到 40.8%，到 2013 年这一比重超过 50%。农民的工资性收入于 2020 年达到 6974 元，5 年间增加 2374 元，对农民增收贡献最大。农民收入的增长为农民生活的改善和生活质量的提升奠定了坚实的基础，可以说现在农村的人均消费是大幅度提升。1978—2013 年，农村居民人均生活消费支出由 116 元提高到 4125 元，2019 年为 13328 元，增长 9.9%[①]，生活水平逐步向我们设想的全面建成小康社会的目标迈进。现在，农民的消费结构不断升级。1978 年，农村居民家庭几乎没有任何电器，而现在空调、冰箱、洗衣机在农村逐步普及，到 2007 年每百户农村居民家庭拥有的电视机、电冰箱和洗衣机等耐用消费品分别达到 106.5 台、26.1 台和 45.9 台，电脑、微波炉、电磁炉也进入普通百姓家。在传统耐用消费品稳步提高的同时，信息化设备在农村普及的速度加快。2017 年，城镇居民、农村居民人均住房建筑面积分别比 1978 年增加 30.2 平方米、38.6 平方米。汽车进入千家万户，城镇居民、农村居民平均每百户拥有的家用汽车数量分别上升为 2017 年的 37.5 辆、19.3 辆。2018 年，全体居民年末移动电话拥有量平均每百户 249.1 部，农村居民平均每百户为 257 部。[②]恩格尔系数从 1978 年的超过 60% 下降到 2020 年的 30.2%，其中城镇为 29.2%，农村为 32.7%。[③]这说明现在农村居民消费结构在不断优化。现在农民的发展和享受型消费也在不断增长，农民的人均文教娱乐、医疗保健、交通通信的支出水平也在大幅度增加。与此同时，农民也在享受互联网带来的便利。

---

①《2019 年全国居民人均消费支出》，http://www.gov.cn/guoqing/2020–03/09/content_5362713.htm，2020 年 3 月 9 日。

②《2018 年我国全体居民年末移动电话拥有量平均每百户 249.1 部》，http://data.chinabaogao.com/dianzi/2020/051T935962020.html，2020 年 5 月 1 日。

③《国家统计局：2020 年全国居民恩格尔系数为 30.2%》，https：//finance.sina.com.cn/china/gncj/2021–02–28/doc–ikftpnnz0151236.shtml，2021 年 2 月 28 日。

改革开放以来，农民收入稳步增长，消费水平不断提升，这些为农民现代化的实现奠定了坚实的物质基础。持续增长的社会生产力，促进了人的体质的提高，使人的心理素质得到新的发展，为人们提供了新的交往、新的实践活动，为每个人提供了全面发展和展现自己能力的机会。没有生产力的快速发展，人的现代素质就不可能得以实现，人就不会有自由、全面、充分、和谐的发展。随着工业化、城市化、信息化，人们的观念也发生着翻天覆地的变化，不断开拓创新、惜时守时、参与竞争、勇于担当，追求平等、自由，追求个性解放。这些都极大地促进了农民现代化的实现。

二　城乡一体化的发展

城乡一体化发展指城乡关系要打破分割、分离、分立的状态，从经济、社会、政治、文化、生态五个方面缩小城乡差距，推进城乡融合，促进城乡共同发展。它既是一种指导中国城乡发展的战略方针，也是城乡发展的过程，更是城乡发展的目标。通过城乡一体化战略，要改变过去在城乡规划、生产力布局、基础设施、资源配置、公共服务、劳动就业、社会保障等方面存在的重城市、轻乡村的传统格局，以新型城镇化为平台，通过完善城镇规划，调整产业布局，强化基础设施建设，优化公共服务，健全社会保障等，促进城乡资源优化配置和城乡结构调整，促进基础设施向农村延伸、公共服务向农村覆盖、现代文明向农村辐射，建立健全以城带乡、以工促农的长效机制，加快城乡一体化进程，逐步实现城乡基本公共服务均等化。

（一）城乡经济不断融合

在新型城镇化建设过程中，要通过政策支持合理引导社会化服务行业向农村地区延伸，鼓励城市工业和服务业向乡下流动，鼓励农民向城市流动，形成二者的双向流动、资源共享。通过多种措施带动县域经济的持续发展，逐步推动城乡经济一体化发展，为城乡融合打下坚实的基础。

针对农村人口居住比较分散、集中程度相对比较低，以及服务业在农村的发展基础条件相对薄弱、社会化程度比较低的情况，要通过相关的政策措施，比如减免税收、提供财政补贴、降低产业进入门槛等措施，特别是鼓励城市大型的龙头服务企业向农村延伸，在农村布局，鼓励商贸、金融、物流和一些中介组织向中心城镇和新型农村社区、新农村合理布局和增设网店，改善农村居民的生产、生活条件。同时，社会化服务行业向农村的不断延伸，将会促进农村服务业的快速发展。

积极推动城市二三产业的资金、人才、管理、技术等要素下乡，以此作为破解城乡二元社会结构、推动城乡融合的重大措施。要制定相关的政策措施，鼓励城市资本下乡，积极参与农村的旧城改造和新型农村社区建设，积极推动现代农业、农村服务业、农副产品加工业、乡村旅游业，以此推动农业、农村经济和农村建设的现代化。当然，对城市来说，要进一步放宽农村剩余劳动力向城市转移的条件，为农村居民在城市的就业、定居提供便利。通过城市支持农村、工业反哺农业，实现农村的不断富裕。

（二）城乡基本公共服务均等化

在新型城镇化建设过程中，要实现城乡融合，推进城乡一体化，就要实现城乡基本公共服务的均等化。当然，基本公共服务均等化将是一个长期过程，需要统筹规划、稳步推进，重点满足人民群众最关心和最迫切的义务教育、公共卫生、社会保障等方面的基本公共服务需求，需要统筹建构城乡一体的社会保障体系，统筹推进城乡文化建设，统筹城乡劳动就业，统筹配置城乡公共服务资源，来推动城乡公共服务均等化。

要统筹建构城乡一体的社会保障体系。现在，农村和城市的社会保障仍存在比较大的鸿沟，要采取有效措施缩小二者之间的差距，在逐步完善农村养老、医疗等社会保障的基础上建立城乡社会保障的相互衔接和转移机制，以此实现社保随人口的迁移而自动转移、无缝衔接的目的，到"十二五"末期，基本实现城乡社会保障资源均等化的目的。

要统筹推进城乡文化一体化建设。完善市、区（县）、街道（乡镇）、社区（村）四级服务网络，用信息化、数字化提升服务水平，推进文化共享工程建设。搭建公共文化服务平台，健全社区服务机构，近距离为农民群众提供"一揽子"服务，拓展公共文化服务领域，完善服务内涵，打造公共文化服务圈。大力实施公共文化惠民工程，满足农民群众基本文化需求，重点打造公共文化惠民"五大工程"，即乡镇综合文化站建设工程、农家书屋工程、文化信息资源共享工程、广播电视村村通工程、农村电影放映工程。

统筹配置城乡公共服务资源。目前，我国分割的城乡二元公共服务体制，特别是教育、科技、医疗卫生等存在着不平等，要逐步打破这种体制，使集中在城市的各种优势资源逐步合理分散，在城乡均衡分布。合理配置公共服务资源，使政府提供的公共服务逐步覆盖城乡居民，不论是农民还是市民都享有均等的公共服务。首先，要推动基础教育资源在县域范围内的合理配置，实现县乡教师资源的合理流动，县城和农村学校教师要实现轮岗，扩大农村教育基础设施的规模，提高教育质量，保障教育经费的充足拨付，实现教育资源均等化。同时，对于到城市务工的农民工的子女，要把农民工适龄子女纳入城市义务教育范围内，保障他们有学上，能享受到优质的教育资源。在新形势下，要实现农村劳动力质量的提升，大力发展农村的职业教育和成人教育，把对农民的职业培训纳入政府的职能范围。其次，要不断增加农业科技投入，加大研发力度，鼓励科研人员从事农业科技研发，加大对农村科技成果的转化力度，使农村地区也能享受到最新的农业科技成果。最后，要实施卫生强基工程，大力培养农村医生，提升农村医生的业务水平。合理配置医疗卫生资源，并不断向农村地区倾斜。鼓励采用医疗集团托管，设立医院的分支机构和医生县乡轮训轮岗计划，加强城乡医疗卫生机构之间的内在联系，提升农村医疗卫生水平。

三　逐步完善的教育体系

英克尔斯基于人的现代化的影响因素指出，"能够对人的现代性起决定性影响的因素或条件是：教育，它无疑是最有力的因素"[①]。教育是培养新生一代准备从事社会活动的整个过程，也是人类社会生产经验得以继承、发扬的关键环节。人的社会化的过程就是从生物人演变为社会人的过程，在此中间要学习科学文化知识，提升法治观念，掌握谋生的手段，养成良好的道德。这都需要通过系统的教育才能养成。教育是促使个体社会化和社会个性化的实践活动。

----

① ［美］英克尔斯：《人的现代化》，殷陆君编译，四川人民出版社1985年版，第237页。

　　教育不仅使人更加科学、理性地对待生活，而且能重塑人的价值观念。通过一系列的考试，可以形成人的公平竞争的理念；通过师生、生生的互动，有助于形成友好的人际关系；通过学校的教育，可以使人形成良好的生活态度。中华人民共和国成立至今，在国家的大力支持下，我们国家的教育取得了举世瞩目的成就，建立了完备的教育体系，保障了人民群众上学享受教育的权利。同时，经费投入不断增长，办学条件越来越好，教学质量显著提升，教育改革不断深化。进入21世纪，城乡免费的义务教育全面实现，职业教育快速发展，高等教育由精英教育向大众教育转变。与此同时，农村的教育也得到了显著加强，城乡教育鸿沟逐步缩小，教育公平迈出了重大步伐。现代教育体系的完善，使受教育者的广泛性和平等性进一步深化，为现代社会的发展培养了强大的人力资源。特别是工业化、信息化社会，教育的终身化使人受教育的范围突破了学校的限制，为不同阶层、不同年龄的人接受再教育提供了机会。这在很大程度上也促进了教育的发展。社会发展使教育的需求逐渐多元化，也带来了教育结构的多样化、系统化，因此，应大力发展教育培训服务，统筹扩大继续教育资源。鼓励学校、科研院所、企业等相关组织开展继续教育，大力发展终身教育，搭建终身学习"立交桥"，促进各级各类教育的横向沟通、纵向衔接，并提供多样化的学习机会，满足不同群体不同层次的学习和发展要求。同时，要加强高等教育建设，建立健全"宽进严出"的学习制度，办好开放式大学，完善高等教育自学考试制度，实现中职、高职、本科和研究生的有序衔接，建立继续教育学分积累和转换制度，实现不同学习成果的互认和衔接。通过构建灵活开放的终身教育体系，努力形成人人皆学、处处可学、时时能学的学习型社会，使教育对人的现代化的发展起到提升作用。

　　第七次人口普查显示，全国人口中，拥有大学（指大专及以上）文化程度的人口为218360767人，拥有高中（含中专）文化程度的人口为213005258人，拥有初中文化程度的人口为487163489人，拥有小学文化程度的人口349658828人（以上各种受教育程度的人包括各类学校的毕业生、肄业生和在校生）。与2010年第六次全国人口普查相比，每10万人中拥有大学文化程度的由8930人上升为15467人，拥有高中文化程度的由

14032 人上升为 15088 人，拥有初中文化程度的由 38788 人下降为 34507 人，拥有小学文化程度的由 26779 人下降为 24767 人。[①] 这说明农民的文化程度在过去十年有显著提升。

对乡村振兴战略视域下的农民来说，提升自身的现代性显得尤为重要。义务教育使农民在少年时期奠定了自身现代化的文化基础。通过系统学习，他们掌握了扎实的文化知识，培养了时间观念，养成了遵章守纪的意识，培养了自己的竞争和合作意识，以及团队协作精神。但由于我国基础教育薄弱，农民接受正规教育的年限还是比较短，更多的是初中毕业，其后便是出去打工或者在农村务农，接受社会主流文化教育的机会越来越少。在信息化社会，继续教育及终身教育体系的形成，使农民能够有机会继续接受各种各样的学习活动，学习科技、学习养殖、学习管理。通过继续社会化，农民在社会这所大学中提升了自己的市场意识、竞争意识、冒险意识、开放意识，提升了自己的效能感、平等意识，培育了农民的科学精神和人文精神。这些对农民综合素质的提升和现代性的成长都具有积极影响。

四　迅速崛起的新兴媒体

传统的传播媒介是指报纸、杂志、图书、广播、电视等媒体形态，新媒体是相对于传统媒体而言，是利用数字技术、网络技术、移动技术、通过互联网、无线通信网、有线网络等渠道以及电脑、手机、数字电视机等终端，向用户提供信息和娱乐的传播形态与媒体形态。相对于报刊、户外、广播、电视四大传统意义上的媒体，新媒体被形象地称为"第五媒体"。新媒体的特征具有交互性与即时性、海量性与共享性、多媒体与超文本、个性化与社群化。传统媒体和新兴媒体的结合，使人们更加容易获得各种各样的海量信息。大众传媒通过播放新闻事件、引导主流价值观以及提供生活、教育、娱乐等方面的知识，为广大受众群体接受社会主流文化、认同社会主义核心价值观、遵守社会法律法规提供了良好的社会条件。

在有关人的现代化的研究中，不少专家学者都强调大众传播媒介对人

---

① 《第七次全国人口普查公报（第六号）》，http://www.stats.gov.cn/ztjc/zdtjgz/zgrkpc/dqcrkpc/ggl/202105/t20210519_1817699.html，2021 年 5 月 11 日。

的现代化的影响。丹尼尔·勒纳认为，大众传播在社会发展中的作用是思想与信息的伟大增倍器。[①] 在现代化进程中，大众传媒扮演着重要角色，大众传媒在社会变革过程中将观点扩散开来，形成一种媒介环境。"工业化提高导致都市化提高，都市化的提高促进读书写字能力的提高，而读书写字能力的提高能够增加对媒介的使用，最后媒介使用的提高促进了经济发展和政治参与。"[②] 勒纳指出，大众传媒具有移情作用，他认为移情就是一种以自己的情况来考虑别人处境的能力，这种能力是社会变革和现代化人格塑造的原动力，而传播媒介则是刺激传递"移情能力"[③] 的最好工具。伦纳和勒纳施拉姆在《大众传播的过程与效果》中认为，媒介接触程度是形成现代化的主要影响因素。"接触传播媒介的个人或村落，要比那些不接触传播媒介的个人和村落更有现代的态度，更积极，以及更趋向于担任一个现代的角色，现代化的预兆和大众传播媒介的暴露程度之间关系密切。"荷马保在秘鲁安第斯山村落的研究中发现，"解决山区落后的主要方法是为村落引进外界的生活、态度和知识，而收音机、报纸和影片是最有效的工具"[④]。英格尔斯通过大众媒介与人的现代化项目的调查发现，个人同大众媒介接触程度的增加与个人现代性综合测量表上分数的增加有密切关系，从而得出"在促进人的现代化过程中，个人与大众媒介的接触对个人现代化的影响是一个重要而独立的因素"的结论。[⑤]

在互联网的推动下，微博、微信、QQ、飞信等为代表的新媒体的快速发展，其影响力不断提升，覆盖面不断扩大，广大农村地区也正深刻地受到新媒体的影响。2014年1月，中国互联网络信息中心（CNNIC）在京发布第33次《中国互联网络发展状况统计报告》。报告显示：截至2013年12月，我国网民规模达6.18亿，手机网民规模达5亿，其中农村人口

①［美］韦尔伯·施拉姆：《大众传播媒介与社会发展》，金燕宁等译，华夏出版社1990年版，第45页。
② 李金链：《大众传播理论》（修订六版），三民书局1992年版，第243页。
③ 魏文欢：《从勒纳和施拉姆的研究看早期发展传播学思想》，《东南传播》2010年第7期。
④ 仇学英：《贫困山村发展传播模式的探索——大众传播与一个贫困山村现代化演进的分析框架》，《香港中国传媒报告》2004年第2期。
⑤［美］阿历克斯·英克尔斯：《从传统人到现代人——六个发展中国家的个人变化》，顾昕译，中国人民大学出版社1992年版，第7页。

占比 28.6%，规模达 1.77 亿，相比 2012 年增长 2101 万人，农村网民规模的增长速度为 13.5%。2021 年，中国互联网络信息中心（CNNIC）在京发布《第 47 次中国互联网络发展状况统计报告》。报告显示，截至 2020 年 12 月，我国网民规模为 9.89 亿，互联网普及率达 70.4%，其中，农村网民规模为 3.09 亿，农村地区互联网普及率为 55.9%，增长速度远超城市。农村网民的网络应用到生活、娱乐、教育、信息等各个领域。互联网在农村的应用逐步普及，为农民的信息获取提供了强大的技术支持。农民既可以通过网络自我教育，提升知识，又可以娱乐，还可以进行商业经营活动，发家致富。新媒体技术正在以前所未有的深度和广度向农村渗透，以互联网为代表的新媒体正迅速影响农业、农村、农民。新媒体不但改变着农民的生产方式、生活方式、思维方式，影响其主体性提升，而且在促进农村社区发展、社会服务提供、社区文化建设、村政管理改革等都有显著影响。新媒体已经由过去外在于农村的背景性因素，演变为当下农村社会的内部结构型因素。新媒体时代的到来，不但深刻地改变了信息传播的方式，而且极大地改变了文化传递的方式和结果。新媒体可以使人随时随地地获得所需要的信息，了解正在发生的新闻，获取生活娱乐的信息，使人们养成获取即时信息的习惯和利用有效信息的能力。新媒体打开了人们获取新理念、新观点的大门，引领了社会最新的潮流，帮助人们获取技能，提升人们的效能感。

五　社会流动与城市体验

一部改革开放史，也可以说是一部农民流动史。随着我国的改革开放，农民的社会流动犹如历史的长河，从涓涓细流汇成澎湃潮流，又像漫天的繁星，闪耀在中国社会发展史的长空。农村从封闭到开放，农民从农村流向城市，为我们国家的工业化、城市化的发展做出了不可磨灭的贡献。农民工是改革开放 40 多年来城市重要的景观，也构成了城市的重要组成部分。据统计，2012 年，全国农民工总量达到 26261 万人，其中，外出农民工 16336 万人，住户中外出农民工 12961 万人，举家外出农民工 3375 万人，本地农民工 9925 万人。2020 年，全国农民工总量 28560 万人，其中，外出农民工 16959 万人，本地农民工 11601 万人。在外出农民工中，年末在城镇居住的进城农民工 13101 万人。①

农民大规模地由农村向城市流动，是市场经济看不见的手自动调节的结果，也是人力资源合理化配置的结果。农民的社会流动终将改变我们国家封闭的城乡二元社会结构，促进城乡一体化的形成。在农民社会流动的过程中，他们面临着种种困境。他们是社会的边缘人，由于身份的限制不能顺利融入城市，具有双重职业身份，既是农民又是产业工人。他们同时具有双重社会角色，既是传统农民，又是新居民。他们奔波在农村与城市之间，游离于农民与市民之间。农民具有复杂的社会心理，他们既传统又现代，具有故乡情结、故土情怀，又有着现代人的远大梦想，梦想着追求人生的意义，追求财富和过上城市人的生活。在他们的生活中，他们干着城市人不愿意干的脏、苦、累的活，又要忍受着城市人的嘲笑。农民工背井离乡在城市追求梦想，在城市拼搏、开拓、奋斗，享受奋进的喜悦，享受功成名就的欢喜。

农民社会流动的过程，也是他们现代性获得的过程。在城市，他们逐步摆脱了传统乡土关系的束缚。与传统的农村相比，城市集中了现代文明的成果，交通发达、人口密集、通信先进、文化繁荣、理念前沿，是开放和文明的象征。城市代表着社会发展的方向，城市人有着与农民不一样的价值观念和生活方式。通过流动，农民进入城市，进入工厂，进入数不清的现代组织。城市体验是农民接触现代生活、培养现代意识的最便捷和最直接的路径。美国社会学家沃斯这样讲："城市改造着人性……城市生活所特有的劳动分工和细密的职业划分，同时带来了全新的思想方法和全新的习俗姿态，这种新变化在不多几代人的时间内就使人们产生了巨大改变。"②

农民工、新生代农民工从农村流动到城市，他们或进入工厂，或进入服务行业，或经商，不论是在小城市、中等城市还是大城市，都使他们接触到了现代的文明。他们懂得了城市的交通规则，懂得了与城市人交往的礼节，懂得了法律法规，有困难找警察，有困难找政府，而不是去找老乡。在城市，他们拥有了现代工业和城市文明所需要的秩序感、计划性、

①《国家统计局：2020 年全国农民工总量 28560 万人　比上年减少 517 万人》，https：//news.sina.com.cn/c/2021-04-30/doc-ikmxzfmk9901601.shtml，2021 年 4 月 30 日。

②［美］R.E. 帕克：《城市社会学》，华夏出版社 1987 年版，第 256 页。

时间感和科层制原则；在城市的生活，扩大了他们的见识，增长了他们的知识，提升了他们把握商机的能力。更重要的是，他们逐步放弃了在农村生活时形成的价值观，形成了和城市人一样的价值观、生活态度和行为模式。[①] 在城市务工一段时间的年轻人，从衣着到谈吐，都是城市人的方式，农民的封闭、落后、保守的意识逐步消失，拼搏精神、担当意识、责任意识、风险意识、时间观念、个性特征逐步形成。可以说，农民的社会流动和城市体验不但为农民在城市安家落户、安居乐业打下了基础，也为农民回乡创业、办工厂、科学种田等奠定了基础。

随着中国改革开放的进一步深入和工业化、信息化、城市化，特别是新型城镇化建设，将有 2 亿农民落户城镇。这将带来更多的农民的社会流动。如果城市化率达到70%，将有2.6亿农民落户城市。大规模的社会流动，将对农民的现代性提升起到不可估量的作用。

六 组织严密的社会组织

社会组织是指人们为了实现某种共同目标，将其行为彼此协调与联合起来所形成的社会团体。社会组织由社会规范、地位、角色和权威构成，他们的相互关系和联系构成了社会组织的基本结构。社会规范是稳定的规则与规章制度，规范的目的是使组织成员的行为标准化，具有可预测性；地位是指人们在社会关系空间中所处的位置，现代社会及组织内部的互动基本上都是地位之间的互动；角色是指按一定社会规范表现出来的特定社会地位的行为模式；权威是一种合法化的权力，它是维持社会组织运行的必要条件，使成员在组织内部受到约束和限制。社会组织是社会发展到一定阶段的产物，作为人类活动的物质工具，随着科学技术的发展，它将在技术手段上更加完善、更加有效率。

在正式组织中，其有明确的分工、明确的职权等级、明确的规章制度体系、私人关系和公务关系分离、量才用人、管理权力依附于职位，而非依附于个人。现代社会组织具有非人格化特征，组织的规章制度是为了限制人类行为的随意性，否定人的自治性和个性，使个体的行为符合组织的

---

① 周晓红：《流动与城市体验对中国农民现代性的影响》，《社会学研究》1998 年第 9 期。

要求，从而把社会人转变为"组织人"。

（一）社会组织是推动基层社会治理创新的"驱动器"[①]

基层社会治理仅靠自上而下的单向线性力量推进，已被实践证明效果并不明显、不理想。社会作为一个复杂的有机体，在新常态下，其内部产生的自组织与政府主导力量相结合，形成多元主体治理格局，凝结成合理有序的基层治理网络，彼此相互影响、相互促进，才能有效提升治理效果。在基层治理面临困境的情况下，基层社会组织作为民间性和自发性的力量，逐步发展并成长为基层社会治理的有生力量，能够成为基层社会治理创新的驱动器。

（二）社会组织是有效整合基层社会治理资源的"孵化器"[②]

传统的社会治理体系呈现的是"大政府、小社会"的格局，政府是无所不能的治理主体，而社会组织很难形成有效的力量，想作为而不能为。随着社会组织力量的壮大，更多的社会组织有机会、有能力参与到基层社会治理当中，重构社会治理体系。在此过程中，政府、社会、市场三方资源通力合作，不断提升相互之间的依存度，通过激发各方潜能，形成强有力的社会资本，不断提升其服务社会的效率。其中，社会组织作为后起之秀，其优势非常明显，在调动基层群众、开展基层活动、挖掘群众潜力等方面都具有特别的优势。若能发挥其在连接政府与社会资源方面的优势，将会在基层社会治理方面发挥重要作用。

（三）社会组织是提供基层公共服务的"引导员"

公共服务均等化是城乡一体化背景下基层政府提供服务的发展趋势。由基层政府提供的服务是否符合基层民意、能否满足群众真正的需求、服务是否精准，对基层政府来说，需要及时获取真正有效的信息，而社会组

---

① 郭少华：《新时代社会组织参与基层社会治理路径问题研究》，《郑州师范教育》2018年第1期。

② 郭少华：《新时代社会组织参与基层社会治理路径问题研究》，《郑州师范教育》2018年第1期。

织在这方面具有天然的优势。由于其具有民间性、草根性，同时又能够凝聚基层社会力量、连接政府和群众，社会组织对引导基层政府提供充足、优质的服务具有重要的作用。

（四）社会组织是预防和化解基层社会矛盾的"安全阀"

随着社会的发展，基层社会治理面临着各种矛盾和风险。特别是随着城镇化的推进，征地、拆迁等引发的各种潜在社会矛盾时有爆发，基层群众也随着社会流动而由同质性向异质性转化，群众的需求逐渐多元化，基层群众上访事件也时有发生，基层维稳的压力凸显。社会组织由于其贴近基层群众的天然优势，能更好地链接各方资源，通过上传下达，把涉及人民群众利益的大政方针、热点难点问题和矛盾处理的方案、进程等及时传递给基层群众。同时，也通过下情上达，把基层群众的利益诉求和呼声及时传递给各级政府，从而能够避免摩擦、减少矛盾、消除对抗，化解基层社会潜在的风险。

现代社会组织组织严密，分工明确，等级分明，对人的现代性的形成具有重要的促进作用。改革开放后，数量众多的农民由农村流动到城市，由不发达地区流动到发达地区，纷纷进入现代化的工厂、企业、各种各样的公司、服务组织、中介组织、劳务组织等。这些组织都有严格的规章制度、时间要求、角色分工，并且对农民的劳动技能、劳动纪律、惩罚措施等都有明确的规定。很多农民在农村所受的是风俗、传统、道德的约束，而对法律法规、纪律规则、时间观念等并没有正式的观念。很多人进入这些现代组织以后，一开始并不适应，经过一段时间的磨炼，或者继续教育以后，大部分农民工的时间意识、纪律观念、效率意识、团结合作精神等都得到了提升。特别是新生代农民工，年龄小，接受新事物的能力强，他们对现代组织的要求适应得更好，很快就由传统的农民转变为现代的产业工人。在工厂、公司里，他们和城市工人没有任何区别，甚至在某种程度上，更具奋斗精神、拼搏精神，思想理念更具现代性。

正是这些现代社会组织，它们自身的特点培育并锻造了农民的现代性，使广大的农民成为现代产业工人、现代商人、现代市民、现代化的职业农民。

第二节　农民现代化的消极因素

从第四章的分析中我们知道，随着我们国家的改革开放，经过几十年的发展，农民的现代化水平逐步提升，并取得了不小的进步。但是，由于这样或那样的原因，仍有诸多消极因素在阻碍农民现代化步伐。这里面包括制度、经济、文化、教育、环境和农民自身综合素质等多种因素。

一　在制度上，二元社会结构的困扰

1958 年颁布的《中华人民共和国户口登记条例》，人为地将农村和城市进行分割，形成了以户籍制度为核心的城乡二元结构。通过户籍制度将城乡居民分为城市户口和农民户口，这里面隐含着二元就业制度、福利制度、教育制度、公共服务制度等一系列的二元社会制度体系。这种城乡二元制度虽在我国的工业化初期做出了贡献，但其负面作用现在来看更大。它不仅深刻影响着我们生产、生活和社会形态等各个方面，更深刻影响并导致了城乡居民在价值观念、思维方式、生活方式上先进与落后的显著差异，是制约农民现代化的制度性根源。[①]

（一）二元社会结构在一定程度上阻碍了农村经济的发展

物质基础决定上层建筑，上层建筑反作用于物质基础。城乡分割的二元社会结构，在一定程度上对农村经济的发展造成了伤害。改革开放 40 多年来，改革的红利给城市带来了繁华、富足，城市基础设施完备，社会保障完善，基础教育良好，娱乐生活设施方便。而对广大农村来说，虽它也受到了改革红利的影响，但与城市相比，差距非常之大。国家对农村基础设施投入不足，城乡教育资源不均，农民的养老、医疗保障落后，农业发展滞后，农民人均纯收入增长乏力。随着城市的不断扩展，农村劳动力向城市转移，农村面临凋敝的危险，农村的土地面临无人耕种的困境，农

---

① 郭少华：《新型城镇视域下农民现代化实现路径研究》，《中州学刊》2014 年第 4 期。

村落后的生产方式不符合现代农业发展的趋势。农村的生产力受到种种有形和无形的制约，农村经济发展面临着增长的瓶颈。

（二）二元社会结构阻碍了农民身份的变迁

我国的二元社会结构人为地把我国公民分为农村户口和城市户口，这种人为地割裂把几亿农民阻挡在城市之外。这种身份划分的政策，使农民和市民之间形成了泾渭分明的身份差别。在长期的发展过程中，两种身份的人占有不同的资源，形成了两种不同的生存空间，而两种身份的转换则异常困难，只有通过考学、当兵、招工的极少途径来实现转换，一旦实现身份的转换。就有机会享受城市的各种优质资源。而对中国七八亿农民来说，实现身份转换的机会是渺小的，即使现在我们看到农民能自由流动，在城市务工、做生意，但他们仍然是农民，是农民工，城市人对农民的认知仍然戴着有色眼镜。

（三）二元社会结构限制了农民现代意识的形成

农业、农村的现代化离不开农民的现代化，而农民现代意识的形成不是一朝一夕能够实现的，需要良好的社会环境、长时间地培养，需要实现生活方式、生产方式，更重要的是思维方式、思想观念的现代化。而在户籍制度、二元社会结构的阻碍下，农民实现这种转变的条件不是很完备，农民和市民的差别不仅表现在经济、政治上，更多地还体现在生活状态、思维方式上。城市发达的科技、文化、教育、社保及大众传媒等优质资源有利于市民综合素质的提升，而农村的生活、文化、教育等资源稀少，且保守、落后的观念仍然存在，这也影响了农民现代意识的形成。

二　在经济上，落后的农村经济

我国作为传统的农业大国，农村、农民为国家的发展做出了重大贡献。但一部现代化的历史，也是农村不断被边缘化的进程。特别是中华人民共和国成立以后，由于国家的现代化建设面临着国内外的重重压力，为了实施赶超战略，快速地实现工业化、城市化、现代化，我们国家实行了以乡养城的发展模式。国家不断从农业、农村、农民身上来筹措城市化和工业化所需要的资金与物质。我国城市化、工业化的发展是以牺牲农业、农村、农民的利益为代价的。在计划经济时代，我们国家实行"统购统销"的政策，从农民手中低价收取农产品，通过这种剪刀差来支持城市的发展。同时，农民要缴纳农业税、特产税，承担乡、村统筹和提留。截至2004 年，我们国家才废除农业税。可以说，在几十年间，农民为国家工业化、城市化的发展做出了上万亿的贡献，而在此过程中，农村与城市的差距不断扩大。

可以看到，改革开放以来，农村与城市的差距不断扩大，而要缩小这种差距难度也很大。从 1978 年农村人均收入的城乡比为 1.9∶1、1997 年的 2.5∶1，到 2002 年的 3.63∶1，农村税费改革以后这几年虽有缩小，但2013 年中国城镇居民人均收入 29457 元，而农村居民人均收入为 8896 元，城乡居民收入比仍为 3.03∶1。① 农村居民人均纯收入中位数为 7907 元，比上年名义增长 12.7%。按农村居民五等分收入分组，低收入组人均纯收入为 2583 元，中等偏下收入组人均纯收入为 5516 元，中等收入组人均纯收入为 7942 元，中等偏上收入组人均纯收入为 11373 元，高收入组人均纯收入为 21273 元。② 2013 年，全国居民收入基尼系数为 0.473。2020 年，全国居民人均可支配收入为 32189 元，其中，城镇居民人均可支配收入为43834 元，农村居民人均可支配收入为 17131 元。③ 物质生活条件的差距是影响农民现代化的基础和动力，农民和农民的落后贫困将极大影响农民实现现代化。

随着我们国家工业化的发展，农村传统的小农生产方式也限制了农村经济的发展。家庭联产承包责任制的推广，曾经在一个时期极大地解放了农村的生产力，调动了农民生产生活的积极性，让农村的经济活力得到迸发，农民的物质生活水平得到提升。但这种个体式的家庭联产承包责任制在今天反而成为农业发展的障碍。这种小规模的精耕细作的模式，不符合

---

① 郭少华：《新型城镇视域下农民现代化实现路径研究》，《中州学刊》2014 年第 4 期。

②《2013 年农村居民人均纯收入 8896 元实际增 9.3%》，http://www.chinanews.com/gn/2014/01-20/5754855.shtml，2014 年 1 月 10 日。

③《统计局：2020 年全国居民人均可支配收入 32189 元，人均消费支出 21210 元》，https://www.gelonghui.com/p/440657，2021 年 1 月 18 日。

现代农业的发展模式，小块耕作抑制了农业机械的大规模运行，阻碍了农民对现代科技知识的渴望。特别是今天，劳动力价值的提升，使农民在农村劳作的积极性大大降低，一亩地一年的纯收入就是四五百元，还要耗费大量的人力、物力，使他们不愿意对农业投入过多，更不愿意学习先进的科学知识。这也造成农民思想的保守性、狭隘性，使他们缺乏积极进取的精神，缺乏创新的动力和活力。另外，家庭联产承包责任制的实行和农民外出务工流动的频繁，带来了农民的自组织性、高度的自由性，使他们的组织纪律性差、抵御风险能力差、战胜自然灾害的能力差，由此又造成农村社会的无序和混乱。农村经济的落后，影响到了农民道德素质、民主素质、身体素质和心理素质的提升。这也是农民现代素质提升工程的一个不利因素。

三 在文化上，保守的传统乡村文化 [1]

文化在某种程度上讲影响着人类的思维、态度、价值观和信仰，决定着一个国家和民族的科学文化、教育水平和思维方式。中国传统文化的价值观左右着广大农民，影响着他们的思维方式、价值取向和社会行为。农村是传统文化积淀最深厚的地方，相应的，农民也是受传统文化熏陶最深的群体。实事求是地讲，改革开放以来，农村家庭联产承包责任制的实行，乡镇企业的发展，全面建成小康社会及城乡一体化发展，让农民真正受到了现代化的洗礼，传统的思想观念中的消极因素逐渐减少，现代性逐步提升，但仍有大量的消极因素成为农民现代化的羁绊。

第一，因循守旧的保守思想阻滞了农民的创新精神。很大部分农村地区百姓言行仍保持着重不温不火而轻奋发有为、重墨守陈规而轻与时俱进、开拓创新、积极进取。受这一文化理念的影响，广大农村的很多居民安于现状、不思进取而放弃创新精神、担当意识，这对于新型城镇化建设、农民现代化意识的形成都有不利影响。

第二，个体无意识抑制了农民多元价值观的形成。现代社会强调的是对个人价值观的尊重，每个个体都有自己的个性和价值观，尊重和理解个

---

① 郭少华：《新型城镇视域下农民现代化实现路径研究》，《中州学刊》2014 年第 4 期。

人。但我们国家的传统文化是整体本位，个体是服从于集体的，个人要服从于家庭、社会和国家，不能张扬个性。社会的价值观是强加于个人价值观之上的，并且剥夺了个体的具体权利。这样的环境下，农民基本上是缺乏个体意识的，没有自己的个性特征，整体划一，老实、本分、怯弱，不思进取，保守，缺乏个人奋斗和自我实现。

第三，封建宗法观念阻碍了农民法治意识的觉醒。中国漫长的封建社会，历朝历代都是人治社会，皇帝拥有至高无上的权力，为了维护其统治，"三纲五常"的封建伦理道德成为最高的伦理守则。法是因人而异，社会上不是人人平等。时至今日，我们仍然看到，农村广大地区权大于法的观念仍然盛行，解决问题首先考虑找关系，花钱好办事，而法治的理念还没有深深地渗透到农民的思维中。

四　在教育上，落后的农村教育

教育在促进人的现代化进程中发挥着至关重要的作用。调查分析发现：教育水平与人的现代性成正相关关系，受教育年限少的人具有的现代性品质大概只有14%，而受教育年限多的人现代性则大大提升，达到48%左右。可以说，没有现代化的教育，就不会有现代化的人。但中国广大农村的教育普遍落后，教育投入不足、教育资源分配不均、师资结构不健全、重学历教育而轻职业教育、重学生教育而忽视成年人教育，导致社会的现代因素无法通过教育有效地向农村渗透，教育对促进人的现代性成长的作用受损，农民的现代化水平受到制约。

（一）农村教育投入严重不足

中华人民共和国成立以后，为了发展农村教育，国家做了很大努力，但与城市相比，中央及各级地方政府显然还是重视不够，农村教育的经费投入和发展需要仍存在巨大的差距。相关研究表明，当人均国民收入达到3000美元左右时，这个国家的医疗、卫生、社会保障等公共服务和相关的社会政策就要做一定的调整，满足人们的潜在需求，否则人民将会感到社会不公平，引起大众的不满，严重时可能还会引起社会的动荡不安。同样，享受良好的教育也是农民的基本权利。而由于农村人口基数大，农村经济状况薄弱，不少地方甚至缺乏最起码的办学条件，所以仅靠政府的投入远远达不到相应的需求，而农村又缺乏相应的筹措渠道。同时我们看到，不少地方政府仍存在挪用教育经费的情况，时不时会看到教师讨薪的状况。可以说，农村教育投入的严重不足对农村教育质量、水平的提高有重要的影响，教育质量的不足又影响着农民现代化水平的提升。

（二）农村教育目标错位

中国的教育从根本上说是应试教育。当然，农村教育作为国家教育体系的一部分也是应试教育，没有农村的特色。农村教育的目标就是让学生上高中、考大学，离开农村。现在我们国家很多农村的教育在很大程度上仍然把升学率作为衡量教学质量的好坏，而不是培养人格健全、社会适应能力强的现代化人才，其培养目标具有很强的应试性，使之为城市输送人才。农村学校相关课程的设置，不是考虑到地方特色，因地制宜，而是农村、城市一个样，东部、西部一个样，都是"千校一面、万人一书"的应试教育模式。课程门类多，主要是传授文化知识，而缺乏关于劳动技术和专业技术的课，侧重于学生智商的发展，而忽略了学生情商和德智体美劳的全面发展。我们看到，现在农村培养的学生和城市的学生一样，基本不会农村的劳动，考不上大学的，毕业以后也流到城市去打工了。在知识的传授方面，不是立足于农村的实际，忽视了有关农村发展和职业农民应该具备的知识和技能的传授，而是偏重于传授与考试相关的知识。在这样的培养目标下，我们看到，有能力考上大学的离开了农村，没有能力考上大学的，回到农村以后也没有掌握任何技能，学了语文不会写合同书、协议书，学了数学算不了账，学了化学不懂化肥和农药，不会种田，不会养殖，欲干无能，无所适从，没有任何手艺，只能投奔城市，进入工厂，成为农民工。而由于他们学非所用，用非所学，身无一技之长，发挥不了应有的作用。其结果是，一方面，教育对本地人才的推动作用不明显，农村的"读书无用论"有抬头的趋势；另一方面，上一级用升学率来考核学校教学质量好坏的标准又等同于农村教育质量的高低。因此，在新形势下，应重新定位农村的教育目标，树立服务农村、服务农业、服务农民的观念，是农村教育走出困境的重要环节。

（三）农村教育结构单一

从第六次人口普查结果来看，我国具有初中文化程度的人口为 5.19 亿，具有小学文化程度的人口为 3.58 亿，具有高中（含中专）文化程度的人口为 1.87 亿。第七次人口普查结果显示，拥有高中（含中专）文化程度的人口为 2.1 亿人，拥有初中文化程度的人口为 4.87 亿人，拥有小学文化程度的人口为 3.49 亿人。[①] 这说明我们国家公民的教育程度还是以初中为主。这样来看，农村教育所培养的人才大部分会留在本地，为本地发展做出贡献。如何使这些人才转化为真正的人力资源，是农村教育面临的难题。但是在目前，农村的教育结构存在严重缺陷，农村教育的结构类型和育人模式与农村发展对人才的需求对接不畅，农村培养的是具有一定认知能力、理解能力的初级人才，而不是社会所需要的技能型、实用型人才。农村的基础教育、职业技术教育和成人继续教育都存在着各种各样的问题。

农村的义务教育虽然现在是免费教育，但是由于很多地方办学条件差，师资水平低，学校分布不合理，特别是近几年出现的撤校合校，使学生求学更加艰难。并且，学生出路差，很多学生出现了自愿性辍学，很多没有初中毕业就出去打工了，农村的义务教育质量亟待提升。至于高中教育，高中学校一般分布在县城，乡镇高中学校的升学率一般比较弱。现在虽然高中学生的数量不断提升，但是大家普遍不愿意上农村的高中，其办学质量和效益不尽如人意。

职业技术教育可以说对农村的发展至关重要，但似乎又是最薄弱的环节，发展面临着重重困境。从办学条件来看，农村职业教育中，教师数量不足，教室偏少，固定资产总额很少，占地面积也偏小。这几年来，农村职业教育校舍面积和实习工厂数量虽有所增长，学校的图书藏书量也有所提升，但是与农村普通教育和城市教育发展相比，可以说是微不足道，本该发挥重要作用的农村职业教育已经面临"灭亡"的危险。当然，农村的成人文化技术培训学校的发展也不是很理想，存在农村成人文化技术培训学校少、注册学生人数不足、专任教师数量不足、外聘教师不理想等问

① 《第七次全国人口普查公报（第六号）》，http://www.stats.gov.cn/ztjc/zdtjgz/zgrkpc/dqcrkpc/ggl/ 202105/t20210519_1817699.html，2021 年 5 月 11 日。

题。本应伴随社会的发展，相关的教学质量和教学设施有所提升，但是这几年不论是学生、教师还是培训人数均呈下降的趋势。从软件来看，农村职业教育的软件建设普遍较弱，难以发挥应有的作用。农村职业教育结构模糊、层次较低，且发展规模有限；培训内容陈旧，无特色，实用性不强；师资队伍建设更新缓慢，从教人员严重匮乏；现在农村教育不重视农村职业教育，对农村劳动者的专业技术培养不足。受整个教育体制的影响，农村职业教育机构大幅缩水，严重影响到农村教育功能的发挥。

（四）农村学校师资水平有待提升

现在农村教育在硬件上是办学条件差，在软件上是师资差。农村的学校由于待遇低，地方偏远，很多地方是聘请代课教师、民办教师，公办教师比较少，而且很多代课教师、民办教师不是师范毕业，没有受过系统的教育学、心理学教育，教学效果比较差。有些公办教师虽然通过继续教育具备了相应学历，但所学非所教，教学基本功差。而且，农村教师的年龄普遍偏大，接受新知识的能力不强，缺乏相应的才艺，特别是音、体、美、劳技专职教师数量不足、质量偏低，多由文化课教师兼任，教学质量也难有保障。造成这种现象的原因是多方面的，如农村环境差、工资待遇低、职称晋升慢、入编难等问题，关键是城乡教育资源不均衡，教育资源缺乏流动性、共享性。

五 在环境上，封闭的农村社会环境

农民的现代化水平受到制约，除了上述的制度、文化、教育因素之外，与农民的生活环境也有着重要联系。农村社会仍存在传统落后的"乡土性"，受土地的制约，农民还没有从根本上走出农村社会。它也使农民被土地束缚在封闭狭小的地域空间，使农民与外界的交流较少。这种惰性土壤使乡土社会形成了生于斯、死于斯的封闭空间。英克尔斯认为，在传统社会环境中生活的人们具有"被动地接受命运、缺乏效能感；害怕革新，不相信新事物；同外界割据，对外界毫无兴趣；只关心家庭事务而对社会事务很冷漠"[1]等特征。这种乡土社会对农民的价值观、思维方式和行为模

---

[1] 郭少华：《新型城镇视域下农民现代化实现路径研究》，《中州学刊》2014年第4期。

式都有很大影响，直接制约着农民现代化的实现。

农村封闭的社会环境抑制农民成为革新者。我国农村社会可以说是熟人社会，村落共同体构成农民生活的整个空间，而农业天生的稳定性使农民世代定居在由血缘、地缘结合体所形成的村庄里。如费孝通所言："地缘不过是血缘的投影，生于斯、死于斯把人和地的因缘固定了，血缘和地缘的合一是社区的原始状态。"[①] 在共同的村落里，农民从记事起就要学习农村的习俗、风俗、道德，经过长时间的积淀，把这些由他律变成自律。这些礼俗就这样在世代变迁中不断相传，而要想成为革新者，则非常困难。法国社会学家孟德拉斯在《农民的终结》一书中指出，农民成为革新者困难的根本原因在于其所处的传统的农村社会，在那里需要克服的困难包括："这要能够对从父亲那儿继承下来的并被周围的人所接受的传统提出质疑，要了解城里的学者或者邻近地区有创造性的农业劳动者取得的进步成果，要感受到变化的需求，以便打破低层次的但却有风险的平衡，还要具有能够冒风险的经济能力和知识能力，所有这些必备的条件很少能够结合在一起。"[②] 从孟德拉斯的论述中，我们可以看到当今中国农村社会的影子，农民要成为革新者，变成现代人，在很大程度上也和农村的环境有很强的联系。乡土社会的惰性土壤使农民生存在狭小的空间中，缺乏流动，缺乏信息的交流，这都影响着农民的思维，对其破除旧传统、旧习俗是巨大的困难，对其现代性提升也是很大的瓶颈。

六 在素质上，偏低的农民综合素质

综合素质是指一个人的知识水平、道德修养以及各种能力等方面的综合素养。综合素质的全面提高是社会发展的一般要求和趋势，特别是我们进入知识化、信息化社会，提高人的综合素质尤为迫切。这里面当然也包括农民综合素质的提升。人的思想、文化、身体及心理等方面素质，包含了科技教育、文化体育、卫生保健和精神文明建设等主要内容。调查统计和有关调研报告显示，当前我国农民的综合素质相对较低，影响了农民现

---

① 费孝通：《乡土中国生育制度》，北京大学出版社1998年版，第56页。

② ［法］H.孟德拉斯：《农民的终结》，李培林译，社会科学文献出版社2005年版，第39—40页。

代化水平的提升。

（一）文化素质较低

从上文的分析可以发现，由于我国农村教育的落后，农民的文化程度普遍以初中文化水平为主，虽与新中国成立初期相比，文盲率大幅度降低，但是与发达国家相比，我国农村劳动力的教育程度普遍较低。现在农村具有高中或者中专学历仍从事农业的农民很少，具有大学以上文化程度的更是寥寥无几。与城市相比，农村的义务教育总体水平偏低，基础比较薄弱，城乡差距很大，城镇居民与农村居民相比，受教育年限相差三四年。由于我国地域广袤，东中西部地区的教育相比也是差距很大，东部地区农民的素质比中西部地区的高，农民文化素质发展存在地区间的非均衡性和不协调性。

（二）健康素质偏弱

健康素质是一个国家综合实力的有机组成部分，也是社会进步和人的现代化的标志。如果农民没有健康的身体素质，农民的现代化就没有保障，农业、农村的现代化就无从谈起。新中国成立以后，国家非常重视农村的医疗工作，经过长期投入，为农民防病治病、健康宣传、预防接种、计划生育等做出了重要工作，为改善农村卫生状况、提升农民的健康水平做出了重要贡献。从总体来看，随着农民收入的增多，农民的食物消费搭配逐步合理，营养状况逐步均衡；农村的医疗事业得到逐步提升，农村人口的平均预期寿命总体上升，人口死亡率逐步下降。特别是新型合作医疗制度和新型农村社会养老保险制度的建立，提升了农民的健康水平。但由于历史欠账比较多，农村的基础医疗条件还不尽如人意，现在农民仍普遍缺乏防病治病的基本卫生知识，农民看病难、看病贵的现象仍然存在，农民还缺乏健全的医疗标准。综合来看，农民的身体健康素质还比较弱，需要进一步提升。

（三）科技素质不强

科技素质是指农民所具有的科学技术水平、生产经验和劳动技能等，是农民掌握的新的科学技术知识并运用到生产、生活实践中去的过程和程度，在认识自然、改造自然和社会实践过程中长期积累的知识结晶，并逐步形成的认识世界和改造世界的能力。[①]农民科学素质不强主要是下列原因造成的。

1. 科普工作形式和方法传统

农村科普的对象是农民，而农民由于受教育水平等方面的限制，对新知识和新技术的接受程度都有待提高，因此，以新颖和接地气的形式和方法开展科普工作，更有利于激发农民对科普知识的兴趣。但调查中发现，许多科普人员在落实政策时只是为了完成任务而忽略了实际效果，没有以农民喜闻乐见和接地气的形式传播科普知识，在普及专业性、技术性知识时没有挖掘群众化语言，在科普工作中较多出现理论性和学术性的术语，传播科普知识以理论课为主，传播的科普内容不能满足乡村振兴战略发展要求，科普产品缺乏创新。这些问题都导致农民难以理解和接受理论性、专业性的科学知识和科学技术，对科普工作的兴趣大大减弱，造成科普工作的实效性不强。

2. 科普设施和科普队伍建设仍需加强

由于科普工作的资金投入力度不足，资金难以支持建立完善的科普设施和科普队伍。河南省部分农村地区几乎没有或很少有科普设施，缺乏开展科普工作的平台。在科普队伍建设方面也出现了一些问题：农村科普队伍人员素质有待提高，科普人员安排不合理；科普人员工作积极性不高，缺乏奖惩机制和监督机制等。另外，科普媒介的传播方式不能满足乡村振兴战略发展要求，农民获取科普信息的渠道单一，体验参与式的科普形式有待加强。这些问题都制约着农村科普工作的正常开展，制约着农民科学素养提升的进程。

3. 农村科普工作资金投入力度不足

虽然近年来河南省政府积极落实国家下达的科协任务，但是由于河南省科普基础设施建设长期滞后，科普队伍建设还有很大问题，再加上各地

---

① 习亚哲：《中国农村劳动者素质问题研究》，硕士学位论文，河北大学，2004年，第30页。

方政府的资金分配不合理，农村科普经费紧张，难以建立完善的科普基础设施和科普队伍，更不用说投入大量资金开展科普活动。对农村科普工作的关注度不够、资金投入不足，势必会造成科普工作质量下降、科普工作实效不高等问题，影响农村科普工作的质和量。

4. 农民自身存在的问题

农民自身存在受教育水平较低、科技意识不强、使用科技不够等问题，这都制约着农民接受和理解科学技术与科学知识的水平，不利于科普工作的顺利开展。

虽然经过长期的培训、教育，农民的科技素质有大幅度提升，科学养殖、种植和现代科技运用能力不断增强。但由于文化程度较弱，长期缺乏系统的培训，接受新知识的能力不强，现在农民的科技素质还是不能与农业现代化发展相适应，影响了"三农"现代化质量的提升。

第六章 乡村振兴战略视域下促进农民现代化实现的路径选择

第一节 以制度创新推进农民现代化

人是社会活动的主体，人的活动又受到相关制度的限制。制度为人们的活动提供了准则，指导人们在制度的轨道上合理有序地运行。制度的优劣、好坏，是否公平，直接决定着人的主体性是否得以实现，是否可以通过个人的努力实现自己的理想、成就。对我们国家来说，广大人民群众要想实现从传统到现代的嬗变，必须建立一个完善的、合理的、公平的制度。通过制度建设，可以有效规范农民的行为，保障农民的利益，充分调动农民的主动性、创造性，促进农民现代思维方式的形成。

一 破解城乡分割的户籍制度，使城乡居民享有同样的权利

中央新型城镇化工作会议指出，"全面放开建制镇和小城市落户限制，有序开放中等城市落户限制，合理确定大城市落户条件，严格控制特大城市人口规模。促进有能力在城镇稳定就业和生活的常住人口有序实现市民化，稳步推进城镇基本公共服务常住人口全覆盖。推进农业转移人口市民化要坚持自愿、分类、有序原则"。改革现行户籍制度，重点和难点并不在于开放到哪个层次的户籍制度，改革的着力点和突破口在于如何打破现有的利益格局而不造成城乡居民的社会冲突和对立，如何革除其利益分配功能而使其回归到仅仅作为对人口进行登记管理的必要手段。其意义不单单是取消农业户口与非农业户口称谓上的差别，而是要真正剥离户籍背后城市居民所享受的各种利益差别，建立一种身份平等、权利平等的身份制

度，使全体公民在医疗、养老、教育、社保等方面都能享有同样保障①。更重要的一点是，使他们获得自由发展的可能，赋予他们与城镇居民竞争的能力。尤其是通过建立城乡统一的户籍制度，能够促使农民的现代性健康发展，让他们平等、有尊严地参与现代化建设。

推进人的城镇化，重要的环节在户籍制度。加快户籍制度改革，是涉及亿万农业转移人口的一项重大举措。户籍制度改革是一项复杂的系统工程，既要统筹考虑，又要因地制宜、区别对待；要坚持积极稳妥、规范有序，充分考虑能力和可能，优先解决存量，有序引导增量；要尊重城乡居民自主定居意愿，合理引导农业转移人口落户城镇的预期和选择；要促进大中小城市和小城镇合理布局、功能互补，搞好基本公共服务，还要维护好农民的土地承包经营权、宅基地使用权、集体收益分配权。户籍制度改革既要立足当前，又要着眼未来，通过高位推动，在实践中积极探索出一条中国特色的户籍制度改革道路，尽快制定切实可行、人民群众满意的指导意见、配套措施和实施方案。②

近几年来，我们国家的户籍制度正在取得实质性的进展。2009 年，中央经济工作会议部署 2010 年经济工作时明确指出，要把解决符合条件的农业转移人口逐步在城镇就业和落户作为推进城镇化的重要任务，放宽中小城市和户籍制度限制；2010 年深化经济体制改革重点工作意见指出，深化户籍制度改革，加快落实放宽中小城市、小城镇特别是县城和中心镇落户条件的政策，进一步完善暂住人口登记制度，逐步在全国范围内实行居住证制度；《国家中长期人才发展规划纲要（2010—2020 年）》指出，逐步建立城乡统一的户籍登记制度③；2012 年，公安部决定在北京、天津、上海、重庆、广州、深圳六个流动人口较多的城市推行非本市户籍就业和在读大学生办理出入境证件的便民措施；2010—2012 年，全国共办理户口"农转非"2505 万人。2013 年全国政法工作会议指出，2013 年将重点推进户籍

---

① 郭少华：《新型城镇视域下农民现代化实现路径研究》，《中州学刊》2014 年第 4 期。
② 习近平：《改革要聚焦聚神聚力抓好落实着力提高改革针对性和实效性》，《人民日报》2014 年 6 月 7 日第 1 版。
③ 孙瑞：《我国地方公共政策的连续性缺失问题研究》，硕士学位论文，天津师范大学，2013 年，第 30 页。

制度改革；同年，国务院《关于深化收入分配制度改革的若干意见》指出，"实行全国统一的社会保障卡制度""全国统一的纳税人识别号制度""全民医保体系""农业转移人口市民化机制""全国统一的居住证制度"，努力实现城镇基本公共服务常住人口全覆盖；2013 年 5 月 6 日，国务院常务会议提出，"围绕提高城镇化质量、推进人的城镇化，研究新型城镇化中长期发展规划。出台居住证管理办法，分类推进户籍制度改革，完善相关公共服务及社会保障制度。保护农民合法权益"①。2013 年 6 月，在第十二届全国人大常委会第三次会议上通过的《国务院关于城镇化建设工作情况的报告》中称，我国将全面放开小城镇和小城市落户限制，有序放开中等城市落户限制，逐步放宽大城市落户条件，合理设定特大城市落户条件，逐步把符合条件的农业转移人口转为城镇居民。这是我国第一次明确提出各类城市具体的城镇化路径。②

2014 年 7 月 30 日，国务院印发《国务院关于进一步推进户籍制度改革的意见》。《意见》指出进一步调整户口迁移政策，统一城乡户口登记制度，全面实施居住证制度，加快建设和共享国家人口基础信息库，稳步推进义务教育、就业服务、基本养老、基本医疗卫生、住房保障等城镇基本公共服务覆盖全部常住人口。到 2020 年，基本建立与全面建成小康社会相适应，有效支撑社会管理和公共服务，依法保障公民权利，以人为本、科学高效、规范有序的新型户籍制度，努力实现 1 亿左右农业转移人口和其他常住人口在城镇落户。全面放开建制镇和小城市落户限制，有序放开中等城市落户限制，合理确定大城市落户条件，严格控制特大城市人口规模。建立城乡统一的户口登记制度，取消农业户口与非农业户口性质区分和由此衍生的蓝印户口等户口类型，统一登记为居民户口，体现户籍制度的人口登记管理功能。建立与统一城乡户口登记制度相适应的教育、卫生计生、就业、社保、住房、土地及人口统计制度。建立居住证制度，公民离开常住户口所在地到其他设区的市级以上城市居住半年以上的，在居住地申领居住证。符合条件的居住证持有人，可以在居住地申请登记常住户口。以

---

① 孙瑞：《我国地方公共政策的连续性缺失问题研究》，硕士学位论文，天津师范大学，2013 年，第 31 页。

② 钟荷、学安：《户籍制度改革与城镇化》，《中国纪检监察报》2013 年 7 月 4 日第 3 版。

居住证为载体，建立健全与居住年限等条件相挂钩的基本公共服务提供机制。居住证持有人享有与当地户籍人口同等的劳动就业、基本公共教育、基本医疗卫生服务、计划生育服务、公共文化服务、证照办理服务等权利；以连续居住年限和参加社会保险年限等为条件，逐步享有与当地户籍人口同等的中等职业教育资助、就业扶持、住房保障、养老服务、社会福利、社会救助等权利，同时结合随迁子女在当地连续就学年限等情况，逐步享有随迁子女在当地参加中考和高考的资格。各地要积极创造条件，不断扩大向居住证持有人提供公共服务的范围。按照权责对等的原则，居住证持有人应当履行服兵役和参加民兵组织等国家和地方规定的公民义务。[①]

二　完善农村基层民主制度，充分调动农民的政治参与性

党的十八届三中全会指出："开展形式多样的基层民主协商，推进基层协商制度化，建立健全居民、村民监督机制，促进群众在城乡社区治理、基层公共事务和公益事业中依法自我管理、自我服务、自我教育、自我监督。"[②]改革开放以来，农村村民自治体系逐步建立，农民的参政意识、民主管理意识逐渐强烈，村级事务从选举到决策、从管理到监督逐渐体现出协商民主的特点。但在实际操作过程中，依然存在着重形式、轻实效的色彩，甚至在有些地区还存在决策不民主、一把手说了算等问题。这不仅影响着新型城镇化建设，同时也影响着农村的健康、可持续发展。

第一，健全村务公开制度，保障群众的知情权。村务公开一定要坚持实事求是，依法运作，不能图形式、走过场。只要是涉及村民切身利益的事情，或是村民关心的重要问题，都要公开，要真正公开、如实公开、尽早公开，要做到真正为老百姓服务，坚决不能损坏群众的利益，保证群众的知情权，提升群众的满意度。

第二，要完善村民自治制度，保障群众的参与权。村委委员、村两委干部、村党组织一定要坚持在党的领导下，遵守相关的法律法规、村规民约，组织全村群众并结合实际情况讨论制定村民的各项规章制度，包括村

---

① 中华人民共和国国务院：《国务院关于进一步推进户籍制度改革的意见》，《人民日报》2014 年 7 月 31 日第 8 版。

② 《中国共产党第十八届中央委员会第三次全体会议公报》，《新长征》2013 年第 12 期。

财务制度、村选举制度、村议事制度等。在新形势下，为了促进农村社会稳定和谐、经济发展，增强村民自我管理、自我教育、自我服务的能力，增强村两委特别是支部书记、村长依法办事能力和带领群众致富的能力，要对村干部有提升经济发展、社会稳定、计划生育等方面的要求，通过法律法规、规章制度来约束村民和村干部。

第三，要规范民主决策机制，保障农民群众的决策权。现在很多农村的民主决策机制是不完善的，或者是流于形式的，很多是支部书记、村长或者两委干部控制村中的各项事务，老百姓根本没有知情权、表决权。因此，对涉及村民切身利益的各项事宜，都应该根据村里的规章制度，依照决策程序进行民主决策，由村民会议或村民代表会议讨论决定。与此同时，也应该加快建设相应的决策责任追究机制。

第四，农村民主政治建设，要强化村务管理的监督制约机制，保障农民群众的监督权。村务管理的核心是加强财务管理，因此，各地要尽快建立一套符合农村实际的村级财务管理制度，设立村民理财小组，具体负责监督村财务收支情况，同时积极推行民主评议村干部工作制度。[①]

三 健全城乡统筹发展的社会保障制度

目前，构建城乡统筹的社会保障制度业已形成全民共识，也是今后努力的方向所在，但要根据全国各地的实际情况，分阶段、分层次、分步骤地有序推进，坚持统一筹划、城乡整合的原则，逐步实现城乡、区域之间的相互转换和顺利过渡，消除妨碍社保账户流动的行政区域壁垒。

首先，建立城乡统筹的养老保险制度。农村社会养老保险、城镇居民社会养老保险以及农村流动人口的商业保险，现在仍是标准不一、待遇不等和轨道不同，理应打破区域限制、身份限制，实行城乡统一的养老保险制度。

其次，建立城乡统筹的医疗保险制度。鉴于大中城市占据大量医疗卫生资源而乡镇卫生院设备差、医务人员待遇低之类因素严重影响农民寻医问诊，建立能够均衡城乡医疗卫生资源配置的医疗保险制度，迫在眉睫。

---

① 尹长海：《吉林省农民现代化问题研究》，硕士学位论文，长春理工大学，2012年，第38页。

最后，提升统筹城乡社会保障管理水平。按照"归并业务、简化程序、统一信息、提高效率、方便群众"的原则，对社会保障资源进行整合统筹，建立"科学、统一、协调、高效"的社会保障管理新体制；在统筹层次上，实行市级统筹，由市级财政保障统筹城乡社会保障制度建设。

四 构建城乡统一的就业服务体系，完善就业服务政策

"工作是人们生活的核心。不仅是因为世界上很多人依靠工作而生存，它还是人们融入社会、实现自我，以及为后代带来希望的手段。这使得工作成为社会和政治稳定的一个关键因素。"[1]对于农民来说，稳定的工作是他们最为迫切的需要，相对稳定的就业和收入是农民立足城市生活、实现市民化意愿的基本条件。大规模的农民流动就业对我国传统经济社会管理体制，特别是劳动就业和劳动力市场管理制度的改革，提出了新的要求，亟须建立城乡统一的就业服务体系。

建立和完善统一开放、竞争有序、城乡一体化的就业服务体系，实现城乡劳动力平等竞争。要消除针对农民的各种观念认识障碍、制度障碍、政策障碍，按照"公开、平等、竞争、择优"的原则，健全劳动力流动机制，以促进劳动力在全社会范围内合理流动，为农民在城市的就业创造公平、合理的竞争环境。为促进建立全国统一规范的就业服务体系，当前应尽快建立具有权威和信誉的全国统一劳动力供需信息的搜寻与组织系统及其管理制度，加强劳动力供需信息搜寻的网络建设，为农民在城市的就业提供优良的信息服务；打破身份界限，统一用工手续和用工待遇，把农民统一纳入劳动力保障管理范围，依法规范从业环境，保障农民的就业权利；健全市场服务机构，要大力发展各级各类职业介绍机构和人才交流中心，同时加强法治建设，提高职业介绍机构和人才交流中心的服务质量。将农村就业纳入国家统一的就业政策范畴，取消各种就业准入制度，拆除对本地劳动力就业采取保护的"壁垒"，逐步建立和完善统一开放、竞争有序、城乡一体化的劳动力市场，实行劳动力凭学历、技能竞争就业，农民和市民享有平等就业的机会，实现城乡劳动力平等竞争。

---

① 国际劳工组织：《全球就业议程》，《劳工世界》2001年第2期。

完善劳动力市场调控机制，建立劳动力市场规范体系，保障公平竞争。完善劳动力市场开发机制，通过对农村劳动力智力、体力和道德素质的培养，提高农村劳动力素质，改善他们的知识结构。完善劳动力市场利用和配置机制，大力培育中介组织，加强并发挥劳动力市场服务机构的作用，将其作为沟通、连接剩余劳动力与新的就业岗位的媒介。

第二节　以农业现代化带动农民现代化

一　加强农业基础设施建设，提升农业生产水平

科学、现代、无污染、绿色环保是国家对现代农民生产经营的根本要求。在国人迫切渴望吃上无污染绿色食品的需求下，用现代科技改造传统农业、提升农业的现代化水平，势在必行。

一是加强农业基础设施建设。目前，农业基础设施建设不尽如人意，其主要表现在完善农田水利基础设施、土地合理整治、建设农产品物流体系等方面欠账较多。这三者堪称提升农业基础设施现代化的重要支撑：农田水利基础设施建设是提升粮食产量的基础；土地的合理整治是挖掘农村生产力的前提，是粮食增产增收的保障；现代化粮食物流提升建设是确保鲜活农产品走向市场的关键环节。

二是提升农业机械化水平。通过大力推广农机具和提升补贴力度，更多的农户能用上现代化机械。这样做不但可以减轻农民的劳动强度，而且也可以促进农业的增产增收。

三是推进我国农机装备和农业机械化转型升级，加快高端农机装备生产研发、推广应用。要促进农机农艺融合，积极推进作物品种、栽培技术和机械装备集成配套，加快主要作物生产全程机械化，提高农机装备智能化水平。

四是加强农业信息化建设，积极推进信息进村入户，鼓励互联网企业建立产销衔接的农业服务平台，加强农业信息监测预警和发布，提高农业综合信息服务水平。

五是大力发展数字农业，实施智慧农业工程和"互联网＋"现代农业行动，鼓励对农业生产进行数字化改造，加强农物联网应用，提高农业精准化水平。[①]

二 稳步推进农村土地流转，实现农业规模化经营

《中共中央关于全面深化改革若干重大问题的决定》要求："稳定农村土地承包关系并保持长久不变，赋予农民对承包地占有、使用、收益、流转及承包经营权抵押、担保权能，允许农民以承包经营权入股发展农业产业化经营。鼓励承包经营权在公开市场上向专业大户、家庭农场、农民合作社、农业企业流转，发展多种形式规模经营。"[②] 要圆满实现这一目标，就必须遵循市场规律并充分考虑农民的真实意愿，在具体工作中切实转变工作思路、科学规划、创新服务。第一，要遵循"稳定、搞活、分权"的原则。家庭联产承包责任制本是让农民得以安居乐业的基石，必须使之长期保持稳定。落实农村土地承包关系稳定并长久不变政策，衔接落实好第二轮土地承包到期后再延长 30 年的政策，让农民吃上长效"定心丸"。全面完成土地承包经营权确权登记颁证工作，完善农村承包地"三权分置"制度，在依法保护集体所有权和农户承包权前提下，平等保护土地经营权。[③] 在此基础上，适当分离土地的承包、使用和经营权，坚定所有权、稳定承包权、搞活经营权。第二，遵循"依法、有偿、自愿"的原则。农民是决定改革成败的主体，在改革过程中必须充分尊重农民在土地流转中的意愿，同时必须严格依法依规进行，坚决杜绝农民"被上楼"现象发生，以免伤害农民的感情。第三，规范管理原则。规范土地流转环节的管理，不仅能够减少改革阻力，而且能够保障土地流转和规模化经营的平稳、合理、有序流动。

要规避土地流转的风险，就要构建适应当前农村土地流转的风险防范

---

① 《中共中央国务院印发〈乡村振兴战略规划（2018—2022 年）〉》，http://www.xinhuanet.com/politics/2018-09/26/c_1123487123.htm，2018 年 9 月 26 日。

② 《中共中央关于全面深化改革若干重大问题的决定》，《党建》2013 年第 12 期。

③ 《中共中央国务院印发〈乡村振兴战略规划（2018—2022 年）〉》，http://www.xinhuanet.com/politics/2018-09/26/c_1123487123.htm，2018 年 9 月 26 日。

体系及其保障措施。从时间维度来讲，可从农村土地流转前、农村土地流转中和农村土地流转后进行防控。[①]

（一）农村土地流转前的风险防控

这一阶段的防控工作首先是进行深入的调研和科学的分析。农村土地流转必须有一定的经济基础做支撑，要对相关区域的经济指标如人均GDP、农业产值占社会总产值的比重、非农收入占总收入的比重等深入调研，做出科学的评价分析。这是农村土地能否流转的客观要件。其次要对农民的流转意愿进行摸底调查。农业部出台的《农村土地承包经营权流转管理办法》规定："农村土地承包经营权流转应遵循平等协商、依法、自愿、有偿的原则。"尊重农民的流转意愿是农村土地顺利流转的重要前提。在制定土地流转政策和发展规划时，要充分考虑农业发展需求和农民意愿。当然，尊重农民的流转意愿并不单单是农民是否愿意进行土地流转，更重要的是要对土地流转的规模、期限、用途、价格、方式等进行分析，要对农民负责。这些调研和分析的工作需要农民、集体经济组织、中介组织和政府机构的共同参与，确保结果客观、公正、准确，通过技术服务体系、审核监督体系，来实现农村土地流转前的风险防控。

（二）农村土地流转中的风险防控

首先，对农村土地流转规模经营者进行筛选。农村土地流转规模经营者作为土地流转的受让方，作为经营管理者，担负着增加农民收入、促进农业发展、提升公司效益的重任，所以要对规模经营者进行筛选，对其经营业绩、企业规模、财务状况、信誉水平和抗风险能力进行科学评价，并设立准入机制。只有通过各方面考核的规模经营者，才能有资格进入农村土地流转市场。其次，签订合约。合约是约束土地出让方和受让方权利与义务的重要文件，也是解决纠纷的依据所在。农村土地流转合约的签订，需要建立在农民流转土地意愿的基础上，并切实结合当地经济发展水平和规模经营者的意愿，经谈判达成。由于农民的法律知识薄弱，综合素质较

---

① 郭少华：《新型城镇化视域下农村土地流转的社会风险研究》，《黄河科技大学学报》2015年第1期。

低，而相关的规模经营者具有丰富的谈判经验和相关的资源，为了在谈判博弈中维护农民的权益，需要集体经营组织、市场咨询机构、法律咨询机构、金融服务机构和政府的共同参与，确保合约的公平、公正、公开。

（三）农村土地流转后的风险防控

在此阶段，农村土地流转规模经营者面临着经营不善的风险、收益损失的风险、市场突变的风险及农民就业的风险等，因此，更应该进行风险防控，并需要农户、政府和相关中介组织的跟进。一是成立联合检查小组。由农民、政府及独立的第三方组织共同成立检查小组，对土地流转项目进行定期检查，看是否改变了土地性质、土地用途，了解项目经营状况、收益分配状况、组织运作情况等，及时向农户通告、公示。二是农业技术帮扶。联合农业大学、农业科研机构，对规模经营者进行技术指导、帮扶，提升农业生产效率，提升综合效益。三是设立风险保障金。自然灾害、市场波动对农业经营者来说，存在着不确定性的风险，为了减少相关风险带来的损失，可以探索建立工商企业流转农业用地风险保障金制度。在风险发生时，土地流转户可以申请风险保障金，以弥补损失。四是对农民进行就业帮扶。土地流转后失去保障功能的农民，面临着就业的压力。但由于很多农民文化水平低，劳动技能差，外出务工不占优势，此时就需要政府或规模经营企业对农民进行劳动就业培训，提升其劳动技能，并尽可能提供就业岗位。

三　创新农业生产经营体制，积极培育新型经营主体

要通过构建专业化、集约化、组织化相结合的新型农业产业经营体系，不断提升农业产业化经营水平，建立健全利益协调机制，完善农业产业体系，不断促进农业经营的产业化、农业生产的机械化、农业服务的现代化和农民的现代化。

第一，要构筑农民利益相互联结的长效机制，使联系农民利益的纽带由合同形式向产权形式转变，通过农民产权入股，参与农业的产业化经营，形成"收益共享、风险共担"的联结机制，不断提升农业的集约化水平。第二，要大力创新农业产业经营体制。要通过发展有机、绿色无公害

农产品，实行标准化、规模化种植，进一步提升农产品质量的安全水平，促进农业生产经营的集约化、标准化水平。第三，要加大对新型农业生产、经营主体的帮扶力度。通过金融、税收等倾斜政策，优化农业产业生产、经营主体的发展环境，鼓励社会资本参股经营新型农业，共促发展。第四，构建新型农业经营主体组织体系。要建立以各类农业专业合作社为基础，行业联合社、示范社等新型合作社为骨干的合作社组织体系，同时要形成以家庭农场、龙头企业为基础的农业发展集团，实现农业产业的集群发展。

四　加快构建农业支持保障体系，促进农业的可持续发展

要促进农业的可持续发展，必须发挥"以工促农、以城带乡"的长效机制，建立科学合理的财政支农的保障体系。首先，要构建农业产业支持体系。通过借鉴国外农业产业支持体系的框架结构，加快农业产业支持体系的建构，完善农业政策服务体系，提升农业及农产品的补贴力度，健全农业保护政策，逐步形成操作方便、补贴直接、类型多样的农业补贴政策体系，提升农业的综合生产能力。其次，要完善农民收入支持体系。要借鉴欧美发达国家在统筹城乡方面的成功经验，并结合国内实际，建立健全农民收入支持体系，在现有农业直补政策的基础上，进一步简化程序，提高补贴力度，确保农业补贴及时足额到位，加快建立与收入直接挂钩的补贴支持政策，加大扶持力度。

第三节　以社会主义先进文化引领农民现代化[①]

先进文化的引领是农民实现现代化的重要一环。先进文化是马克思主义指导下的社会主义优秀文化，它以培育和弘扬社会主义核心价值观、弘扬民族精神为重任，用先进文化引领农民就是要农民树立建设有中国特色社会主义的共同理想和精神支柱，大力弘扬以爱国主义为核心的民族精神和以改革创新为核心的时代精神，激发农民的创造活力，促使农民养成良

---

① 郭少华：《新型城镇视域下农民现代化实现路径研究》，《中州学刊》2014 年第 4 期。

好的道德情操。

一 加快城乡文化一体化建设，促进文化发展成果共享

中共十七届六中全会指出，要"增加农村文化服务总量，缩小城乡文化发展差距，对形成城乡经济社会发展一体化新格局具有重要意义"[1]。就促进城乡文化一体化发展和加快公共文化服务体系建设来说，农村是最薄弱的环节，迫切需要加强建设，要推动城乡公共文化服务体系融合发展，增加优秀乡村文化产品和服务供给，活跃、繁荣农村文化市场，为广大农民提供高质量的精神营养。[2]

（一）健全公共文化服务体系

按照有标准、有网络、有内容、有人才的要求，健全乡村公共文化服务体系。推动县级图书馆、文化馆总分馆制，发挥县级公共文化机构辐射作用，加强基层综合性文化服务中心建设，实现乡、村两级公共文化服务全覆盖，提升服务效能。完善农村新闻出版广播电视公共服务覆盖体系，推进数字广播电视户户通，探索农村电影放映的新方法、新模式，推进农家书屋延伸服务和提质增效。继续实施公共数字文化工程，积极发挥新媒体作用，使农民群众能便捷获取优质数字文化资源。完善乡村公共体育服务体系，推动乡村健身设施全覆盖。

（二）增加公共文化产品和服务供给

深入推进文化惠民，为农村地区提供更多更好的公共文化产品和服务。建立农民群众文化需求反馈机制，推动政府向社会购买公共文化服务，开展"菜单式""订单式"服务。加强公共文化服务品牌建设，推动形成具有鲜明特色和社会影响力的农村公共文化服务项目。开展文化结对帮扶。支持"三农"题材文艺创作生产，鼓励文艺工作者推出反映农民生产生活

---

[1]《十七届六中全会〈决定〉解读：为什么要加快城乡文化一体化发展？》，http://www.wenming.cn/xj_pd/17j6zqh/qwjd/201112/t20111223_437297.shtml，2011 年 11 月 23 日。

[2]《中共中央国务院印发〈乡村振兴战略规划（2018—2022 年）〉》，http://www.xinhuanet.com/politics/2018-09/26/c_1123487123.htm，2018 年 9 月 26 日。

尤其是乡村振兴实践的优秀文艺作品。鼓励各级文艺组织深入农村地区开展惠民演出活动。加强农村科普工作，推动全民阅读进家庭、进农村，提高农民科学文化素养。

（三）广泛开展群众文化活动

完善群众文艺扶持机制，鼓励农村地区自办文化。培育、挖掘乡土文化本土人才，支持乡村文化能人。传承和发展民族民间传统体育，广泛开展形式多样的农民群众性体育活动。鼓励开展群众性节日民俗活动，支持文化志愿者深入农村开展丰富多彩的文化志愿服务活动。活跃、繁荣农村文化市场，推动农村文化市场转型升级，加强农村文化市场监管。

二　建立一支致力于农村文化传播的人才队伍

加强基层文化队伍培训，培养一支懂文艺、爱农村、爱农民、专兼职相结合的农村文化工作队伍。首先，充实提升基层文化站所实力。通过引进人才、对原有工作人员加强培训和实施继续教育等措施，促使基层文化站所成为竭诚服务农民文化生活的有效平台。其次，培育农民业余文化团体。在农村社区或村庄广泛吸纳农民中的文化艺术爱好者组成各种文艺团体，并对他们免费培训和加强指导，以更好地发挥他们在活跃农村精神文化生活中的作用。最后，培育一支稳定的文化志愿者队伍。通过政府协调、部门委派和学校联合等方式，建立一支高素质的文化志愿者队伍，引导企业家、文化工作者、退休人员、文化志愿者等投身乡村文化建设，丰富农村文化业态，重塑诗意闲适的人文环境和田绿草青的居住环境，重现原生田园风光和原本乡情乡愁。[1]这样一来，不仅可以通过定期的文化下乡的方式，丰富农民的业余文化生活，而且可以鼓励德艺双馨的艺术家、学者担任农村文化团体的辅导员，共同开展多姿多彩的农村文化生活。

---

[1]《中共中央国务院印发〈乡村振兴战略规划（2018—2022年）〉》，http://www.xinhuanet.com/politics/2018-09/26/c_1123487123.htm，2019年9月26日。

三　培育农民积极参与农村文化建设的自觉性、主动性

农民作为新型城镇化建设的创造主体和价值主体，农民自身素质和主动性的发挥，不仅关系到新形势下农村的文化建设，而且和农民的现代化水平提高息息相关。因此，要充分调动农民群众的主动性、积极性，培养农民的参与意识，加强规划引导、典型示范，挖掘、培养乡土文化本土人才，建设一批特色鲜明、优势突出的农耕文化产业展示区，打造一批特色文化产业乡镇、文化产业特色村和文化产业群。深入实施公民道德建设工程，推进社会公德、职业道德、家庭美德、个人品德建设。推进诚信建设，强化农民的社会责任意识、规则意识、集体意识和主人翁意识。引导农民自觉融入农村的文化建设当中去，激发农村的文化活力，让农民在农村文化建设中发挥主力军作用。通过农民的自我教育、自我娱乐、自我提升，形成和谐的心理，养成健康、有品位的生活方式和消费方式，逐步提升文化素养，实现精神世界的现代化，健全人文关怀和心理疏导机制，培育自尊自信、理性平和、积极向上的农村社会心态。

四　创新农村文化体制机制，协同加强对农村文化的指导

农村文化建设，要在党的领导下，按照有关路线方针政策，有序稳步推进。新时期要促进农村文化的繁荣发展，必须创新农村文化体制机制，注重把握农村、农业、农民的新需求，发挥市场机制在农村文化资源配置中的主导作用，改革农村文化的工作体制，在传承与创新的基础上构建文化工作新格局。要引入竞争机制，发展多种形式的文化机制，引入公有民营制、股份合作制等新型的管理体制与运行机制。但是农村的文化建设，要在政府的指导和监管之下，但指导过程中要发挥村民委员会、青年团和妇联等群众社团的桥梁和纽带作用。群众团体既能够有效地贯彻执行党在农民现代化建设上的政策、决定，又能发挥自身教育和示范的作用，依托自身群众性的这一鲜明特征，在农村文化建设中扩大群众的参与面，为新型城镇化建设提供牢固的群众基础。

第四节　以现代教育提升农民现代化

英克尔斯通过实证研究证实："教育在培养人的现代态度、价值观和行为方式上是最有力的手段。"① 作为培养人的社会化机构，现代教育对个体社会化、继续社会化都发挥着不可替代的作用。对个体来说，文化知识的掌握、道德的形成、法治观念的加强、自身综合素质的提升，都有待于通过系统化的学习来培养，特别是个体的效能感、自我意识以及合作精神等现代价值观也需要通过学校教育加以内化。因此，在乡村振兴战略视域下，发展现代教育，提高农民综合素质是实现农民从传统人向现代人转变的关键所在。

一　夯实农村基础教育

义务教育是根据宪法规定，适龄儿童和青少年都必须接受，国家、社会、家庭必须予以保证的国民教育。其实质是国家依照法律的规定对适龄儿童和青少年实施的一定年限的强迫教育的制度。义务教育又称强迫教育和免费义务教育，具有强制性、公益性、普及性的基本特点。它是教育工作的重中之重。但现在我们国家的义务教育存在着教育资源发展不均衡、教育质量有待提高、师资有待提升等问题。

（一）统筹规划城乡学校布局

根据新型城镇化建设和新型农村社区建设的需要，统筹规划合理布局学校，特别是农村的教学点应给予合理保留，确保学生能够就近入学。对到城市务工农民的孩子的上学问题，要坚持输入地政府管理的原则；要坚持以公办中小学为主、民办中小学为辅的原则，确保随迁农民工子女平等地接受义务教育，不能有一位失学的儿童；要科学合理地制定进城务工随迁子女在当地参加升学考试的规定。由于农村外出务工人员多，农村有大

① ［美］英克尔斯：《从传统人到现代人——六个发展中国家中的个人变化》，顾昕译，中国人民大学出版社 1992 年版，第 454 页。

187

量的留守儿童，要建立健全政府主导、社会参与的农村留守儿童的关爱机制，建立留守儿童之家，并加快农村寄宿制学校建设，优先满足留守儿童的住宿需求。同时，要采取有效措施，确保适龄入学儿童不能因为家庭经济困难而失学，尽最大努力消除义务教育阶段学生的辍学现象。

（二）推进义务教育均衡发展

现在我们的义务教育存在着农村和城市的巨大鸿沟，促进义务教育的均衡发展是现阶段农村义务教育的战略性任务，因此必须采取有效措施建立健全义务教育阶段教育均衡发展的保障机制。要根据城乡一体化原则，建立城乡一体化义务教育发展机制，在财政拨款、学校建设、教师配置等方面向农村倾斜，大力推进义务教育阶段农村学校和城市学校标准化建设，特别是加大对农村学校的投入力度，合理均衡配置教学设备、图书和校舍等资源，采取各种措施吸引优秀教师到农村任教。努力提升教学质量，缩小校际差距，着力解决择校问题。要实行县域内教师、校长的定期交流轮岗制度，使师资能够流动起来。在义务教育阶段不能人为地设置重点学校和重点班，确保学生受到均衡优质的教育。在保障所有适龄儿童能够就近入学的情况下，要大力发展民办教育，为学生提供更多的选择机会。

（三）提高教师地位待遇

现在农村地区教师的工作、生活条件都比较差，教师的待遇长期偏低，农村和城市的教师在待遇上存在比较大的差距，致使很多年轻教师、优秀教师不愿意到农村任教，农村自己培养的优秀教师也是另攀高枝。因此，要大力改善农村教师的生活、工作条件，提升农村学校的吸引力，达到农村和城市的教师同工同酬，鼓励优秀人才到农村长期任教、终身从教。要落实教师绩效工资，确保教师的工资待遇随国民经济的发展而提升。针对长期在农村基层和艰苦边远地区工作的教师，在工资、职称等方面实行倾斜政策，完善津贴补贴标准。对边远、艰苦的农村学校，要建设教师的周转宿舍，建立配套的生活设施，来解决教师的生活问题，改善教师的工作条件。要关心教师的身心健康和关爱教师的家庭，开展教师定期体检制度，对贫困的教师家庭要给予帮扶，要落实和完善教师医疗、养老等社会保障政策。

二　大力发展农村职业教育

新形势下，大力发展职业教育对于推动国民经济持续健康发展，对促进青年人顺利就业，改善民众生活条件，解决农业、农村和农民问题有重要的促进作用，同时对缓解大量劳动力的供求结构矛盾至关重要。职业教育在乡村振兴战略视域下对农民显得尤为重要。新型农业技术的推广、农业机械化水平的提高及土地的规模化种植，对农民都提出了更高的要求，今天的农民应该是懂技术、能钻研的新型农民。但农村的职业技术教育欠账很多，发展滞后，亟须加强。

（一）加强职业教育作为服务新型城镇化建设和乡村振兴的重要内容，统筹协调农村职业教育和成人教育，促进农科教结合

职业教育的发展，地方政府负有重要的责任，要不断强化省、市地方政府发展农村职业教育的责任，加大资金投入和政策倾斜，提升农村职业教育的培训覆盖面，根据各地特点合理布局县级职教中心，整合地方的职业教育资源，形成各具特色的职业教育集团，增强职业教育服务城乡、服务"三农"的能力。同时，职业院校也要不断拓宽涉农专业，根据新型城镇建设要求，培养适应当下农业和农村发展需要的专业人才。鼓励各级各类职业学院积极开展对农民的继续教育、培训，提升农民的技能，培育职业型的农民。全面建立职业农民制度，培养新一代爱农业、懂技术、善经营的新型职业农民，优化农业从业者结构。实施新型职业农民培育工程，支持新型职业农民通过弹性学制参加中高等农业职业教育。

（二）要不断完善农村职业技术教育和农民培训体制

创新农民职业教育培训管理新模式，以就业为导向，对预进城务工的农民和从事农业的农民进行专项职业教育和培训，真正使农民有一技之长。农业职业教育的教学内容和课程设置要符合新型城镇化建设的需要，要体现和反映农业发展和科技进步的需要，要贴近农村，贴近农民。通过建立农业职业教育中心，在遵循社会主义市场规律的前提下，探索上下联

动的办学新思路，创新培训组织形式，探索田间课堂、网络教室等培训方式，支持农民专业合作社、专业技术协会、龙头企业等主体承担培训，充分利用多种教育资源，不断培养农民的市场意识、科技意识、规模化意识，切实提升农民的整体素质。

（三）要引导社会资本、企业、个人加强对农民职业教育的投入

通过引入市场竞争机制，优化资源配置，充分调动各行各业、不同社会组织和资源共同参与农业职业教育和培训。要大力鼓励企业、行业协会、组织举办各级各类培训学校，鼓励企业委托相关职业学校进行职工培训。要制定各项优惠措施，鼓励企业和学校合作，接收学生专业实习和教师的实践，鼓励企业在员工培训和继续教育方面给予资金保障，加大对职业教育的投入。要制定促进校企合作办学的法律法规，推进校企合作制度化。对企业、个人办理职业学校的，要给予税收减免和政策扶持等优惠。

三 对农民开展创新创业教育

创业教育是一个崭新的教育理论，兴起的时间并不长，在 20 世纪 90 年代由联合国教科文组织提出。创业教育的目的是培养具有一定创新意识和创造能力、能主动适应急速变化的社会需求、能够独立谋求职业出路、具备开拓性和创业型特点的教育，它是一种富有开创性的教育。[1]农民创业教育就是帮助农民发现和捕捉刚刚出现的具有商业价值的机会，从而在农民创造新产品、服务或实现其潜在价值时培养必备素质的过程。农民创业教育一方面可以培养农民良好的创业素质，引导农民选择合适的创业内容以及学习先进的经营管理经验，从而推动农民创业成功；另一方面，农民创业教育可以培养农民正确的价值观，引导农民以生产生态的、健康无公害的产品的方式获取经济利益。农民创业教育是提高农民收入的重要手段，是缓解农村就业压力的有效途径，也是促进农村经济可持续发展的内在需要。

---

① 郭香：《生态农业视角下的农民创业教育研究》，硕士学位论文，东华理工大学，2013年，第 15 页。

农业部于 2003 年在《全国新型农民科技培训规划（2003—2010 年）》中指出："大力开展农民科技培训，提高劳动者的科学文化素质和思想道德水平，把农民培养成思想觉悟高、懂科技、会经营的新型农民，将沉重的人口负担转化为强大的人力资源优势，对于提高我国农业的科学技术含量、提升国际竞争力具有重要的战略意义，也是从根本上解决'三农'问题的有效途径。"① 可以说，通过创业教育，一方面可以正确地引导农民选择合适的创业项目，培养农民良好的风险承受能力，增加更多的就业岗位，解决农村剩余劳动力的就业问题；另一方面，通过创业可以缩小城乡差距，带动中小城镇的发展，推进我国社会主义新农村建设、新型城镇化建设。

第一，激发农村创新创业活力②。坚持市场化方向，优化农村创新创业环境，放开搞活农村经济，合理引导工商资本下乡，推动乡村大众创业、万众创新，培育新动能。

第二，培育壮大创新创业群体。推进产学研合作，加强科研机构、高校、企业、返乡下乡人员等主体协同，推动农村创新创业群体更加多元。培育以企业为主导的农业产业技术创新战略联盟，加速资金、技术和服务扩散，带动和支持返乡创业人员依托相关产业链创业发展。整合政府、企业、社会等多方资源，推动政策、技术、资本等各类要素向农村创新创业集聚。鼓励农民就地创业、返乡创业，加大各方资源支持本地农民兴业创业力度。深入推行科技特派员制度，引导科技、信息、资金、管理等现代生产要素向乡村集聚。

第三，完善创新创业服务体系。发展多种形式的创新创业支撑服务平台，健全服务功能，开展政策、资金、法律、知识产权、财务、商标等专业化服务。建立农村创新创业园区，鼓励农业企业建立创新创业实训基地。鼓励有条件的县级政府设立"绿色通道"，为返乡下乡人员创新创业提供便利服务。建设一批众创空间、"星创天地"，降低创业门槛。依托基层

---

① 《农业部：全国新型农民科技培训规划（2003—2010 年）》，http://www.moa.gov.cn/zwllm/zcfg/qtbmgz/200601/t20060123_541428.htm，2003 年 11 月 20 日。

② 《中共中央国务院印发〈乡村振兴战略规划（2018—2022 年）〉》，http://www.xinhuanet.com/politics/2018-09/26/c_1123487123.htm，2018 年 9 月 26 日。

就业和社会保障服务平台，做好返乡人员创业服务、社保关系转移接续等工作。

第四，建立创新创业激励机制。加快将现有支持"双创"相关财政政策措施向返乡下乡人员创新创业拓展，把返乡下乡人员开展农业适度规模经营所需贷款按规定纳入全国农业信贷担保体系支持范围。落实好减税降费政策，支持农村创新创业。

四 对农民开展科普教育

（一）加大科普事业资金投入力度，拓宽资金筹集渠道

完善相关政策，加大农村科普队伍建设的政策倾斜及资金扶持力度。科普事业资金投入的多少直接决定了科普事业的发展水平，因此，合理划分科普专项经费，保障科普资金来源就尤为重要。随着经济水平的提升，省、市、县政府也应在现有的财政支出中增加科普经费的投入，保障基本的科普专项经费。同时，除了政府对科普事业的资金支持外，还应拓宽资金筹集渠道，通过多种方式吸引多元化的资金投入。可以通过争取国家政策的支持，对兴办科普事业的社会组织给予一定的补助，倡导公益精神，加大科普公益性宣传力度，鼓励和倡导社会团体和企事业单位加入科普事业。此外，企业也应强化农村科普的责任意识，下乡调研，挖掘优质农产品，进行农企合作。还可以通过慈善组织捐赠、企事业部门和个人捐赠等社会募捐的方式筹集科普经费，向社会公开捐款投入去向，邀请社会各界对科普捐款进行监督，提高大家对科普事业的关注度，逐步形成政府和科协组织主导、企业社会组织协调配合的社会化科普工作格局。

（二）加强农村科普教育事业

在九年义务教育中加大科普教育的比重，坚定不移地贯彻落实综合素质教育，让孩子们从小学习科学知识和科学技术，提高农村儿童和青少年的整体科学素养。在农村教育教学的内容和方法上，课堂教学中可以将文化知识与农业生产实践联系起来，让学生能够学以致用。在教学方式和方法上，在课堂中引进现代化的教学设施和技术，教师创新教学方法，引起

学生对文化知识的兴趣，为适应现代化农业发展培养知识型和创新型的后备军。面向农民的成人教育要考虑到农民的需求和特点，将课堂教学和现场培训结合起来，传授技能型和实用型的科学技术与科学知识，使用通俗易懂的群众化语言讲解专业性和学术性的科普知识，使农民能更容易地理解和接受。同时，还可以开设现代通信技术、互联网技术的学习课程，帮助农民通过互联网学习科学知识，了解科技信息，扩宽农民了解科技信息的渠道。在开展科普教育时应该注意课程的实用性和系统性，结合农村当地的实际情况有针对性地开设不同的课程，同时在课程中注重弘扬科学精神和科学态度，可以通过观看科学家的纪录片、科学节目等，让农民更深切地体会到科学精神，树立正确的科学态度。还可以通过夜校培训、科技讲座、实地指导等多种方式和手段，教授农民现代农业技术使用方法、科学种植、农产品加工技术等方面的知识，让农民能够边学边用，切实感受到科学知识带来的成果，提高农民对科普知识的兴趣，推进农业现代化的进程和乡村振兴战略的实施。

（三）创新科学技术推广途径和科普工作形式

立足农村科普新形势、新需求，积极转变农村科普队伍工作形式和科普内容。新颖的科学技术推广途径和科普工作形式，有利于提高农民对科学知识的兴趣，推动科普工作的开展。可以通过邀请科普人员到田间进行现场指导或邀请专家举办科技讲座等方式，帮助农民解决日常生产生活中遇到的困难，传播科学知识和最新的科学技术。也可以在农村举办科普培训班、科普讨论会等，传播实用性的科学知识和内容，邀请农民讨论日常生活中遇到的问题以及分享解决办法，通过这些方式帮助农民切实解决问题，从中学习到应对困难的实用性科学知识。还可以建立科普阅览室、图书馆等场所，方便农民查阅科普信息，学习科学知识。通过创新科学技术推广途径和科普工作形式，提高农民对科普知识的兴趣和参与度，也是提高农民科学素养水平的一个有效途径。

（四）完善科普工作运行管理制度

目前，农村科普运行管理机制还存在很大的问题，针对这些问题，建议各地方政府和科协组织积极转变管理方式，明确各个科协部门的管理职责，细化责任，明确绩效考核目标，建立一套完善的管理和监督机制。科普工作的开展不仅要依靠政府和县级以上科协系统的运作和管理，关键还是得靠村级科协系统对工作的落实和执行，让上级的科普优惠政策能真正让农民受益，提高农民的科学素养水平。因此，建立健全基层科协科普组织体系，成立村级科普志愿者组织并完善科普志愿者制度，建立和完善村级科协系统，形成自上而下的科协系统网络。

（五）加强科普人才队伍建设，改善农村科普人员激励机制

在注重完善科普工作运行管理制度的同时，政府和各级科协组织也应加大对科普队伍建设的资金投入，加强科普人才队伍建设，改善农村科普人员激励机制，提高农村科普人员扶持力度，为科普工作培养科普人才。同时，农村基层管理者也应强化服务意识，及时落实和宣传国家政策，合理组织农业培训和科普活动；积极进行自我教育，基层管理者要积极参加科普培训工作，业余时间通过多种方式补充科普知识，积极与群众交流。科普基础设施是开展科普工作的重要平台，而科普队伍也是传播科普知识的中坚力量。因此，不仅在宏观层面要完善科普工作运行管理制度，注重科普基础设施的建设，同时也应加强科普人才队伍建设，多种途径助力科普事业，解决科普工作中的困难。

第五节　以信息化助推农民现代化

城乡一体化建设离不开信息化。在知识经济时代，信息化能够有效弥补城乡的知识差距和经济差距。特别是网络时代，大众传媒对国家、人们的现代化发挥着不可代替的功能。以施拉姆、勒纳等为代表的国外传播学者在对大众传媒对国家发展和农民个体现代化影响和作用的问题上进行了深入研究，得出了大众传媒是现代化的"倍增器"和"催化剂"等重要结论。无论是从报纸到广播，还是从电视到网络，大众传媒都把大量的信

息传输给农民，致使农民的现代性逐步提升。[①] 电脑、手机的普及让即使处于最偏远的农村也能接触到最前沿的生产生活信息。正是这类大众传媒把海量的商品经济信息传递给农民，促使农民的思想观念、价值取向、生产生活方式及行为习惯都悄然发生着质的改变，随之而来的则是他们市场意识、民主意识、权利意识和主体意识的逐渐形成。显而易见，农民的思维方式、行为习惯和传统观念在大众传媒的影响下不断变革，大众传媒的市场信息、民主信息潜移默化地培养着农民的市场意识、民主意识、权利意识和主体意识，这些意识的形成和深化不断促进着农民现代化水平的提升。在广大农村地区，大众传媒已成为农民在政治、经济、文化等领域发展现代利益型参与意识的重要信息中介和推动力量。在乡村振兴战略视域下，农村日新月异的发展给大众传媒提供了无限广阔的发展空间，无论是从政府、农民还是媒体的角度来说，都应该重视信息化给农村带来的巨变。

一 统筹协调，强化政府责任

农村信息化建设作为一项重大的基础设施工程，国家负有顶层设计的责任。对政府来说，要从城乡一体化的角度，统筹规划制定总体规划，对信息资源进行优化布局。特别是资源应重点向农村地区倾斜，中央政府应明确农民信息化建设的责任主体、相关标准，并建立监督和管理部门，保障农村信息化的顺利推进，而不出现相互扯皮现象。在顶层设计之下，才能顺利推进。比如欧美国家政府都非常重视农村信息化建设并建立了强有力的领导体系，在设计之初，就统筹布局、合理规划，农村和城市实行统一的标准，通过相关的管理机构，合理分工并统筹协作，这样就形成了从联邦政府到各州、各县政府上下分工明确的管理和协调机制。韩国、日本同样也很重视农村信息化建设过程中的政府责任。在工业化、信息化的背景下，在新型城镇化的进程中，我国政府应明确统领农村信息化建设的责任主体，全面统筹和协调我国农村信息化建设。同时，各级政府要加强对农村信息化建设的监管力度，建立相关的考核和监督机制，加大考核力

[①] 郭少华：《新型城镇视域下农民现代化实现路径研究》，《中州学刊》2014 年第 4 期。

度，为农村信息化建设提供政策支持和保障，使农民在互联网时代能够真正享受到信息化带来的便利。

二 加大投入，促进农村信息化全面发展

由于我们国家地区发展不平衡，农村、城市发展差距很大，东、中、西部地区发展程度也不一样，因此各地的信息化水平差距也很大，特别是中西部地区农村的信息化水平更弱，在资金投入方面严重滞后于城市。新农村建设中，国家虽加大了对农村地区的投入力度，但由于历史欠账太多，成效并不很明显。对地方政府来说，其财力也难以承担农村地区的信息化建设。而农村信息化建设较好的国家如美国、法国、韩国等，对农村信息化建设的投入都是数十亿美元计，并且政府承担了很大的责任。因此，在乡村振兴过程中，为了使城乡的差距尽可能地缩小，实现全面建成小康社会，国家应该利用财政资金，设立专项促进农村信息化发展资金，统筹结合新型城镇化建设的项目，加大农村基础信息网络的投入力度。深化电信普遍服务，加快农村地区宽带网络和第四代移动通信网络覆盖步伐。实施新一代信息基础设施建设工程。实施数字乡村战略，加快物联网、地理信息、智能设备等现代信息技术与农村生产生活的全面深度融合，深化农业农村大数据创新应用，推广远程教育、远程医疗、金融服务进村等信息服务，建立空间化、智能化的新型农村统计信息系统。在乡村信息化基础设施建设过程中，同步规划、同步建设、同步实施网络安全工作。[1]国家也可以制定措施，对各级专项资金进行重点扶持，引导地方政府、信息企业、电信运营商和社会力量建立投资共同体，建立多渠道的农村信息化体系建设资金的投入机制。另外，要出台有关鼓励措施，让各运营商、培训机构和互联网企业加大对基础工作人员的培训力度，提升农村的信息化应用水平，为农村宽带网络的普及和农村信息化建设提供人才支撑。

三 培养人才，保障农村信息化人才队伍建设

农村信息化建设能否实现为民服务、增加农民收入的目标，人才建设

---

①《中共中央国务院印发〈乡村振兴战略规划（2018—2022年）〉》，http://www.xinhuanet.com/politics/2018-09/26/c_1123487123.htm，2018年9月26日。

是关键。而目前农村，农民信息化水平较低，懂信息技术的农民偏少，严重制约了农村信息化的发展。因此，政府必须通过多种渠道培养人才，保障农村信息化人才队伍建设。

（一）整合基层各种资源，充实农村信息化人才资源

第一，各级政府应为各个行政村配备1—2名农村信息服务员，确保信息服务站的平稳运行。第二，应发挥农村基层党员的先锋模范作用，通过村两委成员的培训，使他们掌握一定的专业知识，形成基层党委和群众共建农村信息化的良好局面。第三，应发挥大学生村官在农村信息化建设中的作用。由于大学生村官文化水平高，接受新事物的能力比较强，综合素质比较高，应调动他们的积极性，积极参与农村信息化建设。

（二）加大对农村信息化人才的培养力度

第一，要提升农村信息服务人员的工资待遇，通过各种措施吸引信息人才投身到农村信息化建设。第二，通过提升培训的力度与水平，打造一支能扎根农村、服务农民的信息化工作队伍。第三，通过和基层的涉农企业以及专业合作社合作，因为他们所拥有的信息平台比较先进，信息量比较大，可以发挥他们的领头羊的作用，为农户掌握更先进的信息提供保障，学会利用先进信息为农户的生产生活服务，以实现共同发展、共同富裕。

（三）加大对农民自身的教育，提升农民的信息化水平

由于农民文化水平不同、地区经济发展水平不一样，对农民的培训工作也应该因地制宜，结合实际采取各种方式对农民进行教育和培训。比如，根据农民文化程度开展不同层次的培训：既可以采取远程、在线培训，也可以集中培训。通过各种培训方式和手段，不断提升农民信息技术的应用能力。农民在信息化条件下，既可以提升自己的技能，又可以通过信息化发现商机，发家致富。

四　强化应用，推进农村管理服务信息化

以信息化提升农村公共服务和社会管理水平，实现农村公共服务与

社会管理现代化、决策科学化、服务人性化，逐步缩小城乡"数字鸿沟"，推进城乡统筹发展，推进乡镇和农村信息服务点建设，强化基层两级政府的信息服务站在农村事务管理、信息服务聚合、信息共享及农民的信息培训等方面的综合功能。不断推进农村电子政务发展，建设面向农村、面向农民的基础政府门户网站、村务信息示范平台，开通农村政务电子信箱及农村党建信息化建设。要充分利用农业信息平台资源，不断丰富农村文化生活，提升农民的精神生活质量。通过上下联动，开放农村规划决策系统，提升农村规划建设水平。要依托农业和农村信息化建设平台。不断提高农机补贴、良种补贴、种粮补贴、农资综合补贴等各项惠农支农的实施效率和综合检测能力，为农民群众提供社会保障、医疗卫生、计划生育及就业等方面的信息化服务水平。

第六节　以农民市民化加速农民现代化

马克思指出："人们的观念、观点和概念，一句话，人们的意识，随着人们的生活条件、人们的社会关系、人们的社会存在改变而改变。"[1] 环境对人思想观念的形成具有潜移默化的作用，环境的变化必然对农民思想观念转变起到积极作用。从社会化的角度来分析，农民现代化水平的提升需要有一个能够包含各种能有效促进现代性成长的外部社会环境，而以新型城镇化建设为特征的城市化进程，将为农民的现代化营造良好的社会环境。新型城镇化的核心是人的城镇化，从本质上讲，城市化就是农民的市民化过程。市民化的过程是农民群体适应城市、实现向市民群体的角色转变，也是农民个体实现自身生产方式、生活方式、思维方式和角色认同等方面的现代性转变。这在本质上同农民的现代化的目标和过程是一致的。

一　转变观念，提升认识，为农民市民化创造环境

现在部分市民仍存在对农民的错误认识和陈旧观念，认为农民转变为

---

①《马克思恩格斯选集》（第 2 卷），人民出版社 1995 年版，第 217 页。

市民，会加剧城市人的就业难题，挤占城市的资源，同时带来严重的社会问题。实际上，城市的出现是社会发展到一定阶段的产物，市民都是由农民演化而来的，一部城市发展史其实就是农民创造史和农民演化市民史。特别是我们国家进入城乡一体化的发展阶段，农民的市民化是不以个人意志为转移的历史趋势，是中国现代化的必要环节和必由之路。

对此，政府应通过各种途径宣传教育，使市民认识到农民市民化的重要性和必要性，应该以包容、开放的心态欢迎农民到城市安家落户，并接受现代文明的洗礼和熏陶。同时，各级政府要按宪法规定的公民权利平等原则、市场经济体制下的机会均等原则，赋予进城农民与市民在就业机会、权益保障、福利待遇、子女受教育等内容的平等权利，真正让摆脱土地的农民完成向市民的内涵转化。①

二 以改革的决心和勇气，消除农民市民化的制度障碍

加快推进户籍制度改革，全面实行居住证制度，促进有能力在城镇稳定就业和生活的农业转移人口有序实现市民化。在体制和机制上，影响农民市民化的主要障碍有户籍、土地、社保和基本公共服务等。这就需要一是消除城乡分割的二元户籍制度，为农民的自由流动、落户创造条件。中共十八届三中全会提出："全面放开建制镇和小城市落户限制，有序放开中等城市落户限制，合理确定大城市落户条件，严格控制特大城市人口规模。"2014年，国务院印发《关于进一步推进户籍制度改革的意见》。意见指出："取消农业户口与非农业户口性质区分和由此衍生的蓝印户口等户口类型，统一登记为居民户口，体现户籍制度的人口登记管理功能。"取消户口附加条件，恢复户籍管理的本来面目。二是改革农村土地管理制度，鼓励符合条件的地方农民土地流转，把农民从土地中解放出来。农民变市民的一个关键是农村土地的处置问题，如何改革创新、合理设计、置换进城农民的土地权益，是农民市民化的重要问题。现在全国各地正在对农民的土地流转做进一步的探索。维护进城落户农民土地承包权、宅基地使用

---

① 宋仁登：《城市化进程中农民市民化问题研究》，《山东大学学报》(哲学社会科学版) 2012 年第 1 期。

权、集体收益分配权,引导进城落户农民依法自愿有偿转让上述权益。加快户籍变动与农村"三权"脱钩,不得以退出"三权"作为农民进城落户的条件,促使有条件的农业转移人口放心落户城镇。落实支持农业转移人口市民化财政政策,以及城镇建设用地增加规模与吸纳农业转移人口落户数量挂钩政策,健全由政府、企业、个人共同参与的市民化成本分担机制。[①] 三是改革就业体制,促进城乡就业市场一体化,使城乡居民均能平等就业。现阶段,我国城乡就业市场是二元分割的。要按市场经济运行规律,打破分割的城乡劳动力就业体制,实行城乡统一的市场化就业机制,是加速农民市民化的必然选择。"农村劳动者进城就业享有与城镇劳动者平等的劳动权利,不得对农村劳动者进城就业设置歧视性限制。"[②] 要通过加快建立和健全就业信息网络与大力发展社会化的就业服务体系,建立和完善多层次、多形式的职业介绍机构体系。

三 提高农民综合素质,增强农民市民化的本领

综合素质的高低是影响农民市民化的重要条件。综合素质包括思想道德素质、业务技能素质、科学文化素质,要在农民工中开展职业道德教育,引导农民爱岗敬业、诚实守信、遵守职业行业准则,成为既能熟练掌握职业技能,又具备良好职业道德的新市民。农民的综合素质越高,其在向市民化转移的过程中就会越顺利。特别是到城市以后,他们在城市的适应能力就会越强,也就更容易成为合格的市民。

要提升农民的综合素质,首先,对农民来说,要对自己有一个比较正确的认识和定位。对转移为市民的农民来说,要进一步转变思想观念,更新理念,熟悉城市的生活法则,掌握相关的法律法规,增强法治观念,知法守法,学会利用法律、通过合法渠道维护自身利益,增强学习的自觉性与主动性。其次,要扩大人际交往范围,学习城市的生活方式和生存技能,以新市民的姿态和其他人平等交流,自觉主动地融入城市。要开展精神文

---

① 《中共中央国务院印发〈乡村振兴战略规划(2018—2022年)〉》,http://www.xinhuanet.com/ politics/2018-09/26/c_1123487123.htm,2018年9月26日。

② 《中华人民共和国就业促进法》,http://www.gov.cn/flfg/2007-08/31/content_732597.htm,2007年8月31日。

明创建活动，引导农民遵守交通法规、爱护公共环境、讲究文明礼貌，培养科学、文明、健康的生活方式。要进行现代观念、文明准则、法治观念和城市意识教育，逐步引导新市民破除封闭保守、急功近利、小富即安、随心所欲、自由散漫的小农思想和意识，逐步形成与现代城市生活相适应的思想观念和思维方式，特别是形成与社会主义市场经济相适应的思想观念和思维方式，树立和不断增强自立意识、竞争意识、效率意识、规则意识、卫生意识、生态意识、民主法治意识和合作精神、开拓创新精神，学会和善于正确处理个人与社会、竞争与协作等关系。同时，要加强社会公德、职业道德、家庭美德和公民基本道德规范教育，倡导为人民服务的道德观和集体主义精神，把中华传统美德、世界先进道德不断注入广大新市民的头脑中去，使其思想观念、思维方式、道德水准不断跟上现代城市发展的步伐。最后，政府要加大帮扶力度，对转为新市民的农民进行免费的职业培训，提升其职业技能水平，增强其就业、创业的能力，并把农民综合素质的提升列为城市发展规划的总体指标，加大资金扶持力度，建立多层次、多领域的专业培训机构，提升培训的实效性。

四　加强农村社会保障体系建设，为农民市民化保驾护航

按照兜底线、织密网、建机制的要求，全面建成覆盖全民、城乡统筹、权责清晰、保障适度、可持续的多层次社会保障体系。进一步完善城乡居民基本养老保险制度，加快建立城乡居民基本养老保险待遇确定和基础养老金标准正常调整机制。完善统一的城乡居民基本医疗保险制度和大病保险制度，做好农民重特大疾病救助工作，健全医疗救助与基本医疗保险、城乡居民大病保险及相关保障制度的衔接机制，巩固城乡居民医保全国异地就医联网直接结算。推进低保制度城乡统筹发展，健全低保标准动态调整机制。①

---

① 《中共中央国务院印发〈乡村振兴战略规划（2018—2022 年）〉》，http://www.xinhuanet.com/ politics/2018-09/26/c_1123487123.htm，2018 年 9 月 26 日。

第七节　以农民专业合作化助力农民现代化

农民专业合作社是在坚持家庭联产承包责任制的基础上，生产同类农产品的经验者，比如都是生产玉米、小麦或者茶叶的农户，或者是同类农业生产经营的服务提供者，比如联合收割机、播种机等的提供者，在自愿合作的基础上，坚持民主管理的互助性经济组织。农业专业合作社以其成员为主要服务对象，为其成员提供各种各样的服务，比如农业生产资料的统一采购，农产品的统一收购、运输、储藏、销售等一条龙服务，同时提供有关农业生产、经营方面的培训和信息服务。农民专业合作社的基本特征是：在所有制构成上，合作社并不改变原来的家庭承包经营的基础，只是实现了劳动和资本的融合，在所有制结构上有所创新；在组织方式上，合作社以农民为合作的经济主体，主要是由从事相关农产品的生产、加工、销售等环节的农民、企业或其他单位联合组成，其中农民是主体，在组织形式上有所创新；在收益分配上，合作社坚持不以盈利为目的，要将所创造的利润返还给专业合作社的成员，在分配机制上有所创新；在管理方式上，合作社坚持自愿入社、自愿退出，不搞强制，以民主选举、民主决策的原则，形成新的经营管理体制。农村合作社作为一个服务于农业、农村和农民的组织联合体，除了承担经济功能之外，还承担了一定的社会功能。

一　合作社为农民提供服务，传播先进科技文化

农村专业合作社成立的初衷就是为了改变个体农民的弱势地位。合作社可以为农民提供比较专业、全面的信息，帮助农民做出正确的决策，为社员的种植或养殖提供服务。农业合作社在发展的过程中，可以凭借自己的经济实力，引进先进的技术和品种，通过为社员提供技术培训和服务，使农民不断接受新技术、新方法，提升农业技术的推广和应用。同时，在此过程中，农民的科学文化知识得以不断提升。

二　合作社培育新型职业农民

农民专业合作社作为一种社会组织，其组织起来的前提是成员具有共同的信念、共同的价值和共同的目标。在此基础上组建起来的合作社，具有共同的组织规范和组织资源，这种资源可以为农民专业合作社的社员培养沟通、交流技巧，促进农民个体民主意识的成长，促进农民个体诚信意识的成长，促进农民个体公共精神的成长，培养合作精神。结果就是可以提高人们参与社会的积极性和能力，培养社员的公民意识和民主精神。

三　合作社提升农民治理社区的能力

农民专业合作社由于经济实力、社会资本较强，它们在运营好合作社的同时，也愿意做一些公益事业，如修建农村基础设施、捐资助学等，为农村的发展做出贡献。同时，农民专业合作社也可以分摊村两委所承担的部分经济功能，促进村两委集中力量做好村民自治、农村社会治安等工作，从而间接地促进了农村的全面发展。农民专业合作社作为农民自发组织起来的组织，与农民的生产、生活和广大人民群众密不可分，容易在村庄内形成比较强的凝聚力和号召力，赢得村民的信任和支持。在这样的背景下，农村的正式组织可以和农民专业合作社加强沟通和协调，建立起通畅的农村内部信息网络，有效提升农村的各种力量，促进农村的发展、和谐与稳定。

我们看到，农民专业合作社所发挥的社会功能，正是培养现代化农民的重要途径。因此，在乡村振兴战略视域下应大力促进农民专业合作社的发展。

鼓励发展专业合作、股份合作等多种形式的农民合作社，引导规范运行，着力加强能力建设。允许财政项目资金直接投向符合条件的合作社，允许财政补助形成的资产转交合作社持有和管护，有关部门要建立规范透明的管理制度。推进财政支持农民合作社创新试点，引导发展农民专业合作社联合社。按照自愿原则开展家庭农场登记。鼓励发展混合所有制农业产业化龙头企业，推动集群发展，密切与农户、农民合作社的利益联结关系。在国家年度建设用地指标中，单列一定比例专门用于新型农业经营主体建设配套辅助设施。鼓励地方政府和民间出资设立融资性担保公司，为新型农业经营主体提供贷款担保服务。加大对新型职业农民和新型农业经营主体领办人的教育培训力度。落实和完善相关税收优惠政策，支持农民合作社发展农产品加工流通。[①] 相信农民专业合作社会发展得越来越好，越来越专业，实力越来越强大，快速提升农民现代化水平。

第八节 以基层社会治理体系现代化提升农民现代化[②]

一 基层社会治理现代化遵循的原则

（一）坚持系统治理，优化社会治理模式

坚持系统治理，既要党委起到领导责任、政府负起主要责任，也要协同社会力量，调动群众积极参与，同时立法要有所保障，这样才是现代的社会治理体制。首先要强化党委领导，发挥基层政府的主导作用，同时要鼓励和支持社会组织、群众积极参与到社会治理中去，实现基层社会治理、群众自治良性互动。针对当前基层社会治理面临的内外部环境的变化，实现基层社会治理方式由一元主体治理向多元综合治理模式转变。

（二）坚持依法治理，改进社会治理方式

新时代，基层群众的法治意识和法治观念在增强，在依法治理的社会背景下，基层社会的治理也必须依法而行。坚持法治为本，树立依法治理理念，要不断强化法律法规在维护群众切身利益、化解基层社会矛盾方面的权威，使群众相信法律、依靠法律，遇事想到法律。基层的干部，要增加法治思维，依法办事；普通群众，要提升对法律的认知，提升法治素

---

① 《中共中央国务院印发〈关于全面深化农村改革加快推进农业现代化的若干意见〉》，http://www.gov.cn/gongbao/content/2014/content_2574736.htm，2014 年 1 月 19 日。

② 郭少华：《新时代提升基层社会治理现代化水平的路径研究》，《农村经济与科技》2019年第 4 期。

养。群众要学法、守法、用法，政府要健全公共法律服务体系，为群众提供法律咨询和法律援助。

（三）坚持综合治理，强化社会治理功能

环境的深刻变化和群众综合能力的提升，使得基层社会治理要把法治、德治、自治结合起来，既运用法律手段又借鉴道德手段，利用综合治理来协同各种利益主体之间的关系，积极解决基层的各种矛盾和冲突，切实增强基层治理的有效性。

（四）坚持源头治理，确立社会治理重心

新时代，基层社会治理要把源头治理纳入社会治理的切入点中，实现事后控制向事先预防的转变，通过建构化解基层社会矛盾的制度化机制，形成不同利益主体的利益协调方法和手段，以此提升解决各种冲突和矛盾的能力。通过源头治理和服务人民群众的有机结合，通过坚持不懈地为人民服务，提高群众的满意度和认可度，才能促使公平正义的实现。最终是让基层的人民群众体会到、感悟到国家的强大、改革的成果，加快全面小康社会的实现。

（五）坚持协同治理，惠及治理主体

基层社会治理要坚持协同治理，首先，需要政府、企业、社会组织等多元治理主体的有机协同、通力合作来达成对基层社会事务的合作，多元主体之间的良性互动，通过搭建平台，实现社会组织、企业、社区、群众的无缝隙对接，做到畅通参与的渠道，拓宽服务的领域，实现服务的多样化。其次，要通过各种途径使基层社会组织更加富有活力，更加充满能量，并以此来扩大社会组织参与治理的空间，形成为基层群众解决各种利益纠纷和冲突比较好的机制，充分发挥多元主体的潜力优势。

二　提升基层社会治理现代化水平的路径选择

（一）提高认知，增强基层社会治理现代化的认识

基层社会治理，认知的转变非常重要，只有从内心深处认识到治理现

代化的重要性，才会在实践中加以转变。因此，要通过培训、参观、锻炼等多种渠道，既在理论又在实践上感受到基层治理现代化的鲜活例子，让基层治理者认识到只有通过基层治理的社会化、法治化、智能化、专业化，才能真正实现基层社会的长治久安。

（二）更新理念，树立共建共治共享的基层治理理念

共建共治共享是一个相互依存、相互融合、不可分割的有机整体，包含基层社会治理需要更加多元的主体参与，彰显了各治理主体在基层治理中的核心地位。基层社会治理是一个动态发展的过程，是一个持之以恒的过程，在共建共治共享的治理理念中，体现了治理依靠人民、治理惠及人民的理念。

（三）完善体系，建立健全基层社会治理制度体系

首先，对基层政府来说，要加快转变基层政府职能，通过相关简政放权利器，比如"权力清单""责任清单""负面清单"来让基层政府认识到，哪些政府可为，哪些不可为，同时让社会组织、群众等多元主体明白该干什么、不该干什么，做到"法无禁止皆可为"。其次，要改革基层社会治理的考核机制和任务分解机制，对基层政府的权力运作形成更加规范化的规定，并要依法行使。同时，规范社会组织参与基层社会治理方式，要有参与的途径，比如政府购买服务，对于如何购买、如何考核都要有规定，能落实到位；另外就是对基层社会治理的目标、流程体系要有明确的规定，基层社会治理要通过系统的体系建设，要可检验、可跟踪、可追溯。

（四）搭建平台，构筑基层社会治理的运行机制

基层社会治理离不开平台建设，要搭建各种各样的平台。在这样的平台上，群众可以根据自治的原则，在国家相关政策的指导下，在基层政府的引导下，在自身的积极参与下，就本小区或者本村中涉及民生的各项事宜，共同讨论并评判，经过村民会议或者代表会议的决议，形成基层群众参与社区事务的积极氛围，使群众感受到主人翁的意识，并乐于参与社区事务。除了议事平台之外，还要有比较好的执行平台，不但收集、整理、

归纳各项社区事务，还要把事关群众切身利益的事务落实下去，统筹社区基本公共服务、行政服务。同时，对于涉及比较特殊的个案服务，通过培育具有特色的社会组织，以政府购买公共服务的形式承接社区内的服务项目，提高服务的质量和标准。

（五）立法先行，优化基层社会治理的法治环境

依法治理是国家治理体系和治理能力现代化的核心要素，也是基层社会治理现代化的应有之义。以法治化手段推进基层社会治理，要求我们有法治思维、法治精神，解决问题要运用法律手段，形成依法办事的良好氛围，自觉维护法律的权威。基层立法要恪守以民为本、立法为民的理念，要符合宪法精神，反映人民群众意志，得到人民群众拥护。

（六）科技支撑，提升基层社会治理的智能化水平

科技的发展，技术的进步，互联网、大数据、新媒体的崛起，为提升基层治理现代化水平提供了有利条件，将先进的信息技术运用到基层社会治理也是提升治理智能化水平的必然。基层社会治理，作为多元治理主体必须具备互联网思维，自觉消化吸收互联网技术，整合大量的信息资源，为新时代基层社会治理效率的提升和群众参与渠道的拓宽做出应有的贡献。建设智慧社区，通过研发手机 APP，打造居民指尖上的服务大厅，能在线上办不到线下办，使居民少跑路、数据多跑路，提升服务社区居民的精准化程度。

第七章　结　语

在中国迈向现代化的征程中，农民的现代化是至关重要的大事，将伴随中国现代化的整个进程。没有农民的现代化，就没有中国真正意义上的现代化。没有农民的现代化，就没有我国整体上的现代化。农民的现代化是中国现代化的结果和标志，是现代化的关键轴线。

本书以乡村振兴战略视域下农民的现代化为研究中心，以马克思主义的唯物史观理论为指导，以马克思主义关于农民问题的理论为依据，在吸收借鉴国内外专家研究成果的基础上，对农民的现代化状况进行实证研究，通过问卷调查和个案访谈的方式收集资料，就农民的现代意识包括公共参与意识、社会变革意识、进取意识、教育意识、职业选择意识、时间意识、风险意识、消费意识、道德意识、环境保护意识、生育意识与平等观念等因素进行定量分析，并通过个案访谈的方式对农民由传统走向现代进行详尽的定性分析，分析影响农民现代化的积极和消极因素，并从多角度出发提出引领实现现代化的路径措施。针对乡村振兴战略视域下农民现代化的问题，创新性的结论主要体现在以下几个方面。

一　农民的现代化是新型城镇化和乡村振兴进程中研究的应有之义

新型城镇化的核心是人的城镇化，以促进公平正义和增进人民福祉作为其出发点和落脚点，意在排除一切束缚人的发展的不合理的制度安排及政策举措，有利于推进城乡要素平等交换和公共资源均衡配置，赋予农民更多财产权利，积极稳妥地推进农业转移人口市民化，彻底打破新旧二元社会结构，为解放和发展农民创造必要条件。农民现代化是协调推进新型城镇化建设的必备条件。首先，农民现代化为协调推进新型城镇化建设和农村改革发展创造了和谐稳定的社会环境条件。其次，农民现代化为农业现代化与新型城镇化同步发展打下坚实基础。农业现代化既是彻底改变农村面貌和彻底解决"三农"问题的根本出路，也是促进农村经济社会全面协调可持续发展的根本保障。最后，农民现代化为新型城镇化提供主体建设者。乡村振兴战略是关系全面建设社会主义现代化国家的全局性、历史性任务。没有农业农村现代化，就没有整个国家现代化。在现代化进程中，如何处理好工农关系、城乡关系，在一定程度上决定着现代化的成败。实施乡村振兴战略，就是为了从全局和战略高度来把握和处理工农关系、城乡关系。新时代"三农"工作必须围绕农业现代化、农村现代化这个总目标来推进。

二 农民正实现着从传统人到现代人的蜕变

实证研究发现，随着改革开放给农村带来的巨大进步和农村的深刻变迁，农村正由封闭的、乡村的、落后的传统型社会向工业的、开放的现代社会转型，农民也正实现着从传统人到现代人的蜕变。具体表现为：农民新型劳动方式逐步形成，农业机械化水平在提高，农民劳动的科技文化程度在提升，农民的职业开始出现分化，农民劳动生活的社会化程度在提升；农民的消费生活方式在转变，农民的消费结构逐步由生存型向适度消费型转变，对消费品的需求由数量逐步向质量提升转变，农民的消费模式出现多样化和个性化的转变；农民的政治生活方式在变革，农民参政议政意识增强，农民参政渠道逐步多样化；农民的精神生活方式在改变，农民主体意识在增强，开拓进取意识、担当意识在提升，市场经济观念深入人心。总体来说，农民现代的劳动生活方式、消费生活方式、政治生活方式及精神生活方式都在逐步现代化。但农村落后经济、二元社会结构、农村传统文化、农村落后教育、农村封闭的社会环境、农民综合素质等对于农民现代化的实现还是重重障碍。

三 在多条路径措施的引领下，农民的现代化一定能够实现

农民现代化的实现是一项复杂的系统工程，通过单一的路径很难实现农民的现代化，必须通过多种措施引领农民现代化的实现。以制度创新推进农民走向现代化，破解城乡分割的户籍制度，使城乡居民享有同样的权

利，完善农村基层民主制度，充分调动农民的政治参与性，健全城乡统筹发展的社会保障制度；以农业现代化带动农民现代化，稳步推进农村土地流转，实现农业规模化经营，加强农业基础设施建设，提升农业生产水平；以社会主义先进文化引领农民走向现代化，加快城乡文化一体化建设，促进文化发展成果共享，建立一支致力于农村文化传播的人才队伍，培育农民积极参与农村文化建设的自觉性、主动性，创新农村文化体制机制，协同加强对农村文化的指导；以现代教育提升农民现代化，夯实农村基础教育，大力发展农村职业教育，对农民工进行创业教育，以信息化助推农民走向现代化，统筹协调，强化政府责任，加大投入，促进农村信息化全面发展，培养人才，保障农村信息化人才队伍建设；以农民市民化加速农民现代化转变观念，提升认识，为农民市民化创造环境，以改革的决心和勇气，消除农民市民化的制度障碍；以农民专业合作社引领农民现代化等。

本书通过理论研究和实证研究相结合、定量分析和定性分析相结合的方法，力求在整体上把握已有的有关人的现代化理论的前提下，对乡村振兴战略视域下农民的现代化问题进行深入而全面的分析研究，希望能够找到影响中国农民实现现代化的积极和消极因素以及引领农民现代化的实现路径，能够为"三农"问题尤其是农民现代化问题的研究和解决提供点滴借鉴。本书还存在一些不足是难免的。其研究的深度和广度上有待于进一步拓展和深化，对每一个问题的研究和分析还有一定的局限性，对本书的研究内容还有很大的提升空间。

因此，就笔者而言，对农民现代化问题的探讨与研究远未结束。对农民现代化研究，对中国的现代化而言，具有十分重要的意义。以农民现代化问题的研究丰富和发展马克思主义理论，以对农民现代化的分析为我们党和国家的决策提供依据，这是笔者所做努力的远大志向。即使笔者的探索被证明是不完整的，也希望它能有启发的价值。农民的现代化永远都是进行时，对农民现代化的研究将伴随笔者的学术生涯。

附　录

乡村振兴战略视域下农民现代化调查问卷

亲爱的朋友：

　　您好！

　　为了了解乡村振兴战略视域下农民生产方式、生活方式、思维方式和价值观念发生的变化，探索影响农民现代化的因素以及实现路径，我们开展此项调查。本调查不用填写单位和姓名，不会对您的利益、声誉和自由产生任何不良影响，敬请您按照自己的真实情况填答问卷，感谢您的合作与支持。请在每题的答案中选择一个打"√"，或者直接在 ____ 中填写。

农民现代化状况调查组

一、基本情况

A1. 您的性别：

　　1. 男　　　　　　　2. 女

A2. 您的年龄：

　　1. 20 岁及以下　　　2. 21—30 岁　　　3. 31—40 岁

　　4. 41—50 岁　　　　5. 51—60 岁　　　6. 60 岁以上

A3. 您目前的婚姻状况是：

　　1. 未婚　　　　　2. 已婚　　　　　3. 离异　　　　　4. 丧偶

A4. 您的文化程度：

　　1. 小学及以下　　　2. 初中

　　3. 高中或中专　　　4. 大专及以上

A5. 您的宗教信仰是：

　　1. 不信仰宗教　　　2. 佛教　　　　　3. 基督教　　　　4. 天主教

　　5. 伊斯兰教　　　　6. 其他（请注明）_____

A6. 您目前的职业状况是：

　　1. 全职务农（跳过第7题）

　　2. 农闲时务工，农忙时务农

　　3. 务工为主，兼务农

　　4. 弃农务工

A7. 您外出务工经商的地点主要是在：

　　1. 村及乡镇　　　2. 县城　　　　　3. 地级市

　　4. 省会城市　　　5. 北上广一线城市

A8. 除务农外，您工作的主要行业属于：

　　1. 建筑装修业　　　2. 制造行业　　　3. 商品零售行业

　　4. IT 行业　　　　 5. 采矿业　　　　6. 养殖业

　　7. 交通运输业　　　8. 餐饮服务行业　9. 废品回收

　　10. 家政服务　　　 11. 其他（请注明）_____

A9. 从您第一次外出打工到现在有多长时间？

　　1. 1 年以下　　　2. 1—3 年　　　　3. 3—5 年

　　4. 5—8 年　　　　5. 8 年以上

A10. 您外出做生意的时间有多长？

　　1. 1 年以下　　　2. 1—3 年　　　　3. 3—5 年

　　4. 5—8 年　　　　5. 8 年以上

A11. 您有手机吗？

　　1. 有　　　　　　2. 没有

A12. 您上网吗？

　　1. 上　　　　　　　　2. 不上（跳过 A13）

A13. 如果您上网，您上网的目的是：（可多选）

　　1. 了解和获取有益的信息，比如了解市场行情、学习科学技术等

　　2. 娱乐，比如看电影、玩游戏等

　　3. 看新闻，了解国内外大事

　　4. 没有目的，随便玩玩

　　5. 网上购物，比如买票

　　6. 其他（请注明）＿＿＿＿＿＿

A14. 您最主要的信息来源是：

　　1. 报纸或杂志　　　2. 广播　　　　3. 电视　　　　4. 互联网

　　5. 手机信息　　　　6. 口口相传　　7. 其他（请注明）＿＿＿＿＿＿

A15. 您在闲暇时间经常从事的娱乐活动有：（可多选）

　　1. 看电视　　　　　2. 读报纸　　　3. 听广播　　　4. 打麻将

　　5. 上网　　　　　　6. 打扑克　　　7. 与别人聊天　8. 逛街

　　9. 旅游　　　　　　10. 其他

二、主要内容

（一）生活、生产方式

B1. 您们家有下列哪些电器或电子产品？（可多选）

　　1. 空调　　　　　　2. 冰箱　　　　　3. 洗衣机

　　4. 微波炉　　　　　5. 电磁炉　　　　6. 电脑

　　7. DVD　　　　　　8. 数码相机　　　9. 其他（请注明）＿＿＿＿＿

B2. 您们家有哪些下列出行的交通工具？

　　1. 电动（自行车、三轮车）　　　　　2. 摩托车

　　3. 面包车　　　　　　　　　　　　　4. 小汽车

　　5. 农用机动车　　　　　　　　　　　6. 货车

　　7. 其他（请注明）＿＿＿＿＿＿

B3. 您们家目前生活上面临的主要困难是？（可多选）

    1. 住房问题   2. 就业问题   3. 教育问题

    4. 就医问题   5. 养老问题   6. 基本没有

    7. 其他（请注明）_____

B4. 您对目前生活的满意度为？

    1. 非常不满意   2. 比较不满意   3. 一般

    4. 比较满意   5. 非常满意

B5. 目前，您最想改变的是什么？

    1. 身体素质   2. 经济收入   3. 文化素质

    4. 婚姻家庭   5. 其他（请注明）_____

B6. 如果您外出务工或做生意，土地是如何处置的？

    1. 自家全种   2. 部分耕种，部分闲置

    3. 部分耕种，部分给别人种   4. 全部闲置

    5. 全部给他人种   6. 其他

B7. 您家是否加入了某种合作社（互助组）或经济合作组织？

    1. 是，加入了合作社或组织   2. 否

B8. 在农业生产中，您是否运用地膜覆盖、优良品种、病虫害防治等农业技术呢？

    1. 没有用   2. 偶尔用   3. 经常用

B9. 在农业生产中，您是否运用播种机、收割机等现代化农业机械呢？

    1. 没有用   2. 偶尔用   3. 经常用

B10. 请问您家的农产品除了自己享用外，首选的处理方式是：

    1. 存起来   2. 赠予他人

    3. 由国家相关机构收购   4. 由私人到村里收购

    5. 到市场上销售   6. 由合作社收购

    7. 其他

B11. 请问您是否根据市场行情来调整种植或养殖行业？

    1. 从来不调整   2. 有时会调整

    3. 经常会调整   4. 不清楚

（二）计划生育及平等意识

C1. 如果没有计划生育政策限制，经济条件也允许，您希望生育几个孩子？

　　1. 1 个　　　　　　　2. 2 个　　　　　　　3. 3 个

　　4. 3 个以上　　　　5. 不要孩子

C2. 如果只能生育一个孩子，您希望是男孩还是女孩？

　　1. 男孩　　　　　　2. 女孩　　　　　　3. 男孩女孩都一样

C3. 您认为家庭的计划生育应该由谁承担？

　　1. 丈夫　　　　　　　　　　　　2. 妻子

　　3. 两人共同承担　　　　　　　4. 老人

C4. 您觉得国家实施的计划生育政策是否需要调整，比如全面二孩？

　　1. 是的，需要调整　　　　　　2. 否，不需要调整

　　3. 不清楚

C5. 在一个家庭里，你认为应该是由男人还是女人作主？

　　1. 男人　　　　　　2. 女人　　　　　　3. 男女都可以

C6. 夫妻应该共同承担家务，您的观点是：

　　1. 同意　　　　　　2. 不同意　　　　　3. 无所谓

C7. 男性和女性做同样的工作，付出同等的努力，他们应该得到：

　　1. 同等报酬　　　　　　　　　2. 男性报酬多于女性

　　3. 女性报酬多于男性　　　　　4. 不知道

C8. 一个女孩的婚姻应该由谁决定呢？

　　1. 自己决定　　　　2. 父母决定　　　　3. 自己决定，征求父母意见

C9. 您会投票赞成一位合适的妇女担任您们村的村主任吗？

　　1. 会　　　　　　2. 不会

（三）政治参与意识

D1 您所在的村委会干部是怎样产生的：

　　1. 村民选举　　　　　　　　　　　　2. 上级任命

　　3. 由上级指定候选人，再由村民选举产生　　4. 不清楚

D2. 您参加村委会选举的最主要原因是什么？

　　1. 责任感、道德感和正义感（包括要完善选举程序，选举公正廉洁的
　　村干部等）

　　2. 利益驱使

　　3. 受到他人动员、暗示或命令等

　　4. 与大众保持一致

D3. 如果你们村的干部在工作上犯了错误，您的态度是：

　　1. 不作声，管不了　　　　　　　　2. 看情况再决定

　　3. 主动与他沟通，找出其错误　　　　4. 不知道

D4. 如果您知道乡政府正准备通过某条政策，而您认为这条政策是不公平
　　的，您会：

　　1. 不管它，也不服从　　　　　　　　2. 知道不公平但也准备服从

　　3. 给政府或人大提意见

D5. 您觉得村里的重大事情应该由谁来决定？

　　1. 乡（镇）政府　　2. 村委会和村干部　　3. 全体村民或村民代表

　　4. 全体党员　　　　5. 不知道

D6. 您有没有参加农民组织？

　　1. 有　　　　　　　2. 没有

D7. 您觉得政府官员的职责主要应该是：

　　1. 为百姓服务、造福一方　　　　　　2. 执行上级的政策

　　3. 管老百姓　　　　　　　　　　　　4. 不清楚

D8. 您知道现任国家主席是谁吗？

　　1. 确切知道　　　　2. 知道，但不太确切

　　3. 不知道

D9. 您知道华盛顿是哪个国家的首都吗？

　　1. 英国　　　　　　2. 美国　　　　　　3. 俄罗斯　　　　4. 不知道

（四）期望（教育期望和职业期望）

E1. 如果可以免费受教育，您认为可以让孩子接受到的教育程度是：

　　1. 小学　　　　　　　　　　　　　　2. 初中毕业

3. 高中或中专　　　　　　　　　　　4. 大学毕业

5. 随他自己

E2. 您觉得花很多钱让自己的孩子上大学，值得吗？

　　1. 不值得　　　　　　　2. 值得　　　　　　　3. 不清楚

E3. 您是否愿意让自己的孩子学习一门技术？

　　1. 愿意　　　　　　　　2. 不愿意　　　　　　3. 不清楚

E4. 如果能够自由选择职业，您希望能够：

　　1. 读书上大学　　　　　2. 经商　　　　　　　3. 去城市自己找事做

　　4. 到企业去打工　　　　5. 继续种地　　　　　6. 其他（请注明）_____

E5. 在子女的工作期望方面，您是希望他们：

　　1. 与自己从事同一职业　　　　　　　2. 与自己从事不同职业

　　3. 由他自己　　　　　　　　　　　　4. 不知道

E6. 以下这三种职位，您更乐意选择哪一种？

　　1. 待遇一般，没有竞争和失业风险

　　2. 待遇较好，竞争和失业风险较大

　　3. 待遇很好，竞争和失业风险都很大

E7. 如果你家里条件比较好，那么在你的孩子选择工作时，你会：

　　1. 给他安排　　　　　　　　　　　　2. 让他做与自己一样的工作

　　3. 鼓励他去选择工资高的　　　　　　4. 让他自己去选喜欢的

（五）效能感

F1. 在您看来，下列哪一点对于个人的成功最为重要？

　　1. 运气或命运　　　　　　　　　　　2. 家庭环境和背景

　　3. 自己的勤奋和努力　　　　　　　　4. 神的保佑

　　5. 政府的帮助

F2. 对于我们整个国家的发展来说，您认为下列哪样最重要？

　　1. 运气好或菩萨的保佑　　　　　　　2. 政府的领导

　　3. 老百姓的努力工作

F3. 您认为大学里的教授研究一粒种子为什么能长成一棵树这样的问题有
　　没有用？

1. 没有用　　　　　2. 不清楚　　　　　3. 有用

F4. 对于地震、洪水、流行性传染病等灾难，您认为人类能完全战胜吗？

　　1. 不可能　　　　　2. 不一定　　　　　3. 总有一天会战胜的

F5. 当一个人遇到很大的困难时，应该：

　　1. 不去理它　　　　2. 找别人帮忙　　　3. 自己全力去解决

F6. 您是否感到自己有能力控制自己的生活？

　　1. 是　　　　　　　2. 否

F7. 您有没有觉得自己的未来充满希望，并且确信事情会向好的方向发展？

　　1. 有　　　　　　　2. 没有　　　　　　3. 不清楚

F8. 有些人说，一个孩子应该学会顺应，接受遇到的事情。另外一些人说，
一个孩子应该奋斗，克服遇到的苦难和障碍。您怎么看？

　　1. 接受遇到的一切　　　　　　　　2. 接受遇到的大部分

　　3. 力图克服大多数苦难　　　　　　4. 力图克服所有困难

（六）进取精神与风险意识

G1. 如果你的孩子在跟着你一起学做某事时，试图想出一种比较省事的但
效果一样好的新方法，你会：

　　1. 认为没必要，要求他用老办法　　　2. 允许和鼓励他去尝试

G2. 当你在生活中遇到新的东西或新观念时，你会：

　　1. 以自己的经验去对比，如果不同就拒绝

　　2. 看清楚了再说

　　3. 愉快接受

G3. 如果您现在生活比较稳定，收入也还不错，外省市有一个地方生活条
件比较差、风险大，但挣钱多、机会也多，您是否愿意去？

　　1. 非常愿意　　　2. 比较愿意　　　3. 说不清

　　4. 不太愿意　　　5. 很不愿意

G4. 如果您得到了一大笔钱，您首先会拿它去做什么？

　　1. 为自己或孩子读书深造　　　　　2. 做本钱去搞经营

　　3. 存进银行　　　　　　　　　　　4. 孝敬父母，帮助亲友

　　5. 盖房或买房　　　　　　　　　　6. 买高档商品

7. 捐出一部分做慈善，帮助需要帮助的人　8. 其他（请注明）＿＿＿＿＿＿＿

（七）时间观念和计划性

H1. 您平时会不会根据时间点来安排您的日常生活？

　　1. 不会　　　　　　　　2. 偶尔会　　　　　　　3. 经常会　　　　　4. 没想过

H2. 假如您约了朋友在几点钟见面，你认为他（她）晚来了多久才算迟到？

　　1. 10 分钟以内　　　　　　　　　　　2. 10 分钟至半个小时

　　3. 半个小时至 1 个小时　　　　　　　4. 1 个小时以上

H3. 您认为在工厂里实行严格的上班时间有必要吗？

　　1. 没必要　　　　　　2. 无所谓　　　　　　3. 有必要

H4. 您觉得在生活和生产中，计划重不重要？

　　1. 不重要　　　　　　2. 不一定　　　　　　3. 重要

H5. 在日常生活中，您不论什么事都有计划性吗？

　　1. 大事有计划，小事没有　　　　　　2. 大小事都有计划

　　3. 大小事都没有计划　　　　　　　　4. 走一步看一步

H6. 有人说，计划总是赶不上变化，所以不必有长远计划，您同意这个说
　　法吗？

　　1. 很同意　　　　　　2. 比较同意　　　　　3. 说不清

　　4. 不太同意　　　　　5. 很不同意

（八）法律意识

I1. 如果您的合法权益受到了侵害，您的态度是：

　　1. 寻求权势人物的帮助　　　　　　　2. 找朋友解决

　　3. 通过法律途径解决　　　　　　　　4. 自己解决

　　5. 忍了算了

I2. 生活中往往有"人情大于国法"的现象，您的看法是：

　　1. 正确　　　　　　　2. 不正确　　　　　　3. 不完全正确，看情况而定

I3. 您认为法律对于您村经济和社会发展的作用怎么样？

　　1. 非常重要　　　　　2. 比较重要　　　　　3. 不清楚

　　4. 不重要　　　　　　5. 非常不重要

I4. 农村中的纠纷常常通过"私了"解决,您同意这种做法吗?

　　1. 同意　　　　　　　2. 不同意　　　　　　3. 不能肯定,看情况而定

I5. 假如您抓住了偷自己东西的人,您怎样处置他?

　　1. 送派出所　　　　　2. 交给村干部　　　　3. 痛打解恨

　　4. 赔钱了事　　　　　5. 劝其改过自新,原谅他一次

I6. 发现从商店买来的东西是假冒商品,找到商店,商店却不承认,您会怎么办?

　　1. 向有关部门投诉　　2. 向法律起诉　　　　3. 算了　　　　　　4. 其他

(九) 道德意识

G1. 如果别人需要帮助,您的态度是:

　　1. 尽力帮助,不计较得失　　　　　　　2. 视情况而决定帮不帮忙

　　3. 不关自己的事情,就不帮忙　　　　　4. 什么情况都不帮忙

　　5. 不知道

G2. 国家、集体利益优先于个人利益,您是否赞同这种观点?

　　1. 非常赞同　　　　　2. 比较赞同　　　　　3. 不清楚

　　4. 不赞同　　　　　　5. 很不赞同

G3. 您是否愿意利用业余时间无偿为社会或他人提供服务?

　　1. 非常愿意　　　　　2. 比较愿意　　　　　3. 不清楚

　　4. 不愿意　　　　　　5. 很不愿意

G4. 当您遇到流浪乞讨人员时,您的感觉是:

　　1. 厌恶　　　　　　　2. 同情　　　　　　　3. 伤感与无奈　　　4. 没感觉

G5. 当其他国家因战争而造成贫民伤亡时,您的感觉是:

　　1. 同情　　　　　　　2. 哀伤　　　　　　　3. 没有什么感觉

G6. 在市场经济条件下,您觉得人与人之间需不需要讲究诚信呢?

　　1. 非常需要　　　　　2. 需要　　　　　　　3. 不知道

　　4. 不需要　　　　　　5. 根本不需要

G7. 您周围的绝大多数人都是可以信任的,您的观点是:

　　1. 同意　　　　　　　2. 不同意　　　　　　3. 不清楚

（十）环保意识

K1. 您知道燃烧秸秆有害处吗？

　　1. 知道　　　　　　　　2. 不知道

K2. 您对春节燃放烟花鞭炮的态度？

　　1. 传统习俗，应该尊重　　　　　　2. 污染环境，应该禁止

　　3. 可以燃放，但应限时限点　　　　4. 由政府机构组织燃放

K3. 您是否担心蔬菜水果有农药残留，危害身体健康？

　　1. 非常担心　　　　2. 比较担心，但没有办法

　　3. 不担心　　　　　4. 无所谓

K4. 您是否知道长期使用农药等化学杀虫剂的危害？

　　1. 知道，很清楚　　2. 知道，但不清楚　　3. 不知道　　　　4. 无所谓

K5. 您认为使用农药是否污染土壤及水源？

　　1. 污染　　　　　　2. 不污染　　　　　　3. 不知道　　　　4. 无所谓

K6. 当您发现破坏环境现象时，您的态度是：

　　1. 积极制止　　　　2. 观望　　　　　　　3. 举报　　　　　4. 无所谓

K7. 您是否担心后代人的生活环境会越来越差？

　　1. 非常担心，并且想为环保做自己力所能及的事

　　2. 担心，但没有办法

　　3. 不担心

　　4. 无所谓

问卷到此结束！谢谢。

参考文献

一 中文

《马克思恩格斯选集》(1—4 卷),人民出版社 2012 年版。

马克思:《资本论》(1—3 卷),人民出版社 2004 年版。

《马克思恩格斯全集》(23 卷),人民出版社 1972 年版。

《列宁选集》(1—4 卷),人民出版社 1995 年版。

《毛泽东选集》(1—4 卷),人民出版社 1991 年版。

《毛泽东文集》(1—8 卷),人民出版社 1993 年版。

《邓小平文选》(1—3 卷),人民出版社 1993 年版。

《江泽民文选》(1—3 卷),人民出版社 2006 年版。

江泽民:《论有中国特色社会主义》,中央文献出版社 2002 年版。

江泽民:《论社会主义市场经济》,中央文献出版社 2006 年版。

《习近平谈治国理政》(第 1 卷),外文出版社 2014 年版。

《习近平谈治国理政》(第 2 卷),外文出版社 2017 年版。

《习近平谈治国理政》(第 3 卷),外文出版社 2020 年版。

习近平:《之江新语》,浙江人民出版社 2007 年版。

中共中央文献研究室编:《邓小平思想年谱(1975—1997)》,中央文献出版社 2004 年版。

中共中央文献研究室编:《党的文献》,中央档案馆 2004 年版。

中共中央文献研究室编:《十一届三中全会以来重要文献选编(上、下册)》,人民出版社 1982 年版。

中共中央文献研究室编:《十二大以来重要文献选编(上、中、下册)》,人民出版社上册、中册 1986 年版,下册 1988 年版。

中共中央文献研究室编：《十三大以来重要文献选编（上、中、下册）》，人民出版社上册、中册1991年版，下册1993年版。

中共中央文献研究室编：《十四大以来重要文献选编（上、中、下册）》，人民出版社上册、中册1996年版，下册1998年版。

中共中央文献研究室编：《十五大以来重要文献选编（上、中、下册）》，人民出版社上册2001年版，中册、下册2003年版。

中共中央文献研究室编：《十六大以来重要文献选编（上、中、下册）》，中央文献出版社上册2005年版，中册2006年版，下册2008年版。

中共中央文献研究室编：《十七大以来重要文献选编（上、中、册）》，中央文献出版社上册2009年版，中册2011年版，下册2013年版。

中共中央文献研究室编：《十八大以来重要文献选编（上册）》，中央文献出版社2014年版。

中共中央文献研究室编：《十八大以来重要文献选编（中册）》，中央文献出版社2016年版。

中共中央文献研究室编：《十八大以来重要文献选编（下册）》，中央文献出版社2020年版。

中央文献出版社编：《十九大以来重要文献选编（上册》，中央文献出版社2019年版。

中央党校采访实录编辑室：《习近平的七年知青岁月》，中共中央党校出版社2017年版。

中共中央宣传部：《习近平新时代中国特色社会主义思想学习纲要》，学习出版社2019年版。

中共中央党史和文献研究室：《习近平关于三农工作论述摘编》，中央文献出版社2018年版。

《中共中央国务院乡村振兴战略规划（2018—2022年）》，人民出版社2018年版。

［美］阿历克斯·英克尔斯：《从传统人到现代人——六个发展中国家的个人变化》，顾昕译，中国人民大学出版社1992年版。

［美］阿历克斯·英克尔斯：《人的现代化素质探索》，曹中德等译，天津社会科学院出版社1995年版。

〔美〕马若孟著:《中国农民经济:河北和山东的农业发展1890—1949》,史建云译,江苏人民出版社1999年版。

〔美〕杰弗里·亚历山大:《社会学二十讲》,贾春增译,华夏出版社2000年版。

〔美〕丹尼尔·贝尔:《资本主义文化矛盾》,蒲隆、赵一凡、任晓晋译,三联书店1989年版。

〔美〕英格尔斯:《人的现代化》,顾昕译,中国人民大学出版社1992年版。

〔美〕布莱克:《现代化的动力》,景跃进、张静译,四川人民出版社1988年版。

〔美〕亨廷顿:《变动社会的政治秩序》,张岱云译,上海人民出版社1989年版。

〔美〕西里尔·E.布莱克:《日本和俄国的现代化》,周师铭等译,商务印书馆1992年版。

〔美〕韦尔伯·施拉姆:《大众传播媒体与社会发展》,金燕宁、蒋千红、朱剑红译,华夏出版社1990年版。

〔美〕罗伯特·海尔布罗纳:《现代化理论研究》,俞新天、邓新裕、周锦钦译,华夏出版社1989年版。

〔美〕艾恺:《最后的儒家——梁漱溟与中国现代化的两难》,王宗昱、冀建中译,江苏人民出版社1996年版。

〔美〕赫伯特·马尔库塞:《单向度的人——发达工业社会意识形态研究》,刘继译,上海译文出版社2008年版。

〔日〕富永健一:《社会结构与社会变迁——现代化理论》,董兴华译,云南人民出版社1988年版。

〔英〕罗宾·科恩保罗·肯尼迪:《全球社会学》,文军译,社会科学出版社2001年版。

〔法〕H.孟德拉斯:《农民的终结》,李培林译,中国社会科学出版社1991年版。

袁银传:《小农意识与中国现代化》,武汉出版社2000年版。

于建嵘:《岳村政治》,商务印书馆2001年版。

张文喜：《自我的建构与解构》，上海人民出版社 2002 年版。

罗荣渠：《现代化新论——世界与中国的现代化进程》，商务印书馆 2004 年版。

陆学艺：《"三农论"——当代中国农业、农村、农民问题研究》，社会科学文献出版社 2002 年版。

陆学艺：《农村现代化基本问题》，中共中央党校出版社 1999 年版。

王沪宁：《中国村落家族文化——对中国社会现代化的一项探索》，上海人民出版社 1991 年版。

黄坤明：《城乡一体化路径演进研究》，科学出版社 2009 年版。

吴良铺：《中国城乡发展模式转型的思考》，清华大学出版社 2009 年版。

李红艳：《乡村传播与农村发展》，中国农业大学出版社 2007 年版。

胡延平：《跨越数字鸿沟：面对第二次现代化的危机与挑战》，社会科学文献出版社 2002 年版。

邵道生：《现代化的精神陷阱：嬗变中的国民心态》，知识产权出版社 2001 年版。

贾德裕、朱兴农、郗同福：《现代化进程中的中国农民》，南京大学出版社 1998 年版。

周晓虹：《传统与变迁：江浙农民的社会心理及其近代以来的嬗变》，生活·读书·新知三联书店 1998 年版。

孙立平：《传统与变迁——国外现代化及中国现代化问题研究》，黑龙江人民出版社 1993 年版。

费正清：《中国：传统与变迁》，张沛、张源、顾思兼译，世界知识出版社 2002 年版。

费孝通：《江村经济——中国农民的生活》，江苏人民出版社 1986 年版。

费孝通：《乡土中国生育制度》，北京大学出版社 1998 年版。

费孝通：《中国绅士》，惠海鸣译，中国社会科学出版社 2006 年版。

贺雪峰：《地权的逻辑——中国农村土地制度向何处去》，中国政法大学出版社 2010 年版。

黄琳：《现代性视阈中的农民主体性》，云南大学出版社 2010 年版。

黄英伟：《农民身份》，新华出版社 2009 年版。

秦晖：《田园诗与狂想曲——关中模式与前近代社会的再认识》，中央编译出版社 1996 年版。

秦晖：《农民中国：历史反思与现实选择》，中央编译出版社 1996 年版。

秦阵、金雁：《田园诗与狂想曲：关中模式与前近代社会的再认识》，语文出版社 2010 年版。

徐勇：《现代国家、乡土社会与制度建构》，中国物资出版社 2009 年版。

杨国枢：《现代化的心理适应》，台北：巨流图书公司 1978 年版。

张鸣：《乡土心路八十年：中国近代化过程中农民意识的变迁》，上海三联书店 1997 年版。

张红宇：《乡村调查——国内的发展与世界的变化》，中国财政经济出版社 2004 年版。

温铁军：《三农问题与世纪反思》，生活·读书·新知三联书店 2005 年版。

何忠伟：《现代农业技术的经济分析》，中国农业出版社 2005 年版。

孔祥智：《中国三农前景报告》，中国时代经济出版社 2005 年版。

姚洋：《土地、制度和农业发展》，北京大学出版社 2004 年版。

李培林、朱庆芳等：《中国小康社会》，社会科学文献出版社 2003 年版。

蔡昉：《中国流动人口》，河南人民出版社 2000 年版。

王景新：《中国农村土地制度的世纪变革》，中国经济出版社 2001 年版。

温铁军：《三农问题的世纪反思》，中国经济出版社 2000 年版。

陆学艺：《当代中国社会阶层研究报告》，社会科学文献出版社 2002 年版。

殷志静、郁奇虹：《中国户籍制度改革》，中国政法大学出版社 1996 年版。

王梦奎：《中国社会保障体制改革》，中国展望出版社 2001 年版。

熊景明：《进入 21 世纪的中国农村》，光明日报出版社 2000 年版。

李晓翼：《农民及其现代化》，地质出版社 2008 年版。

刘奎林：《思维方式新探》，哈尔滨工业大学出版社 1989 年版。

苏国勋：《理性化及其限制——韦伯思想引论》，上海人民出版社 1988 年版。

程贵铭：《当代中国农民社会心理研究》，首都师范大学出版社 2000 年版。

陈中立、杨楹等：《思维方式与社会发展》，社会科学文献出版社 2001 年版。

高建民：《当代中国农民与农村经济社会矛盾分析》，中国经济出版社 2009 年版。

吾淳：《中国思维形态》，上海人民出版社 1998 年版。

王正中：《中国农民现代化及其推进策略》，合肥工业大学出版社 2008 年版。

郑杭生：《当代中国农民社会转型的实证研究》，中国人民大学出版社 1996 年版。

沈国桢：《观念更新与社会发展》，光明日报出版社 2007 年版。

彭新万：《乡村振兴战略背景下农民的主要问题》，经济管理出版社 2020 年版。

贺雪峰：《大国之基：中国乡村振兴诸问题》，东方出版社 2019 年版。

姜长云等：《乡村振兴战略：理论、政策和规划研究》（第 2 版），中国财经经济出版社 2020 年版。

王燕燕：《三农问题与乡村治理》，中央编译出版社 2015 年版。

厉以宁：《中国道路与三农问题》，商务印书馆 2021 年版。

农业农村部农村经济研究中心：《走好农业农村现代化之路》，研究出版社 2021 年版。

熊凤水：《新型职业农民培育研究》，中国社会科学出版社 2020 年版。

郑杭生、杨敏：《两种类型的现代性与两种类型的社会学》，《福州大学学报》（哲学社会科学版）2005 年第 1 期。

郭正林、周大鸣：《外出务工与农民现代性的获得》，《中山大学学报》（社会科学版）1996 年第 5 期。

周建华、尤玉平：《美国农民教育的经验与启示》，《惠州学院学报》2004 年第 2 期。

朱雪明：《国外农民教育》，《世界农业》2003 年第 2 期。

丁国杰、朱允荣：《欧盟三国农民教育培训的经验及其借鉴》，《世界农业》2004 年第 8 期。

于也:《发达国家是如何重视农民教育的》,《北京成人教育》1996 年第 1 期。

李福秀:《发展中国家重视农民教育》,《世界农业》1998 年第 11 期。

李若建:《关于农民工与流出地乡村的关系和乡村发展的几点思考》,《人口研究》2005 年第 3 期。

李克海:《民工经济与农民现代化》,《江苏社会科学》2005 年第 1 期。

蔡志海:《流动民工现代性的探讨》,《华中师范大学学报》（人文社会科学版）2004 年第 5 期。

周晓虹:《流动与城市体验对中国农民现代性的影响——北京"浙江村"与温州一个农村社区的考察》,《社会学研究》1998 年第 5 期。

熊海萍:《科学发展观与人的现代化的内在统一》,《传承》2009 年第 11 期。

李芹:《科学技术促进人的现代化的机制与条件》,《文史哲》1996 年第 4 期。

时聪:《试论人的现代化——为共和国成立 50 周年而作》,《桂海论丛》1999 年第 5 期。

高晓霞、钱再见:《邓小平教育理论与人的现代化》,《长春市委党校学报》2002 年第 3 期。

李芳洲、白金英:《以色列教育发展与人的现代化》,《内蒙古民族大学学报》2008 年第 1 期。

秦璐、王勇:《人的现代化视阈下网络的二元作用》,《河北理工大学学报》2009 年第 9 期。

胡德贵:《媒介素养教育对人的现代化的影响及途径分析》,《企业科技与发展》2011 年第 24 期。

李斯颐:《传播与人的现代化研究：源流、认识及评价》,《新闻与传播研究》2004 年第 1 期。

刘冠生、张珍珍:《中国农民现代化界说》,《山东理工大学学报》2007 年第 2 期。

王新祝:《科技教育在农民现代化过程中的作用》,《江汉论坛》1997

年第 3 期。

史传林:《新农村建设中的农民现代性成长的困境与选择》,《中国特色社会主义研究》2006 年第 6 期。

张晓静、焦文:《新农村建设促进农民生活方式现代化》,《产业与科技论坛》2009 年第 3 期。

李晓翼:《农民思维方式与价值观念的现代化》,《经济研究导刊》2008 年第 9 期。

俞可平:《全球化与新的思维向度和观察角度》,《史学理论研究》2005 年第 1 期。

陈方刘:《中国传统思维方式的特点及其现代化转型》,《前沿》2009 年第 8 期。

代杰:《中国传统思维方式的特征及形成原因》,《哈尔滨学院学报》2004 年第 8 期。

尹冬华:《转型时期农民心理特征的变化及其思想政治工作的对策》,《理论月刊》2002 年第 4 期。

朱启臻:《转型期农民社会心理的两重性》,《中国改革》2001 年第 2 期。

李予辉、胡秀梅:《中国农民的传统思维方式及其变革》,《学习论坛》2001 年第 7 期。

付晓:《论中国农民问题和农民的现代化》,《前沿》2005 年第 12 期。

刘娟:《试论农民现代性的整合》,《经济研究导刊》2009 年第 13 期。

文小勇:《全面促进农民的现代化》,《党建研究》2003 年第 6 期。

陈明:《农业现代化视角下农民的现代性困境解析》,《农业现代化研究》2010 年第 6 期。

王小红、杜学元:《农民现代性素质的素质与"三农"问题的解决》,《河北师范大学学报》2008 年第 5 期。

徐福刚、彭光芒:《农民工和留守农民现代性状况的比较研究》,《湖北行政学院学报》2007 年第 6 期。

张成林:《信息技术驱动下的新农村文化与社会变迁》,《湖北农业科学》2012 年第 5 期。

张莲:《论人权教育在农民现代化进程中的作用》,《赤峰学院学报》

2011 年第 1 期。

王卫东:《论当代农民主体角色的转换与现代化》,《社会主义研究》2002 年第 3 期。

李克强:《协调推进城镇化是实现现代化的重大战略选择》,《行政管理改革》2012 年 11 期。

风笑天:《英克尔斯"现代人研究"的方法论启示》,《中国社会科学》2004 年第 1 期。

丁福兴:《中国农民现代性的自觉与培育》,《农村经济》2011 年第 3 期。

赵文、朱少文:《农民现代性的内涵与价值生成》,《延边大学学报》2008 年第 1 期。

孟芳、葛笑如:《农民现代性视域中的农村文化事业发展问题研究》,《理论月刊》2011 年第 6 期。

申存慧:《流动农民与非流动农民的现代性比较研究》,《中国青年研究》2006 年第 6 期。

邱亿通:《论农村现代化的价值基础》,《中山大学学报》1996 年第 4 期。

李克海:《民工经济与农民现代化》,《江苏社会科学》2005 年第 1 期。

潘泽:《被压抑的现代性:农民工融入城市的困境》,《广西民族大学学报》2011 年第 1 期。

陈春燕:《马克思主义视阈下农民现代转型的理论思考》,《长春理工大学学报》2008 年第 5 期。

金玲:《中国农民现代化理论解读》,《辽宁行政学院学报》2008 年第 4 期。

王正中:《以市民化推进农民的现代化》,《马克思主义与现实》2006 年第 6 期。

武伟强:《我国农村现代化进程中的农民现代化》,《山西大同大学学报》2011 年第 2 期。

高红波:《新媒体对农民现代化观念提升的作用与价值》,《新闻爱好者》2013 年第 7 期。

李强:《旅游发展与农民的现代化:从行为到心态》,《贵州农业科学》2013 年第 7 期。

徐勇：《农民与现代化：平等参与和共同分享》，《河北学刊》2013 年第 5 期。

郭少华：《新型城镇化视域下农民现代化的实现路径探析》，《中州学刊》2014 年第 4 期。

吕莉敏、马建富：《农业现代化背景下新型职业农民培训的问题及策略研究》，《中国职业技术教育》2015 年第 4 期。

杨娟：《政治文明视域下农民政治行为现代化路径研究》，《农业经济》2016 年第 1 期。

赵美玲、张霞：《机遇、挑战与对策：农民现代化实现路径探究——基于中国特色新型农业现代化的视角》，《广西社会科学》2016 年第 11 期。

张建雷：《家庭伦理、家庭分工与农民家庭的现代化进程》，《伦理学研究》2017 年第 11 期。

何光全：《现代化视野下的我国农民教育问题》，《现代远程教育研究》2018 年第 1 期。

陈明：《新中国 70 年的农民形态演进与乡村治理变革——兼论中国乡村现代化的未来图景》，《理论月刊》2019 年第 9 期。

冶刚、尹洁：《农村现代化对于乡规民约及其法治化的需求》，《毛泽东邓小平理论研究》2020 年第 11 期。

赵秀玲：《农民现代化与中国乡村治理》，《清华大学学报》（哲学社会科学版）2021 年第 4 期。

二　外文

Andrew G. Walder, "The Transformation of Contemporary China Studies, 1977-2002", *Ucias Digital Collection*, Vol.3, No. 8, 2002, p.108.

Bela-Balassa, *The Structure of Protection in Developing Countries*, Johns Hopkins Press, Baltimore, 1971, p.16.

Du Runsheng, Advancing Amidst Reform, J. W. Longworth (ed), *China's Rural Development Miracle*, University of Queensland Press, 1989, p.55.

Ellis, F., *Peasant Economics*, Cambridge: Cambridge University Press, 1988, p.32.

Farina, M. B.,"Urbanization, Deurbanization and Class Struggle in China 1949-79", *International Journal of Urbcm and Regional Research*, Vol. IV, No.12, 1980, pp.487-501.

Giddens, *The Consequences of Modernity*, Cambridge: Polity Press, 1990,p.40.

Hutzler Charles, Lawrence Susan V, Wonacott Petter, "China Acts to Lower Obstacles to Urban Migration", *Wall Street Journal-Eastern Edition*, Vol. 241 Issue 15, 2003,p.29.

J. H. Bocke, *Economics and Economics Policy in Dual Society*, New York: Academic Press, 1953,p.86.

Jiaosheng He, Jim Pooler, "The Regional Concentration of China's Interprovincial Migration Flows, 1982-1990", *Population And Environment*, Vol.28, 2002,p.78.

Louis Worth, "Urbanism as a Way ojlife", *American Journal of Sociology*, Vol.44, 1938,p.106.

Lu Shijian, The Construction of Small Towns, J. W. Longworth (ed), *China's Rural Development Miracle*, University of Queensland Press, 1989,p.11.

North Douglass C., *Institutions, Institutional Change and Economic Performance*, Cambridge, New York and Melbourne: Cambridge University Press, 1996,p.53.

Oi, Jean, C., *Rural China Takes off: Institutional Foundations of Economic Reform*, Berkeley: University of California Press, 1999,p.110.

R. J. R. Kirkby, *Urbanization in China: Town and Country in a Developing Economy* 1949-2000AD, Croom Helm Ltd, 1985,p.68.

Robert Wade, *Governing the Market,* New Jersey: Princeton University Press, 1990,p.33.

Shi, Tianjian, *Rural Democracy in China,* World Scientific Publishing Co., 2000Wibowo, Ignatius: The Current State of the Chinese Communist Party in the Countryside, World Scientific Publishing Co., 2000.p.77.

Thom Pson,John E., "Meeting Unfilled Public Serviee Needsin Rural

Areas", *Journal of Farm Economics*, Vol.45,No.5, 1963, p.114.

Sebastian Edwards, *Real Exchange Rates, Devalution and Adjustment*: *Exange Rate Policy in Developing Countries*, MIT Press, 1989,p.98.

Tim Unwin,"Aghcultural Restrueturing and Integrated Rural Develo Pmentin Estonia", *Journal of Rural Studies*, Vol.13,No.1,1997,p.93.

Yang, Dali L., *Calamity and Reform in China: State,Rural Society,and Institutional Change sincethe Great Leap Famine*, Stanford University Press,1996,p.16.

后　记

　　本书是在我博士论文《新型城镇化背景下农民现代化问题研究》成果的基础上进一步整理修订而来，并根据需要更名为《乡村振兴战略视域下农民现代化问题研究》。

　　在此特别感谢我的导师张志伟教授。在纷繁嘈杂的现代社会，张老师无论是做人，还是治学，都严谨认真，一丝不苟，始终坚守着内心那份难得的理想主义和人文主义情怀。正是导师的这一人格魅力，一直以来深深感染着我，督促我时刻对自己的人生进行省思和修正，让我时时不忘，即使身处熙攘之中，也要学会独守自己内心的宁静。从选题、开题、写作、修改，再到成稿，最后毕业，张老师都倾注了大量的心血。感谢王智教授，感谢朱喆教授，感谢佘双好教授，感谢陈波教授，感谢郭国祥教授，感谢邱观建教授，感谢徐志远教授，感谢蓝江教授，感谢杨明佳教授，感谢邓喜道教授，感谢赵晴老师，感谢马克思主义学院的所有老师们。

　　感谢郑州师范学院，感谢郑州师范学院的领导和同事们，正是由于领导、同事的关怀、关心和支持，我才会有圆梦的机会。感谢河南省郑州市惠济区新城街道办事处的兄弟们，他们为我的写作提供了翔实的素材，为本书的完成奠定了扎实的基础。

　　感谢我的父亲郭国贞、母亲张节妮、爱人张燕燕，感谢我的女儿郭涵艺、儿子郭晗钰，感谢他们一如既往的默默关爱和支持。只愿在未来的日子里，尽我的努力，去为他们增添更多的幸福。感谢所有关心、支持和帮助过我的老师、同学、朋友和亲人。

　　时光荏苒，一晃博士毕业多年，在此期间，我始终坚持对"三农"问题的关注与思考，并深刻感受到国家对"三农"问题的重视与投入，从新农村建设到新型城镇化建设，从精准扶贫到乡村振兴，国家对"三农"工作做出的一系列重大决策部署，使农民的幸福感、获得感、安全感不断提升。我坚信将来的中国农业一定强，农村一定美，农民一定富。随着乡村振兴战略和社会主义现代化强国建设，农业农村农民的现代化一定能够实现。

感谢河南省高等学校青年骨干教师培养计划（项目批准号：2020GGJS253）的资助。

感谢中国社会科学出版社马明老师，感谢他对本书的出版付出的辛勤劳动。

感谢所有关心和支持"三农"问题的广大读者。书中不足之处，敬请广大读者批评指正。

郭少华

2022 年 5 月 30 日于郑州师范学院